AF351739

Bengt Savén

La escalera al liderazgo

5 escalones hacia un liderazgo más audaz,
con estructura y un cuidado tenaz

La escalera al liderazgo

5 escalones hacia un liderazgo más audaz,
con estructura y un cuidado tenaz

Bengt Savén

Originals title: *LedarStegen*, 2014
English version: *The Leader's Ladder*, 2016

Spanish version by Grupo Ígneo in cooperation with BraveShip publishing,
Sweden www.braveship.com

Primera edición en español
La escalera al liderazgo.
5 escalones hacia un liderazgo más audaz, con estructura y un cuidado tenaz

© Bengt Savén, 2018
© Ediquid, Grupo Ígneo, 2018

Caracas | Lima

www.grupoigneo.com
Correo electrónico: contacto@grupoigneo.com
Facebook: Grupo Ígneo | Instagram: GrupoIgneo | Twitter: @editorialigneo

ISBN: 978-980-7641-52-4

Colección: Integrales

Editorial Ígneo, C.A. y Editorial Ígneo Internacional, SAC.
Impreso en Estados Unidos

Prefacio

La escalera al liderazgo es uno de esos libros únicos que trascienden la distinción entre lo teórico y lo práctico. Basado en la amplia experiencia de Bengt Savén, tanto en la metodología Lean como en el modelo de liderazgo Care and Growth, el libro proporciona herramientas de gran ayuda para que los líderes produzcan entornos genuinos y les proporcionen libertad a sus colaboradores.

En mi experiencia en consultoría, he visto repetidamente que una síntesis entre el abordaje de excelencia del liderazgo y la metodología de excelencia operacional proporciona los catalizadores necesarios para alcanzar un auténtico proceso de transformación, que da como resultado colaboradores comprometidos. Al integrar los requisitos del modelo Care and Growth y la metodología Lean, Bengt ha logrado tal síntesis.

La ventaja adicional que tiene Bengt es que desarrolló sus conocimientos no solo como consultor, sino también como un líder de grupo con la responsabilidad de entregar un resultado. También es importante recordar que la ejecución práctica de Bengt ha sido dentro del contexto de la fabricación de aviones, que resulta ser un entorno bastante exigente. Lo que tienes en este libro es una metodología que funciona porque ha sido probada por su autor en un medio muy desafiante.

También es importante reconocer que este libro no solo representa la aplicación práctica de un marco teórico preexistente, sino que al aplicar las ideas del modelo Care and Growth, por ejemplo, Bengt las ha transformado para ajustarlas a su contexto, y de esta manera nos brinda una riqueza única en su manejo del material. En consecuencia, este libro no es tan solo una investigación de «cómo hacer». *La escalera al liderazgo* representa una contribución seria a nuestra idea sobre las organizaciones, y al ser humano en el ámbito de trabajo.

Etsko Schuitema

Para...

...ti, que te esfuerzas por convertirte en un mejor líder, no solo para ti mismo, sino para el bien de los demás.

Espero que este libro te ayude a mejorar tus capacidades de liderazgo, dándote nuevas ideas y herramientas para que puedas elegir hacer menos ciertas cosas y otras más.

La idea...

...que deseo transmitir se fundamenta en que al dar pequeños pasos puedes desarrollar un mejor estilo de liderazgo, más sostenible y más osado; un liderazgo basado en la reflexión, la estructura y *un cuidado tenaz*.

Los escalones en *La escalera al liderazgo* están diseñados para apoyar tu desarrollo como líder, de modo que al final todos se beneficien. Tanto tú como tus colaboradores, tus clientes, los accionistas de las organizaciones y la sociedad como un todo, inclusive el ambiente.

El agradecimiento...

...que deseo expresar es extenso. *La escalera al liderazgo* es la síntesis de mis experiencias y la sabiduría de muchas personas. Por lo cual son varias a las que quisiera agradecer, pero con especial afecto a dos en particular. Por una parte mi amigo y mentor, Etsko Schuitema, cuya sabiduría y modelo único de liderazgo (The Care and Growth Model) han inspirado muchas partes de este libro. Por otra parte a mi amigo, Tor Berggrund, quien ha sido mi compañero de formación durante los años de escritura. Un profundo agradecimiento a ambos por su amistad y por compartir sus conocimientos conmigo.

Asimismo, quiero agradecer a todos los líderes y expertos, de todos los rincones del mundo, con quienes he tenido el placer de hablar acerca de liderazgo, frecuentemente partiendo de sus experiencias de cómo tener éxito con Lean and Agile.

Por el trabajo de la edición en español, me gustaría agradecer a Álvaro Rafael y su equipo, pero también quiero resaltar el increíble trabajo realizado por Tania Mugica y Jaime Villegas, por asegurar en diálogo conmigo, diferentes matices de mensajes y conceptos en este libro.

Mis pensamientos…

…También se desvían hacia mi propio y titubeante liderazgo, cuando a los 28 años me convertí en gerente de un pequeño equipo de personas, que en su mayoría me doblaban la edad, y un año más tarde cuando asumí el liderazgo de un equipo más grande, que incluía a un jefe anterior con deseos de conservar su antiguo empleo. Me gustaría haber comprendido de un modo más claro cómo debía ser un buen líder en aquel entonces.

A pesar de la gran cantidad de oportunidades que tuve para practicar, complementadas con varios cursos de liderazgo, me tomó mucho tiempo formular una comprensión holística de lo que es realmente el liderazgo; un modelo que intento transmitir mediante este libro. Por momentos estuve muy cerca de renunciar a su escritura, pero mi mayor motivación para continuar fue mi deseo de compartir mis años de experiencia privilegiada —recopilada desde distintas partes del mundo— con ustedes, que ahora enfrentan los mismos desafíos que yo afronté alguna vez.

Tu capacidad de liderazgo puede resultar más importante de lo que crees, ya que provoca pensamientos y emociones en las personas que te rodean. Tiene el potencial de crear un espíritu de equipo, alegría, motivación y crecimiento. Por lo tanto, espero sinceramente que este libro, con sus tres modelos fundamentales: el Modelo de contribución del líder, el Árbol de la colaboración y la Escalera al liderazgo; pueda convertirse en un manual para que desarrolles un estilo de liderazgo que vaya más allá de una gestión ordinaria, para beneficio tuyo y de todas las personas impactadas por tu forma de liderar.

Índice

Introducción

Liderazgo

Una definición común de liderazgo es: «alcanzar buenos resultados a través de otras personas». Sin embargo, esta definición podría llevarnos en la dirección equivocada. La frase «a través de otras personas» crea la impresión de que vamos a explotar al otro.

Podemos utilizar a otras personas si las sobornamos, intimidamos o manipulamos. Ninguna de estas tres estrategias guarda verdadera relación con el liderazgo, y no resultan beneficiosas ni para tu liderazgo, ni para el resultado de la operación que aspiras realizar como líder a largo plazo. Las personas a las que se les convence con dinero carecen de la voluntad necesaria para realizar un esfuerzo adicional (sin un pago adicional); las personas intimidadas no se atreven a hacer algo extra; y las personas manipuladas terminarán dándose cuenta de esto y harán el mínimo esfuerzo.

Es mucho mejor construir un liderazgo basándose en el cuidado y la atención hacia los demás. Si demuestras el deseo desinteresado de crear una buena colaboración, y esperas lo mismo de los demás, establecerás una energía y una actitud que le transmitirás a la gente que te rodea.

El liderazgo es importante. Basta con ver la diferencia que marcó Nelson Mandela en Sudáfrica. Cuando leí cómo describía su infancia en su libro *Long walk to freedom*, y cómo fue guiado e inspirado por los modelos adultos a seguir, se reforzó mi creencia de que todos tenemos el potencial para convertirnos en buenos líderes.

Uno no se convierte en un buen líder al nacer o a través de un curso. No obstante, sí se pueden desarrollar capacidades de liderazgo a través de la toma de pequeñas decisiones.

No solo encontramos grandes líderes en el ámbito político; también están presentes en nuestra vida cotidiana. Nuestros padres y maestros son ejemplos de líderes, con quienes todos nosotros nos relacionamos y pudimos ver su valor. ¡Y no debemos olvidar a nuestros jefes! Un pésimo jefe puede arruinar el día de muchos. Un buen líder, sin embargo, puede llevar a otros a crecer y alcanzar grandes logros.

Si bien la gestión es definida en forma descendente, el liderazgo se determina de manera ascendente. A un jefe se le asignan colaboradores, pero son los líderes quienes se ganan a sus seguidores.

Cuando tu jefe te designa como jefe de un área, esa posición te confiere un poder formal para la toma de decisiones por encima de otros, dentro de un marco determinado. Pero si eres escogido como un líder por los individuos, dichos individuos te otorgan voluntariamente el poder de guiarlos y de tomar decisiones sobre asuntos importantes que les afectan. Sin seguidores que hayan renunciado a parte de su propio poder de decisión, no existen líderes.

En este contexto, «poder» significa tener la capacidad de tomar las decisiones que serán ejecutadas. Como gerente se te ha dado formalmente el poder para influir en el comportamiento de las personas. Como un líder confiable, complementas ese poder asignado con un poder legítimo, que se basa en la confianza que tus seguidores han depositado en ti. La combinación de los dos te otorga un gran poder y una gran responsabilidad para influir en la vida de las personas y darle forma al futuro de tu organización.

Los líderes valientes y altruistas se atreven a hacer lo que ellos consideran beneficioso para todos a largo plazo, incluso si esto no coincide con su propio interés inmediato. Aunque a menudo resulta más cómodo ser un cobarde a corto plazo, la cobardía requiere menos trabajo e implica menos riesgos (por ejemplo, perder una posición o dañar nuestra propia reputación).

Sin embargo, el líder más valiente y altruista es recompensado a largo plazo con una mejor autoestima, mayor respeto y mejores resultados. Los gerentes que solo se centran en el próximo informe financiero podrán ser apreciados por algunos inversores impacientes, pero nunca se convertirán en grandes líderes.

El profesor Oren Lyons hace énfasis en lo anterior al citar las enseñanzas de liderazgo de su antepasado, conocido como El Pacificador:[1]

Cuando debas supervisar el bienestar del pueblo, no pienses ni en ti mismo, ni en tu familia, ni en tu siguiente generación. Toma las decisiones pensando en la séptima generación que vendrá. Esos rostros que te verán desde la tierra, uno tras otro, esperando su turno. Defiéndelos, protégelos, pues son indefensos; están en tus manos. Ese es tu deber, tu responsabilidad. Haz eso y conseguirás tu propia paz.

Es un desafío llevar siempre el mando o ese «gran sombrero» de líder (desde una perspectiva holística y sostenible a largo plazo) que menciona Lyons. Sin embar-

---

1. El profesor Oren Lyons es jefe y líder espiritual de la nación nativa americana de Onondaga. Su antepasado, El Pacificador, unió y fundó la reserva Seis Naciones de América del Norte.

go, todos tenemos ese «gran sombrero» en nuestro armario, que podemos sacar y usar más a menudo. Pero hacerlo requiere un poco de altruismo, y a menudo un poco de valor. El líder más valiente estará dispuesto a sacrificar objetivos limitados y de corto plazo para alcanzar metas más holísticas y de largo plazo.

Mis fuentes de inspiración

Muchos años en puestos gerenciales, en diferentes niveles y en diferentes organizaciones, me han brindado la experiencia personal de lo que resulta importante en el liderazgo. La enseñanza y la investigación acerca del liderazgo también me han dado la oportunidad de aprender de las experiencias e investigaciones de terceros. Las dos fuentes que más me han inspirado son The Care and Growth Model y el liderazgo en organizaciones que realmente han tenido éxito al aplicar las formas de trabajo Lean y Agile.

The Care and Growth Model es un modelo de liderazgo desarrollado por Etsko Schuitema. Se inspira en los resultados de un estudio de investigación de la industria minera en Sudáfrica. Los investigadores estudiaron 37 pozos de minas diferentes durante un período de ocho años y realizaron cerca de 10.000 entrevistas. Para su sorpresa, encontraron grandes diferencias tanto en los resultados financieros como en el nivel de confianza de los mineros hacia sus jefes. Los investigadores probaron muchas hipótesis sobre las causas de estas diferencias. Sin embargo, las explicaciones sugeridas por ellos, unas tras otras debieron ser descartadas. Por ejemplo, los efectos del ambiente de trabajo, los niveles salariales y el apoyo de recursos humanos o de los sindicatos. Al final, solo quedó una hipótesis: la calidad de la relación entre el minero y su jefe.

El factor más importante en este caso demostró ser la manera en la que el jefe trataba las quejas y las sugerencias, y lo que hizo para mejorarlas. Los investigadores también encontraron una clara conexión entre los resultados financieros de las minas y la percepción de cuánto se interesaba la dirección de la empresa por los mineros.

El estudio condujo al desarrollo del modelo de liderazgo The Care and Growth Model, que destaca la importancia de interesarse por los colaboradores y esperar que sean responsables de sus acciones y que se desarrollen dentro del ámbito laboral. El modelo descansa sobre cuatro axiomas. El primero afirma que el liderazgo gira en torno a las relaciones de poder legítimas, en lugar de tratarse solo de la contratación de mano de obra. Según el segundo axioma, una relación de poder es legítima si el objetivo de esta es empoderar al colaborador. El tercer axioma deja claro que un líder debe estar preparado para suspender gradualmente su nivel de control, y el cuarto establece que la madurez se basa en la capacidad de dar, a la vez que se actúa con generosidad y valentía.

The Care and Growth Model se centra en cómo el líder se relaciona con cada individuo. Hace hincapié en la necesidad de una auténtica atención hacia el colaborador, así como de responsabilizarlo cuando cuenta con los medios y la capacidad suficiente.

Durante los años en los que me desempeñé como vicepresidente ejecutivo de una compañía sudafricana, recibí el apoyo de Etsko en mi tarea de desarrollar el liderazgo en más de 70 gerentes. Fue un privilegio asumir ese desafío junto a él, y tuvimos muchas discusiones gratificantes, que iban desde el núcleo del liderazgo hasta las acciones apropiadas en situaciones cotidianas. Estos diálogos me dieron varias ideas nuevas que han inspirado conceptos importantes en este libro (por ejemplo, lo que yo llamo «dirección de contribución» en el Capítulo 3 y «los valores del liderazgo» presentados en el Capítulo 10).

Mi otra fuente importante de inspiración fue Lean: una etiqueta asignada al conjunto de valores, principios, métodos y herramientas, con el propósito combinado de producir, mejorar y aprender eficientemente. Las principales características de Lean son la búsqueda de la efectividad del flujo de trabajo a través de la mejora del proceso y la mejora continua.

La *mejora del proceso* consiste en reducir el desperdicio en los flujos de creación de valor. Se centra en los objetos, es decir, aquello que absorbe el valor ofrecido (por ejemplo, automóviles, pacientes, recados o tareas), en lugar de centrarse en los recursos que crean el valor añadido (por ejemplo, trabajadores, empleados, máquinas o herramientas). Se trata de crear algo de valor para el cliente, en el tiempo indicado y con un mínimo de residuos.

Se ha demostrado que una perspectiva de proceso (o de flujo) ofrece diversas ventajas en contraste con la perspectiva de recursos tradicionales. Al contrario de la creencia popular, se demostró que es posible combinar un flujo rápido y confiable con el uso eficiente de los recursos. Esto se consigue evitando traspasos y reinicios innecesarios, así como mediante mejoras continuas del proceso.

La *mejora sistemática* consiste en crear estructuras y capacidades de apoyo, de modo que cada uno esté continuamente involucrado en la detección temprana de problemas y en la resolución de su causa principal. Sin embargo, la mejora continua no solo implica resolver los problemas actuales; también se trata de desafiarse a sí mismo para cerrar las brechas de conocimiento, con el fin de alcanzar nuevos niveles de colaboración.

Las organizaciones que han tenido éxito basándose en estrategias Lean también se caracterizan por tener responsabilidades a largo plazo, tanto para la sociedad como para los clientes, así como una visión sistémica de sus operaciones, donde todas las partes del sistema cooperan para alcanzar objetivos comunes.

Un error que se presenta frecuentemente es el de limitar Lean a una producción en masa altamente repetitiva.[2] Sin embargo, no todos los esfuerzos por instaurar Lean resultan exitosos. La razón tal vez más típica por la que fracasa el intento de utilizar Lean viene de la combinación de exagerar las herramientas y de subestimar el liderazgo.

El éxito de Lean depende en gran medida de un buen liderazgo. Los directivos de alto cargo tienden a delegar la instauración de Lean, a menudo bajo la equivocada idea de que es un proyecto de tiempo limitado, y por lo tanto solo requiere de un mejor comportamiento de sus colaboradores, pero no de ellos mismos. Por lo tanto, los principales beneficios de Lean suelen pasar inadvertidos, lo que significa perder la oportunidad de lograr que toda la organización coopere, basándose en valores, principios y formas de trabajo comunes.

Sin un buen liderazgo, la intención de utilizar Lean puede convertirse fácilmente en una ocurrencia tardía, cuyas posibilidades de mejoras resultarán bastante limitadas y locales. No obstante, la combinación de un verdadero Lean con un liderazgo experto resulta en organizaciones sobresalientes, no solo en términos de resultados financieros, sino también en la creación de valor agregado para el cliente y trabajos más valiosos.[3]

Una estrategia Lean exitosa no solo depende de un buen liderazgo, sino que también puede convertirse en el impulso para el desarrollo de un mejor liderazgo. He visto a líderes siendo cada vez mejores, a medida que comprenden de una manera más profunda los principios y las herramientas Lean.

El libro de Jim Collins, *Good to Great* (*Empresas que sobresalen*), resultó otra fuente de inspiración. Su libro se basa en una investigación minuciosa de empresas exitosas, en un esfuerzo de entender cómo fue que las empresas destacadas lograron una transformación de «buenas» a «grandiosas», y también cómo lograron permanecer así.[4] Inesperadamente, y casi con reticencia, los investigadores descubrieron que el ingrediente crucial que todas las grandes empresas tenían en común era un cierto tipo de líderes, que ellos llamaron «líderes de nivel 5». Collins afirma que: «Las transformaciones de "buenas" a "grandiosas" no suceden sin líderes de nivel 5 al volante. ¡Simplemente no lo hacen!». Este autor concluye que este tipo

---

2. Los ciclos de trabajos cortos y repetitivos requieren una demanda predecible y algo estable. La capacidad de adaptarse al medio ambiente, a veces etiquetada como Agile, es vista por algunos como lo opuesto de Lean. Sin embargo, mi opinión sobre Lean (en sintonía con lo que a veces es llamado Lean verdadero o real; por ejemplo, ver Real Lean de Bob Emiliani) es que incorpora la capacidad de adaptarse y responder rápidamente a los cambios externos, en gran parte a través del trabajo en equipo, a un enfoque en el aprendizaje experimental y a las herramientas utilizadas con una alta frecuencia (pulso). Así, una estrategia Lean hace buen uso del pensamiento y las herramientas de Agile. Sin embargo, a menudo es una buena estrategia intentar que el entorno de trabajo sea lo más estable posible. Por ejemplo, tratando de suavizar los cambios fuertes en la demanda de los clientes y de reducir las perturbaciones en la medida de lo posible. Después de todo, siempre es beneficioso aumentar tanto la capacidad de crear una predictibilidad estable como la capacidad de manejar eficientemente las variaciones.

3. Un buen ejemplo de lo que se puede lograr con la combinación de prácticas Lean y un buen liderazgo proviene de la industria de DeLaval en las afueras de Estocolmo. Durante su primer período de cinco años dedicado al uso de Lean, redujeron las lesiones en un 75 %, los costos de calidad en un 70 % y el inventario en un 65 % en sus operaciones en Tumba. Al mismo tiempo, aumentaron el rendimiento de entrega del 80 al 99 % y la productividad total en un 60 %. Ejemplos similares se pueden encontrar en una amplia gama de industrias, pero también en la atención de la salud, los municipios y otras organizaciones de servicios.

4. El equipo de investigación de Jim Collin estudió empresas que lograron obtener resultados sobresalientes durante largos periodos de tiempo (solo 11 de las 1.435 organizaciones lograron alcanzar el criterio de más de tres veces el índice de rentabilidad durante un mínimo de 15 años). Compararon cada una de estas once grandes empresas con una empresa similar en la misma línea de trabajo, empresas que no habían podido alcanzar resultados igualmente buenos o duraderos.

de líder logra combinar rasgos contradictorios: «Los líderes de nivel 5 representan un estudio a la dualidad: modestos y voluntariosos, humildes y audaces».

Esta combinación de cualidades de un gran líder se evidencia en líderes sobresalientes (un claro ejemplo es Nelson Mandela), y su importancia también es evidente tanto en el modelo Lean como en el modelo Care and Growth. Lo que hace que las similitudes sean aún más interesantes es el hecho de que dichas cualidades se encontraron en diferentes países y en diferentes continentes del planeta (Norteamérica, Japón y Sudáfrica), sin ninguna influencia directa entre sí.

Estas similitudes indican que existe un núcleo común para el buen liderazgo, independientemente del lugar y la cultura. Resumo este núcleo en tres puntos importantes declaraciones:

- **Un buen líder es una persona *humilde* que respeta a otras personas.**

- **Un buen líder es una persona *voluntariosa*, que se apasiona por lograr un objetivo a través de la colaboración.**

- **Un buen líder es una persona *desinteresada* que se preocupa por sus colaboradores y apoya su desarrollo.**

El gerente retirado, Sumida Toshinobu, a quien tuve el placer de conocer durante una de mis visitas a Japón, expresó lo anterior de otra manera: «La tarea del líder es apoyar a la sociedad, crear entusiasmo y producir algo bueno. También es importante retribuir a los colaboradores lo más posible. Las empresas con gerentes que solo piensan en sí mismos no duran mucho tiempo».

Los mensajes de mis principales fuentes de inspiración son notablemente similares, pero con algunas diferencias. Por ejemplo, el modelo Care and Growth hace énfasis en la contribución del trabajo individual antes que en el resultado, mientras que en Lean es el estándar de trabajo común y el método lo que está en el punto de mira. Ambos mensajes pueden parecer controversiales para el gerente a quien se le enseñó que el control financiero puro es el núcleo del liderazgo.

Mientras que algunos mensajes de este libro pueden generar controversia, debido a que distan de lo que se nos ha enseñado, otros podrían ser considerados como simple sentido común. Sin embargo, a menudo vale la pena destacar el sentido común, para no olvidarse de él. El filósofo francés del siglo XVIII, Voltaire, dijo: «El sentido común no es tan común».

Por lo tanto, detente de vez en cuando, tanto para aprender de nuevas experiencias como para permitir que tu propio sentido común (lo que ya sabes en tu interior) emerja.

1. Un gran líder

Liderar y motivar a la gente es el rasgo más distintivo y difícil de copiar para crear una ventaja competitiva.
Anónimo

No es fácil lograr un gran liderazgo, pero es importante y posible aprender a hacerlo. Este libro contiene conceptos y herramientas para desarrollar tal liderazgo. Su propósito es darte una visión más clara, así como una nueva estructura para tu futuro liderazgo. También proporciona un conjunto de herramientas de gran alcance para practicar y mejorar tu liderazgo paso a paso.

Permite que el proceso tome su tiempo. Hay mucha verdad en las palabras del excanciller alemán Helmut Schmidt, cuando dice que: «Para alcanzar un objetivo distante hay que dar muchos pasos pequeños».

Este primer capítulo destaca el núcleo de un gran liderazgo y presenta la terminología que formará el hilo dorado que enhebra el resto del libro. El capítulo contiene:

- ◆ **Liderazgo para la colaboración**

- ◆ **Un gran líder**

  - – **Muestra *un cuidado tenaz* con valentía**

  - – **Construye una estructura**

  - – **Considera las contribuciones antes que los resultados**

  - – **Realiza las tres contribuciones del liderazgo**

- ◆ **Palabras clave**

1.1 Liderazgo para la colaboración

El liderazgo en la vida laboral consiste en crear colaboración. Cuando la colaboración es realmente buena, nadie se estanca; por el contrario, cada individuo crece y contribuye más y de mejor manera al bien común. Un gran liderazgo consiste en crear esa colaboración poco a poco.

Mi punto de partida en este aspecto es que el objetivo del liderazgo es conseguir una mayor cooperación, con el fin de *entregar, mejorar y aprender*. En este contexto, «entregar» significa producir resultados para la organización y valor agregado tanto para las partes interesadas como para los clientes. «Mejorar» se refiere a desarrollar la *capacidad de la organización* para crear valor agregado de manera efectiva. Por último, «aprender» significa el desarrollo de la *capacidad individual* de cada uno, como trabajador y, en términos más generales, como ser humano. Para ilustrar este tipo de buena colaboración he elegido la analogía del árbol, véase la Figura 1.

La copa del árbol

El Árbol de la colaboración describe cómo cooperamos para crear valor para nosotros y para los demás. El valor que creamos viene representado por la copa del árbol, con cuatro frutos destinados a los principales interesados de la organización: los clientes, los trabajadores, los accionistas y la sociedad en general.

Las ramas del árbol

Los tres objetivos de la colaboración son ofrecer valor a las partes interesadas, mejorar la eficiencia de la organización y guiar el desarrollo de cada individuo. Esto se simboliza por las tres ramas del árbol.

El tronco del árbol

Las tres condiciones necesarias para una buena colaboración son los *medios*, la *capacidad* y la *actitud* (MCA, para resumir). Tener la capacidad de realizar las tareas requeridas no es suficiente. También se necesitan los medios (por ejemplo, equipos, herramientas, estructuras e información). Además, la actitud de los implicados, especialmente la voluntad de contribuir, es esencial para tener éxito.

Las raíces del árbol

Un árbol necesita echar buenas raíces para crecer grande y robusto. En una organización esto corresponde a un fuerte conjunto de valores comunes que sustenten y conduzcan hacia las metas y los comportamientos deseables dentro de la organización. El respeto por la gente y el ambiente de trabajo, así como la intención de contribuir con los demás, son buenos puntos de partida para crear una valiosa base que lleve a una colaboración exitosa.

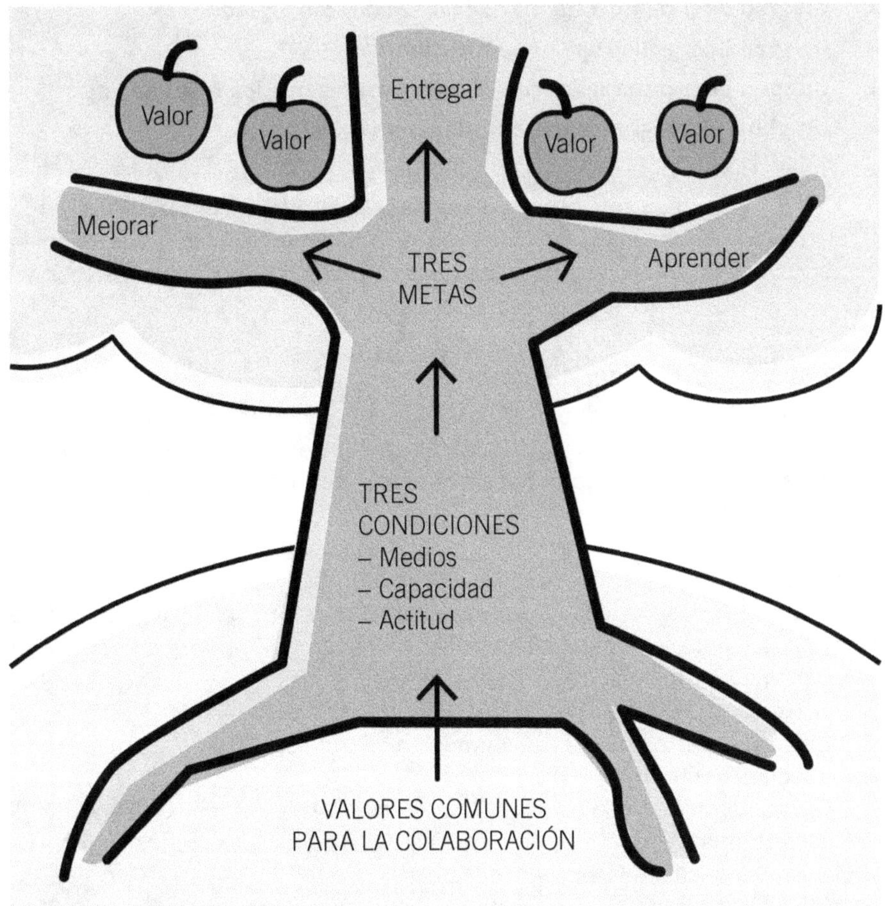

Figura 1. El árbol de la colaboración
…una metáfora de la buena colaboración.

1.2 Un gran líder...

A partir del modelo del Árbol de colaboración, combinado con mis propias experiencias y mis fuentes de inspiración, deduzco cuatro pilares para un gran liderazgo:

- Un gran líder demuestra un *cuidado tenaz y con valentía*.
- Un gran líder construye una *estructura*.
- Un gran líder prioriza las *contribuciones* antes que los resultados.
- Un gran líder logra las *tres contribuciones del liderazgo*.

Incluso si el comportamiento del líder tiene que adaptarse tanto a la situación como a la persona, estos cuatro pilares son la base para un buen liderazgo. El resto de este capítulo explicará con más detalles cuáles son los pilares y los términos esenciales en este libro.

...demuestra *un cuidado tenaz*

Los grandes líderes tienen una voluntad fuerte —en gran medida desinteresada— de crear excelentes resultados, al mismo tiempo que se preocupan por las personas involucradas. Estos líderes saben transmitir esa voluntad a sus seguidores de manera exitosa.

Este empuje se puede traducir en expresiones que impliquen retos, por ejemplo, exigencias desafiantes. Este concepto está resumido en el término *tenaz*. Las altas expectativas y demandas serán siempre positivas para la colaboración, siempre y cuando sean realistas y vayan de la mano de un espíritu de cooperación útil, que influya en el entorno laboral.

El lado social del liderazgo consiste en cuidar a cada individuo considerando tanto los aspectos holísticos como los individuales. Esto se resume en este libro mediante el término *cuidado*.

Un líder que actúa con *un cuidado tenaz* se esfuerza por el bienestar de todos los compañeros de trabajo. Esto incluye, desafiarlos a crecer y a hacerse responsables de sus propias contribuciones.

Un *cuidado tenaz* significa un equilibrio de comportamientos firmes y afables, adaptados a cada individuo. Los colaboradores que ya tienen el deseo de contribuir, dando lo mejor de sí mismos, rara vez necesitarán altas exigencias del líder, sino más bien tareas desafiantes, pero con la orientación necesaria que les permita dar el siguiente paso.

Por último, el líder debe atreverse a poner *un cuidado tenaz* en acción. Esto significa decir y hacer lo que resulte más ventajoso para el bien común, tanto holística como sosteniblemente. Incluso si esto pudiera ser incómodo o arriesgado. Este concepto está resumido en este libro bajo el término *valentía*.

Combinar *un cuidado tenaz con valentía* es una valiosa base para un gran liderazgo.

...construye una estructura

Un buen líder coordina el trabajo de tal forma que el equipo pueda gozar de una estructura que le permita *entregar, mejorar y aprender*. Esta estructura proporcionará el soporte necesario para conectar las piezas y coordinar la contribución de todos en el equipo y en la totalidad del trabajo, para que sea entonces un sistema completo para conseguir una excelente colaboración. Objetivos, normas, regulaciones de flujo de trabajo, métodos y herramientas son buenos ejemplos de las partes esenciales que forman esa estructura.

Una buena estructura no se niega a la flexibilidad. Por el contrario, una estructura adecuada puede soportar la combinación de estabilidad y agilidad. Proporciona la base para un control operacional efectivo, construido en torno a la fijación de objetivos y a la mejora del trabajo estándar. También puede utilizarse para orientar el análisis de mercado, la formulación de estrategias, el análisis de causas fundamentales, la experimentación con nuevas ideas y muchas, muchas tareas más.

Una buena estructura será siempre una buena herramienta para el apoyo del liderazgo. Las herramientas descritas en los apéndices A-C de este libro son solo algunas de las que pueden colaborar en crear una buena estructura. Cualquier mejoramiento de la estructura ayudará a evitar el tipo de gestión espasmódica y reactiva que sucede cuando las acciones se basan principalmente en reacciones a eventos que ya han ocurrido.

La existencia de la estructura es un requisito básico, y como líder, no solo debes tomar la iniciativa de crear una estructura adecuada, sino también asegurarte de que con la disciplina apropiada se cumpla y además mejore.

...ver mucho más allá de los resultados

Un gran líder está interesado en el trabajo y se enfoca mucho más en las contribuciones que en los resultados obtenidos.

No es raro observar que en numerosas oportunidades muchos jefes dirigen más su atención hacia arriba buscando la buena opinión de su jefe, en lugar de ver hacia abajo, para intentar atender las necesidades de sus colaboradores. Un verdadero líder se enfoca en ayudar a todos los que están en su grupo, a «entregar» y a crecer, por ejemplo, desafiando, apoyando y eliminando obstáculos.

Después de todo, el resultado final siempre dependerá de la suma de todas las contribuciones, y la mejor manera de obtener mejores resultados será siempre a través de mejores contribuciones.

Los grandes líderes están más interesados en cómo se lleva a cabo el trabajo, sin necesidad de enfocarse demasiado en los detalles. Ellos ofrecen libertad dentro de un marco determinado, y esperan que sus colaboradores asuman cada vez más responsabilidades para lograr formas de trabajo más efectivas, estables y en constante mejora.

La colaboración excelente ocurre cuando se sustituye el control desde arriba por la libertad para actuar dentro de unos marcos de acción preestablecidos. Todo esto requiere confianza y apoyo, preferiblemente allí donde el trabajo se lleva a cabo.

Las contribuciones individuales, basadas en los acuerdos comunes de trabajo, proporcionarán siempre mejores resultados. Lo cual se evidencia a través de mejores maneras de trabajar (cómo) creando un mejor servicio o producto (qué) con mayor valor agregado para el cliente. Esto es válido independientemente del tipo de trabajo realizado. Por ejemplo, ya sea en el desarrollo de un producto o en la producción de valor agregado y servicios para el cliente.

La combinación crucial del *qué* y el *cómo* puede recordarse a través de la frase: *El resultado correcto de la manera correcta.* Puedes implementar esa frase haciendo que el equipo se enfoque en el valor agregado al cliente, mientras tú enfocas tu liderazgo en la contribución de cada colaborador al trabajo. Será mediante la mejora conjunta del *qué* y el *cómo,* que lograremos crear un mejor valor agregado.

...realiza las tres contribuciones del líder

Un gran líder realiza tres tipos de contribuciones, una por cada condición necesaria para lograr una buena colaboración; estás son, los medios, la capacidad y la actitud (MCA). Los tres tipos de *contribuciones del líder* se enfocan hacia los colaboradores para que estos puedan tener éxito en su trabajo diario.

Como líder no puedes hacer todo el trabajo necesario para asegurar buenas condiciones, pero tienes la responsabilidad de dirigir el trabajo en pro de forta-lecer dichas condiciones. Deberás realizar las mejores contribuciones posibles para ayudar a tus colaboradores a aportar lo mejor de ellos mismos, satisfacien-do al máximo las necesidades de hoy y de mañana. La mejor manera de poder llevar a cabo todo esto lo explicaremos con mayor detalle en el quinto escalón de *La escalera al liderazgo.*

1.3 Palabras clave

A continuación, se presentan definiciones breves de los términos centrales usados a lo largo de este libro:

Las *tres condiciones* para una buena colaboración son los *medios,* la *capacidad* y la *actitud.* Estas condiciones, abreviadas como MCA, son esenciales para un grupo de trabajo, es decir, para el buen funcionamiento de un sistema de colaboración.

Los *medios* son los recursos comunes y la estructura necesaria para que la colaboración funcione eficientemente, es decir, todo lo necesario para la creación de valores agregados, a excepción de los que los individuos traen consigo para trabajar, sus capacidades y su actitud.

La *capacidad* es la habilidad del individuo para convertir sus conocimientos y experiencias en acciones, en un contexto específico, al realizar una tarea determinada o al momento de cooperar con colegas.

La *actitud* es la intención de una persona de contribuir en un espacio colaborativo. La actitud de un individuo refleja su voluntad de ser responsable por sus contribuciones en el trabajo (entregar, mejorar y aprender). Ten presente que existe el riesgo de malinterpretar la actitud de un colaborador, por ejemplo, cuando existen circunstancias ocultas que pueden afectar su comportamiento.

Una *contribución del líder* es una acción del líder (lo que haces, dices o manifiestas de cualquier manera) que refuerza al menos una de las tres condiciones de colaboración: los medios, la capacidad o la actitud (MCA).

Una *contribución de trabajo* es una acción de algún colaborador (lo que hace, dice o manifiesta de cualquier manera) que favorece los tres objetivos de la colaboración (entregar, mejorar o aprender). Las contribuciones de trabajo siempre dependen de los medios, la capacidad y la actitud (MCA), y muy a menudo tienen efecto también sobre ellos mismos.

La gestión por contribuciones es un estilo de dirección en la que el líder se enfoca en la contribución del trabajo del individuo para mejorar los medios, las capaci-dades y las actitudes (MCA).

El *nivel base* es la expectativa de *qué* se debe lograr a través del trabajo (por ejemplo, expresado como requisitos de producción o indicadores de rendimien-to) y *cómo* se debe llevar a cabo (por ejemplo, expresado como un estándar de trabajo), con la cual se puede comparar el esfuerzo en el trabajo con el resultado obtenido.

Un cuidado tenaz implica firmeza, pero a la vez afabilidad por parte del líder hacia sus colaboradores. La firmeza típicamente se manifiesta al expresar expectativas claras de contribuciones al trabajo o como retroalimentación clara y honesta, incluyendo confrontación, si hubiese una posible falta de actitud. El lado afable o social se manifiesta típicamente en escuchar, comprender y apoyar al colaborador de forma real.

Liderazgo audaz significa tener la valentía de hacer las contribuciones apropiadas como líder según la situación requerida, logrando hacer de esto una regla. Como líder audaz debes atreverte a desafiar más a menudo a tu jefe, a tus colegas y a tus colaboradores cuando se trate de algo para el bien de la colaboración a largo plazo. No obstante, esto requiere que tengas muy claros tus propios valores como líder, de modo que puedas basarte en ellos incluso cuando las situaciones pudieran presentarte riesgos propios.

Anclar significa manejar, comprender e interiorizar la misión, las tareas y los objetivos mediante la reflexión y las buenas discusiones.

Una *discusión constructiva* se caracteriza porque todos los involucrados están plenamente comprometidos en escuchar, discutir y tratar de entender un tema importante, a fin de optimizar las entregas y el aprendizaje. Las buenas discusiones pueden ser debidamente organizadas de tal forma que sean cortas, con la frecuencia requerida y el estilo o *pulso* necesarios para tratar un asunto específico. Esto se puede asegurar con el apoyo de una *estructura* adecuada.

2. La escalera al liderazgo: una visión general

La escalera al liderazgo es un modelo de liderazgo expandido, cuyo propósito es apoyar tu desarrollo como líder. En sintonía con la cita de Stephen Covey recién presentada, el modelo comienza teniendo un final en mente, el de impulsar el desarrollo personal y la excelente colaboración de cada uno, mejorando el valor de las partes interesadas tal como se muestra en la copa del árbol de la colaboración.

La escalera al liderazgo destaca las cosas a las que un gran líder debe darles prioridad. Esto lo consigue al diferenciar cinco pasos cruciales del comportamiento de liderazgo. El capítulo comienza con una breve descripción de la escalera y termina con una explicación de las conexiones existentes entre los pasos. Contiene las secciones:

- Cinco pasos para las contribuciones del líder.
- Cinco pasos que se complementan entre sí.

2.1 Cinco pasos para la dirección de la contribución

Un liderazgo grandioso se basa en la capacidad de facilitar la creación de las tres condiciones para la colaboración: construir los *medios*, la *capacidad* y la *actitud* (MCA). Pero ¿cómo hacer esto? La respuesta es simple: Al recorrer los cinco escalones de La escalera al liderazgo.

1.   *Anclar* las tareas y metas propias y comunes.

2.   *Visualizar* el sistema, las expectativas y las desviaciones.

3.   *Observar* a la persona, el juego y las causas fundamentales.

4.   *Desafiar al individuo* a crecer y a asumir responsabilidades.

5.   *Construir un equipo, un flujo y una estructura* —con pulso.

La Figura 2 ilustra los cinco escalones de La escalera al liderazgo. Estos escalones responden a la pregunta de cómo puedes convertirte en un gran líder. Cada uno de los escalones contribuye a construir los medios, la capacidad y la actitud. Esto conecta los cinco pasos de contribución MCA (Figura 2) directamente al tronco del árbol de la colaboración (Figura 1).

Además, existen otros vínculos entre la escalera al liderazgo y el *árbol de la colaboración*. El escalón inferior de la escalera se vincula a la base de valores representada por las raíces del árbol. Y todos los escalones se relacionan con las tres ramas del árbol, ya que todos contribuyen a *entregar* valor a cada uno de los accionistas de la organización, a *mejorar* la colaboración y a hacer posible que todos los involucrados puedan aprender y desarrollarse como individuos.

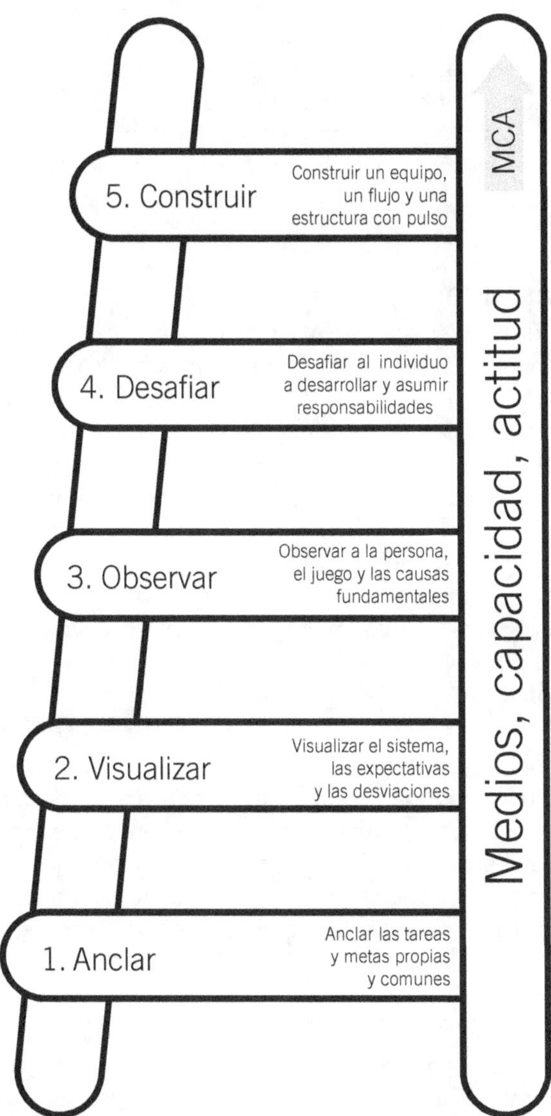

Figura 2. La escalera al liderazgo
...con siete escalones para mejores contribuciones del líder.

1° Escalón: anclar

Anclar significa comprender mejor los fundamentos de la colaboración, especialmente en lo que respecta a las tareas y metas principales. El anclaje se logra principalmente a través de buenas discusiones y reflexiones interiores. Una comprensión de las tareas y metas constituye la base para asegurar una buena disposición a la hora de contribuir, tanto para ti mismo como para tus colaboradores. El anclaje es también la base para saber qué medios y capacidades son necesarias para la futura creación de valores. Cuando usas el anclaje en tu equipo y en ti mismo, necesitas hechos, apertura y tiempo para reflexionar.

2° Escalón: visualizar

Visualizar significa hacer que la información más importante sea clara para todos los involucrados. Esto incluye tanto los hechos sobre la situación actual como las expectativas para el futuro. La diferencia entre la expectativa y la situación real (también denominada desviación o brecha) se puede utilizar tanto para el control diario de las entregas como para las mejoras a largo plazo. Cuando todos son capaces de ver la posición actual del equipo en relación con dónde debería estar, la disposición para contribuir se fortalece. Sin embargo, para llevar apropiadamente lo que se visualiza a lo que debería estar ocurriendo, solo la información más importante puede ser destacada, actualizada y utilizada durante una discusión constructiva.

3° Escalón: observar

Observar implica advertir las verdaderas causas de los triunfos y problemas. Sin embargo, observar se refiere en especial a tomarse el tiempo de ver realmente a cada colaborador y sus contribuciones al trabajo. Ser visto resulta importante para cada ser humano; esto incrementa nuestro sentimiento de pertenencia y nuestra disposición a contribuir. Observar el trabajo de un colaborador también aumenta la facultad del líder para entender cómo se pueden fortalecer los medios y las capacidades. No obstante, esto requiere la presencia del líder, tanto física como mentalmente.

4° Escalón: desafiar al individuo

Desafiar al individuo significa esperar que cada individuo contribuya y sea responsable. También implica darle una clara retroalimentación y el apoyo que necesita. Los compromisos por lo general tienen que ser adoptados individualmente, y deben dar lugar a expectativas concretas en términos de una gestión responsable. Tal compromiso manifiesta la intención de contribuir; por ejemplo, para acelerar la entrega de un producto a tiempo, mejorar una parte del sistema o aprender algo nuevo. Tanto las expectativas claras como una adecuada retroalimentación acerca de las contribuciones al trabajo son fundamentales para *desafiar* a un colaborador de manera equilibrada y justa.

5º Escalón: construir un equipo, un flujo y una estructura

Construir un equipo, un flujo y una estructura significa crear espíritu de equipo, procesos de trabajo eficientes y una estructura de apoyo de métodos y herramientas. Cuando un grupo de trabajo comienza a funcionar como un equipo, podrás comenzar a desafiarlos en conjunto, no solo como individuos. Un espíritu de equipo, expresado como «uno para todos y todos para uno», tiene un enorme impacto en la actitud hacia la colaboración, que permite crear en el equipo un compromiso compartido de entregar, mejorar y aprender. Una estructura de apoyo que proporcione estabilidad y libertad resulta esencial tanto para crear espíritu de equipo como para crear flujos de trabajo eficientes. Tal estructura debe implantarse de manera disciplinada, pero al mismo tiempo, debe estar abierta a recibir mejoras por parte de las personas involucradas.

2.2 Cinco pasos que se complementan entre sí

La escalera al liderazgo es un modelo para el desarrollo del liderazgo, pensado para proporcionar una ayuda en el día a día y no como algo que se usará una sola vez. Los cinco escalones deberán ser recorridos repetidamente, y a menudo en paralelo. Sin embargo, existe una secuencia lógica que debería ser de ayuda para no saltarse ningún escalón:

Escalón 1 → 2: de anclar a visualizar

Sin una buena comprensión de las tareas y metas es imposible visualizar la información correcta.

Escalón 2 → 3: de visualizar a observar

Sin expectativas claras, resulta difícil ver y evaluar las contribuciones al trabajo. Y sin desviaciones visibles, no hay punto de referencia para la detección de problemas y sus causas fundamentales.

Escalón 3 → 4: de observar a desafiar

Sin observar a cada individuo y su contribución al trabajo es muy difícil brindar una retroalimentación relevante y desafiarlos a alcanzar el siguiente nivel de desarrollo.

Escalón 4 → 5: de desafiar a construir

Si todos no se hacen responsables de contribuir al bien común es poco probable que puedan mejorar y mantener exitosamente el buen espíritu de equipo, los flujos de trabajo efectivos y las estructuras de apoyo.

Escalón 5 → 1: de construir a anclar otra vez

Teniendo un buen espíritu de equipo, flujos de trabajo efectivos y estructuras de apoyo, aparece la oportunidad de elevar el listón y asumir nuevas tareas y metas.

En conjunto, los cinco escalones aspiran a proporcionarte un pasamano (ilustrado como la parte derecha de la escalera) que ayude a optimizar las tres condiciones de colaboración necesarias (MCA). Es decir, para ayudarte a fortalecer los medios comunes de tu sistema, así como la capacidad y la actitud de cada individuo.

3. **Anclar** las tareas y metas, propias y comunes

Si no sabes para qué quieres liderar será imposible decidir qué debes hacer como líder, y más importante aún, cómo hacerlo. En este contexto, anclar significa discutir a fondo, comprender e internalizar las tareas y metas más importantes. Esto es relevante para todos dentro de una organización. Por lo tanto, anclar, como primer escalón de La escalera al liderazgo trata sobre esa decisión (individual y en equipo) de las tareas y metas a lograr. Este capítulo incluye las siguientes partes:

- Anclar tus propios motivos y las metas de liderazgo
- Anclar el modelo de contribución del líder
- Anclar con base a la misión, visión y los objetivos

3.1 Anclar tus propios motivos y las metas de liderazgo

Es increíble lo que puedes lograr si no te importa
quién obtiene el crédito.
Harry S. Truman

Ser generoso con quien obtiene el crédito, como Truman sugiere en la cita anterior, es solo un ejemplo de cuán importante es la generosidad para alcanzar un gran liderazgo. Una buena colaboración se logra solo cuando estamos dispuestos a dar más de lo que estamos seguros de recibir a cambio. Tal generosidad desinteresada es una característica importante que la mayoría de nosotros buscamos en la persona a la que quisiéramos seguir. Sin embargo, ¿qué otras cualidades buscamos en un líder?

El jefe soñado

Hazte las dos siguientes preguntas: ¿A quién admiro más? Y ¿qué rasgos de personalidad debe tener esa persona para quien quisiera realmente trabajar?

Al responder con honestidad estarás formando la base para el desarrollo de tu propio liderazgo. Puedes meditar un poco tus respuestas y preguntarte lo siguiente: ¿Existen similitudes entre la persona que más admiras y la persona que te gustaría seguir como líder? Si este fuera el caso, ¿qué características o comportamientos tienen en común?

¿Se trata acaso de humildad, respeto, interés y generosidad? ¿Incluye también honestidad, transparencia y la motivación necesaria para alcanzar metas significativas? Si ese es el caso, no estás solo. Las respuestas acerca de qué caracteriza a una persona a quien otra quisiera seguir realmente, suelen incluir las cualidades anteriores y otras más. Esta «lista de deseos» se puede dividir en dos grupos generales: características suaves y características fuertes.[5] Un gran líder tiene el valor y la capacidad de encontrar el equilibrio adecuado entre lo suave y lo fuerte, en todas aquellas situaciones a las que llegase a enfrentarse. Este balance es lo que yo he denominado un cuidado tenaz.

La mayoría de los comportamientos «fuertes» que implica un cuidado tenaz son impulsados por la necesidad de equilibrar los intereses de los stakeholders, es decir, clientes, colegas, accionistas y la sociedad en general, incluyendo el medio ambiente. Sin embargo, recuerda que ser legítimamente fuerte con un individuo también implica cuidar de este, dándole la oportunidad de crecer y desarrollarse.

---

5. Los consultores de Etsko Schuitema les han hecho la segunda pregunta a muchas personas en diferentes países. Sus respuestas muestran que la lista típica de cualidades «suaves» (designada por Schuitema como «cuidado») incluye: ser accesible, escuchar, ser comprensivo, ser digno de confianza, tener sentido del humor, ser solidario y tener en cuenta los mejores intereses. Una lista típica de cualidades «rudas» (designado como «desarrollo») incluye: ser honesto, ser justo, tener una visión, brindar dirección, tener conocimientos, tener integridad, ser decisivo y dar retroalimentación.

Las acciones de líder «fuerte» se caracterizan por mantener una perspectiva firme en cosas como los objetivos, la elección del camino a seguir o la necesidad de enfrentar una falta de actitud de alguien. Para poder hacerlo de manera correcta, no solo necesitas tener los conocimientos requeridos, sino que también debes haber definido firmemente cuál es la base de tus valores. Además de todo esto, a menudo necesitarás valentía para actuar de acuerdo con esos valores.

El término *un cuidado tenaz* resume la respuesta a la pregunta: ¿a quién nos gustaría seguir realmente? *Un cuidado tenaz* hace hincapié en la capacidad del líder para ser «tanto fuerte como suave». Ejemplo de ello es prestar atención tanto al individuo como a la tarea; ser a la vez comprensivo y firme en las exigencias a los colaboradores; ser directo pero cuidando de mantener un buen ambiente de trabajo; generar seguridad y desafíos; ofrecer libertad y exigir disciplina.

¿Se parece lo anterior al tipo de líder que quieres ser?

Cuatro stakeholders y tus razones para liderar

Ahora, hazte otra pregunta: ¿Por qué quiero ser el jefe?

¿Habla tu respuesta acerca de tus propias necesidades más que de las necesidades de los demás? Si es así, seguirás siendo más un jefe y menos un líder. Si tu respuesta habla más acerca de cómo podrías ayudar y crear valor para otras personas, en ese caso, tienes madera para el liderazgo.

El «respeto por la gente» se presenta a menudo como el elemento más importante de una base de valores para la colaboración. En su sentido más amplio, significa respetar cada uno de los intereses legítimos de los colaboradores en la organización.[6] Esto implica que como líder no solo debes priorizar las metas de los accionistas; también deberás trabajar para aumentar el valor (dadas las limitaciones de costos) para tus clientes y posibilitar que tus colaboradores se ganen la vida, disfruten de un entorno de trabajo seguro y amplíen sus capacidades. Asimismo, tienes una responsabilidad con la sociedad, no solo de acatar la ley, sino también de generar oportunidades para crear valor, contribuir con el bien común a través de impuestos (tanto directos como indirectos) y asegurar la sostenibilidad ecológica.

A pesar de que hay jefes que solo parecen preocuparse por sus propias carreras y por satisfacer las demandas de sus jefes superiores, existen otros que solo parecen preocuparse por agradar a sus colaboradores. No solo te vuelves menos líder cuando eres demasiado egoísta, sino también cuando prestas demasiada atención a un solo interesado. Lee las citas a continuación, y considera qué interesados parecen haber sido olvidados por las personas involucradas:

---

6.   Los cuatro principales grupos de stakeholders son las personas dentro de tu organización, tus clientes, los accionistas y la sociedad en general. En el sector público, el término «accionista» corresponde a la autoridad principal. El término «sociedad más amplia» o simplemente «sociedad», incluye el resto del ambiente que es afectado por tu organización.

Empleado en un geriátrico:

«Rápidamente aprendí que hacer un buen trabajo era simplemente cumplir las rutinas y hacer las cosas más fáciles para mis colegas. Podría llevar temprano a la cama a una de las ancianas, sin importar que ella quisiera quedarse despierta para ver su programa de televisión favorito, solo para facilitarle las cosas a mis colegas del turno de la noche».

Jefe de sitio en una empresa de autobuses (después de resolver el tan mencionado problema de «demasiados pasajeros», ideando una ruta alternativa con menos paradas y menos pasajeros):

«Era la única forma de acelerar esa línea de autobuses. Tuvimos que seguir detalladamente los tiempos de recorrido».

Reportero de la radio:

«Hacer que la gente se sienta a gusto no es un objetivo como tal dentro una organización que se basa en los beneficios obtenidos».

Ejecutivo de una compañía:

«Es rentable invertir en la salud y el ambiente de trabajo de los empleados».

Otro ejemplo proviene de una gran corporación que fue atrapada pagando grandes cantidades de dinero a funcionarios corruptos, a través de agentes cuestionables, con el fin de entrar en un nuevo mercado. Al ser interrogados por los periodistas, el jefe general se justificó diciendo que la inversión rendiría sus frutos. La siguiente vez que se cuestionó su comportamiento, les dijo a los medios de comunicación que el acuerdo no era ilegal.

La gente también usa motivaciones similares para explicar por qué no deberíamos discriminar a las personas respecto a género, raza, discapacidad, edad… Algunos dirían que la diversidad es más rentable, mientras otros sostienen que discriminar es ilegal. Mi opinión es diferente: discriminar, sobornar o explotar a las personas no es primordialmente una cuestión económica o legal; ante todo es una cuestión de ética y de ser humano.

Si como líder le brindas atención exagerada a uno de los interesados, mientras descuidas al resto, estarás limitando la capacidad de la organización para crear valor a largo plazo. Por lo tanto, no debes olvidar ninguno de los cuatro grupos principales de los interesados. Si no logras satisfacer los intereses de los *accionistas* y de los *clientes*, la organización dejará de existir. Si no trabajas para lograr un bien mayor para la *sociedad* en su conjunto, corres el riesgo no solo de quebrantar la ley, sino también de perder la oportunidad de contribuir con algo más grande. Además, si no te preocupas por las *personas* de tu organización, perderás tanto la legitimidad otorgada por ellos para liderarlos como el fundamento que te permite motivar a otros a mejorar sus contribuciones. Al trabajar en pro del bien común de todos los interesados a largo plazo, serás capaz de generar sentido de pertenencia y obtendrás una amplia legitimidad para liderar. Un gran líder respeta las legítimas necesidades de todas las partes interesadas y se atreve a hacer énfasis en los argumentos éticos a largo plazo, junto con los requisitos económicos y legales. Eso es ser un motivador.

Dos reglas de oro

Incluso si decides liderar teniendo en cuenta los intereses de cada integrante, dos de ellos deberán recibir atención especial en tu liderazgo cotidiano. Muy comúnmente, los accionistas no entran en ese grupo. Sabemos sin embargo que, de cierta forma, los accionistas resultan bastante indispensables para tu liderazgo, debido a que ellos tienen una gran influencia sobre tu cargo y sobre el futuro de la organización. Por esa razón, es importante que los accionistas obtengan parte del valor que se está creando. Cuando el objetivo principal de los accionistas es el beneficio económico, deberán recibir un rendimiento aceptable de acuerdo con la inversión, incluyendo una prima de riesgo. Con ello estaremos asegurando la compra de un «boleto para un viaje continuo».

No obstante, desde una perspectiva cotidiana, otros dos interesados resultan más importantes para tu liderazgo. Esto se debe a que, al final, este par de interesados propiciarán la creación de valor para todos. Dicho grupo está compuesto por los clientes y los empleados. Mis dos reglas de oro al respecto son:

♦ **Durante los diálogos con tu equipo: orienta el enfoque hacia *cómo* puede el equipo crear valor para *los clientes* (internos y externos) de forma más efectiva.**

♦ **Durante los diálogos con cada miembro del equipo: orienta el enfoque hacia el bienestar, las contribuciones al trabajo y el desarrollo del *individuo*.**

Richard Branson ha expresado esto de una manera diferente: «Dales prioridad a tus empleados, luego a tus clientes y por último a tus accionistas; de esta forma los tres se beneficiarán».

Un gran líder puede, de forma rápida y natural, cambiar su atención del cliente al empleado y viceversa.

Cuando se desarrolla una colaboración de equipo, tener un enfoque hacia el cliente es natural desde varios ángulos. En primer lugar, entregar valor a los clientes externos de la organización es la razón misma de la existencia de la organización.[7] Cumplir las necesidades de los clientes es lo que determina los ingresos de la organización. La capacidad de satisfacer o incluso superar las

---

7. No considero maximizar el valor para los accionistas como el gran propósito de una empresa, incluso aunque algunos propietarios puedan estar en desacuerdo. Más bien estoy de acuerdo con Richard Ellsworth cuando, en su libro *Leading with Purpose*, afirma que la satisfacción del cliente es el verdadero propósito. Él argumenta que las otras partes interesadas son necesarias, pero que no deciden el propósito. Lo que hace que el cliente sea único es que solo lo que es bueno para el cliente combina el valor económico con el valor social. Crear valor para el cliente con efectividad (el producto correcto es el correcto), en lugar de solo con eficiencia, es la mejor manera de garantizar el cumplimiento de las diferentes necesidades de todos los interesados.

expectativas de los clientes a largo plazo, beneficiará a todos los demás interesados. Por lo tanto, esto se convierte en la fuerza motriz más importante para dirigir y mejorar una organización. Entender esto es fácil para todos, independientemente del tipo de organización en la que trabajes. Como líder, debes reunir a tu equipo en torno a la siguiente pregunta: ¿Cómo podemos entre todos, crear un mejor valor para el cliente con un mínimo de desperdicio?

Al tratar con individuos, el enfoque hacia nuestros colaboradores inmediatos resulta tan importante como el enfoque hacia el cliente, cuando eres el líder de ese equipo. Tener un enfoque hacia los colaboradores implica interactuar con cada persona de manera frecuente y respetuosa, basándose en su bienestar y en sus contribuciones al trabajo. También significa proporcionarles los medios necesarios para realizar un buen trabajo, no hacerles perder el tiempo y sobre todo brindarles oportunidades, seguridad y apoyo para su desarrollo. Finalmente, enfocarse en los colaboradores significa comprometerlos a colaborar de la mejor manera posible y enfocando el trabajo en la siguiente pregunta: ¿Cómo dar el siguiente paso hacia el desarrollo personal y hacer aún mejores contribuciones al trabajo?

Conflictos de intereses podrán también producirse entre tus colaboradores, pero los resultados importantes para los clientes, así como las tareas realmente vitales para la rentabilidad de la organización, deberán tener siempre una alta prioridad. Ante todo, no debemos permitir que nada conduzca al abuso o a la explotación de otra persona. No tomes decisiones que causen daños irreparables hacia alguien, ya sea un colaborador, otra persona o hacia ti mismo.

Quisiera enfatizar en la importancia de poder anclar claramente las verdaderas motivaciones internas a largo plazo como líder. La razón de ello es que tu liderazgo comienza contigo y con tu ejemplo. No olvides esto y recuerda que podrás cambiar y desarrollar siempre lo que verdaderamente te motiva a ser líder. Esto fue ya poéticamente expresado por James Allen: «Tarde o temprano un hombre descubre que él es el maestro jardinero de su alma, el director de su vida».

3.2 Anclar la base del modelo de contribución del líder

No me concentro en ganar, solo en la carrera perfecta.
Ingemar Stenmark

El enfoque de Stenmark explica por qué dominó completamente el mundo del esquí durante tantos años. Sin embargo, su punto de vista es tan relevante para la excelencia en el liderazgo como para la excelencia en los deportes.

Un gran líder se centra en «la carrera perfecta» que cada individuo necesita para contribuir, en lo que son capaces de contribuir y en *cómo* contribuyen realmente. La palabra clave es contribución, o más específicamente en este contexto, la contribución al trabajo. Esta sección trata acerca de cómo anclar tus motivos para liderar en lo que yo llamo el *modelo de contribución del líder.*

Contribución al trabajo

Cualquier contribución al trabajo hecha por un colaborador estará relacionada con el aporte a tres objetivos básicos de la colaboración: crear, mejorar y aprender. Una contribución se construye con acciones; lo que *se hace*, lo que *se dice* o lo que *se expresa* de alguna manera. Esta contribución reflejará tanto la capacidad como la actitud del individuo.

El resultado total de la colaboración se habrá construido con las contribuciones de cada individuo. A su vez, cada contribución dependerá de los *medios* comunes que se encuentren disponibles, así como de la *capacidad* y la *actitud* de cada individuo. De esa forma, los resultados de una organización dependen totalmente de la disponibilidad de las tres condiciones de la colaboración, MCA. La Figura 3 muestra claramente la necesidad de trabajar con estas tres condiciones básicas para apoyar al individuo a hacer mejores contribuciones al trabajo.

Figura 3. El modelo de contribución al trabajo

La contribución al trabajo de un individuo depende de los medios, la capacidad y la actitud (MCA). La suma de todas las contribuciones al trabajo constituye el resultado de la organización.

La creación de valor de todo el sistema se manifiesta a través de las contribuciones al trabajo, las cuales están basadas en MCA. Los medios conforman las partes comunes del sistema de trabajo. Además, todas las personas aportan sus propias capacidades y actitudes al trabajo.[8]

En otras palabras, los medios comunes en conjunto con las capacidades y las actitudes individuales de cada uno (es decir, la suma de todos los MCA) forman un sistema de colaboración para la creación de valores.

Organización de las contribuciones

La Figura 3 ilustra igualmente que el resultado, que será la mejor creación de valor, se producirá cuando las tres condiciones MCA estén presentes. Este es un conocimiento crucial que debes adquirir para mejorar tu capacidad de liderar eficazmente. Este principio podrá ser utilizado si quieres priorizar lo que haces, y saber cuánto énfasis debes poner en *cómo* contribuye cada uno en relación con *cuánta* importancia *tienen* los resultados para ti.

---

8. En una organización que tiene que competir en un mercado, algunas condiciones serán más importantes que otras, especialmente las que son difíciles de copiar o difíciles de comprar. Esto se aplica igualmente a algunas de las formas de trabajar y a algunas de las capacidades (por ejemplo, las capacidades de liderazgo) y a todas las actitudes.

Los jefes que tienden solamente a *gestionar con base a resultados* a menudo solo están interesados en el informe financiero y en los indicadores relacionados. No se sienten responsables de mejorar las MCA (ya sea que piensen que todas las MCA son lo suficientemente buenas o que sus colaboradores son los responsables de arreglar lo que falta). Estos jefes concentran sus interacciones con los empleados en torno a establecer y buscar nuevos y más arduos objetivos.

Un líder que prefiere *gestionar con base a contribuciones* ha mejorado su forma de gestión con base a métodos, a través de la observación de *cómo* cada individuo contribuye a la colaboración del equipo. La gestión con base a métodos, enfocada en las formas comunes de trabajo, es también la base para la gestión por contribuciones, ya que los estándares de trabajo comunes (con un nivel de detalle apropiado) a menudo constituyen la base para las contribuciones individuales (por ejemplo, es necesario para los recién llegados y para poder estandarizar las mejoras). En la gestión por contribuciones la perspectiva general sobre las formas de trabajo se ve complementada por una perspectiva individual. En otras palabras, como un líder que utiliza la gestión por contribuciones, te debes concentrar en mejorar los medios en común (incluyendo los métodos en común), así como en las capacidades y actitudes de los individuos.

Trabajar teniendo en cuenta la manera en la que se realizan las tareas es fundamental para el liderazgo. Esto podrá sonar bastante lógico y fácil pero a pesar de todo ello, las formas de trabajo y el enfoque en las contribuciones rara vez resultan ser intereses fundamentales para muchos jefes de trabajo.

En el mundo del deporte esto es diferente. Imagina al entrenador de un equipo deportivo reuniendo a los jugadores y gritando: «¡Esto es terrible! ¡Realmente necesitan enfocarse y ganar el próximo juego! No me importa cómo lo hagan, siempre y cuando ganen con al menos 5 puntos de ventaja».

¿Suena esto constructivo? No lo creo. ¿Es común entre los entrenadores deportivos? No. Un entrenador que no se preocupa por cómo se logran los resultados no durará mucho tiempo en el negocio.

No obstante, tal orientación unilateral hacia los resultados es bastante común en las organizaciones empresariales, especialmente entre los jefes de alto nivel. Estos jefes están totalmente centrados en los resultados, probablemente porque es lo que sus superiores esperan de ellos, y el cumplimiento de estos traerá seguramente mayores oportunidades a su carrera. A la larga, esto da lugar a toda una alta directiva compuesta de personas con una visión muy limitada de este aspecto tan importante para lograr un buen liderazgo. Muchos jefes de alto nivel necesitan todavía entender mejor el poder de la gestión de contribuciones, tanto para ajustar su propio comportamiento como para reclutar jefes adecuados en niveles inferiores.

¡Por supuesto que los resultados son importantes! Sin embargo, la gestión por contribuciones conduce a obtener mejores resultados a largo plazo, precisamente porque se enfoca en utilizar los resultados para crear mejores formas de trabajo y mejores contribuciones de las personas que están aprendiendo y desarrollándose. Los líderes que usan los resultados de esta manera están genuinamente interesados en entender los detalles del trabajo, pero sin sentirse en la necesidad de hacerse cargo de cada uno de ellos; en su lugar, capacitan a la gente para hacerlo mejor. Esta será siempre la mejor manera de optimizar los resultados a largo plazo.

En principio puede resultar difícil tomar los resultados de hoy como un medio para obtener un fin (en lugar de tomarlos como un objetivo en sí mismos), convirtiéndolos a la vez en el medio para alcanzar mayores metas. Sin embargo, lo anterior es necesario para construir la mejora continua del equipo de trabajo y establecer un ambiente de aprendizaje. En este ambiente, los resultados de ayer se utilizan para mejorar las contribuciones de trabajo de hoy, lo que lleva a obtener mejores resultados mañana.

Es desde esta perspectiva que se debe leer la cita de Stenmark, que nos afirma que la contribución individual, aquí y ahora,[9] es más importante que el resultado. Esta perspectiva seguramente resulta provocativa para alguien cuya reacción inmediata sea: «¡Estamos aquí para producir resultados!», tal vez incluso seguido de «¿cuán difícil puede ser entregarme esos resultados? No me importa cómo, ¡solo hazlo!»

Una vez más, los resultados son importantes, especialmente cuando se miden en términos de creación de valor a largo plazo. A pesar de ello, solo es el resultado de algo, es decir, el resultado de cómo cooperamos. Y siendo la buena colaboración el requisito previo para una buena creación de valor, será esto lo que un gran líder deberá tener siempre presente.

Contribuciones del líder

No son solo los miembros del equipo quienes deben contribuir al conjunto, sino también sus líderes. Esto se logra mediante las *contribuciones del líder.* Esto significa contribuir a la colaboración apoyando al equipo para que tenga éxito, lo que se obtiene a través del fortalecimiento de las tres condiciones MCA, tal como se muestra en la Figura 4.[10]

---

9. Existe una conexión directa entre estar enfocado en una contribución de trabajo y estar presente en el ahora. La poeta Karin Boye ha expresado esto como: «Sí, hay un objetivo y un significado en nuestro camino, pero es la forma la que vale la pena». Eckhart Tolle sugiere algo similar cuando, en Practicando el poder del ahora, escribe: «No te preocupes por el fruto de tu acción, solo presta atención a la acción en sí misma. El fruto vendrá por su propia cuenta».

10. Mi inspiración principal para definir la gestión de contribuciones, incluida la base para el modelo de contribución de líderes, como se ilustra en las Figuras 4, 13 y 22, proviene de Leadership: The Care and Growth Model, de Etsko Schuitema.

Figura 4. Modelo de contribución del líder

Las contribuciones al trabajo de todos los miembros del equipo (incluyendo sus «otras tareas») afectarán los resultados directamente, mientras que las contribuciones del líder los afectarán indirectamente.

Tus contribuciones del líder estarán siempre dirigidas a las personas que lideras. En la Figura 4, las otras cosas que haces durante un día normal de trabajo se denominan «otras tareas» y «desperdicio». Las dos flechas de la ilustración representan las cosas que haces que no están dirigidas a tus colaboradores (por ejemplo, la administración y otras tareas dirigidas expresamente hacia el logro de resultados). Otros ejemplos de «otras tareas» son: realizar pedidos, aprobar facturas, preparar una presentación para algún cliente o presentar informes a los altos directivos. Estas tareas podrán crear un valor directo al trabajo, mientras que otras tareas realizadas por estos jefes serán simplemente una pérdida de tiempo. No olvidemos que incluso las tareas que crean valor directo al trabajo resultarán secundarias para un líder, si las comparamos con la importancia de que trabaje en sus contribuciones como líder.

A primera vista puede parecer imposible que una sola persona pueda asumir la responsabilidad por las MCA, que son todos los medios del sistema, así como la capacidad y la actitud de cada uno. Sin embargo, como líder, eso es exactamente lo que tienes que hacer, con el fin de liderar el esfuerzo conjunto para mejorarlas.

No puedes crear todos los medios necesarios por tu cuenta, pero puedes liderar el esfuerzo de fortalecer tanto los recursos como la estructura. Tampoco puedes desarrollar las capacidades de otras personas. Sin embargo, puedes proporcionar tareas y desafíos, junto con la capacitación y el apoyo necesarios para manejarlos, con el propósito de que el individuo se desarrolle.

Tampoco puedes mejorar la actitud de otra persona por tu cuenta. Sin embargo, puedes ayudarte teniendo *un cuidado tenaz* y logrando en ellos nuevas expectativas y mayor motivación en su trabajo, haciéndolos responsables de sus contribuciones.

Resumiendo, los tres tipos de contribuciones del líder son:

Contribución del líder I: fortalecer los *medios*

Al poner a disposición los recursos y la estructura adecuada, estás contribuyendo al desarrollo y el mantenimiento de los medios comunes para un sistema adecuado y funcional.

Contribución del líder II: fortalecer la *capacidad*

Al organizar tareas y desafíos, junto con oportunidades de formación y apoyo, ayudas a desarrollar la *capacidad* de cada persona para contribuir con el equipo de forma individual y como miembro de este.

Contribución del líder III: fortalecer la *actitud*

Al mostrar un *cuidado tenaz* facilitas la actitud grupal de querer contribuir y desarrollarse.

La necesidad de diferentes medios y capacidades varía de organización en organización. Por ejemplo, es obvio que se necesitan diferentes tipos de instrumentos y habilidades en hospitales, oficinas municipales, escuelas o industrias. Incluso dentro de las diferentes ramas de una industria, los medios y capacidades necesarias pueden variar sustancialmente. Sin embargo, hay algunos que, en gran medida son similares, como los métodos, las herramientas y las capacidades para realizar mejoras continuas. Además, la actitud requerida de querer contribuir resulta muy similar para todos los tipos de organizaciones. En la siguiente sección me concentraré en estas áreas MCA, donde las contribuciones del líder son similares, independientemente del lugar donde se trabaje.

Contribución del líder I: fortalecer los medios

Como líder eres responsable de proporcionar los medios necesarios para construir un sistema funcional que sirva para apoyar los esfuerzos de contribución de tus colaboradores. Aquí, el término «medios» incluye recursos y estructuras. Los recursos necesarios para el trabajo son a menudo obvios, como por ejemplo, las instalaciones y equipos adecuados que permitan la realización de las diferentes tareas. Sin embargo, las estructuras necesarias para apoyar la creación, la mejora y el aprendizaje son a menudo menos evidentes. Los medios de un sistema correctamente funcional a menudo incluyen las siguientes estructuras:

- Descripciones de la misión, visión, principios, estrategias y objetivos.

- Información del producto, especificando el resultado final del trabajo operativo.

- Descripción de procesos de trabajo y estándares que describen la mejor manera de trabajar y de tener un nivel de detalle apropiado.

- Métodos y herramientas que apoyen tanto las tareas individuales como las colaborativas, con el objeto de crear, mejorar y/o aprender.

También los hábitos culturales (por ejemplo, una comunicación respetuosa), forman parte de los medios, basados en valores y modos de trabajo comunes.

Los líderes no pueden desarrollar y mantener todos los medios necesarios por su cuenta, pero tienen la responsabilidad de asegurar su realización y la evolución positiva de la misma. En los tres apéndices incluidos en este libro encontrarás ejemplos prácticos de métodos y herramientas que respaldarán el desarrollo de tu propio liderazgo.

Contribución del líder II: fortalecer la capacidad

Cada día laboral nosotros traemos nuestra capacidad para trabajar. Pero, ¿cómo la desarrollamos? La clave es entender las capacidades que necesitaremos mañana y luego crear las oportunidades de formación correspondientes. Sin embargo, al igual que los atletas, también necesitamos primero entrenadores que nos puedan ayudar a entender cómo adaptarnos a un campo que está en constante cambio, pero también maestros que nos puedan enseñar cómo hacer cosas nuevas.

Un líder necesita conocer las capacidades actuales de cada colaborador y también cuáles son las capacidades que serán necesarias el día de mañana. Tú puedes proporcionar las oportunidades de capacitación apropiadas basándote en estas dos consideraciones.Existen indudablemente muchas maneras de apoyar un buen entrenamiento: ejemplo de ello podría ser un curso de formación y/o una formación en el puesto de trabajo, donde se describan y demuestren las tareas, y donde haya retroalimentación, bien sea de parte de un compañero experimentado o de ti mismo, si cuentas con el tiempo, con la capacidad y la competencia necesaria para hacerlo. En cualquier caso, tú eres responsable de que todos los colaboradores obtengan las oportunidades de capacitación que necesitan y merecen.

Recuerda siempre que a veces se necesitan cursos de formación, pero a veces no. Una gran mayoría de las veces resultará mucho más fácil y práctico poder fortalecer la capacidad a través de una definición clara de la tarea o con ayuda de algún apoyo académico.

Contribución del líder III: fortalecer la actitud

Un gran líder realmente se preocupa por lo que es mejor para cada individuo.[11] Esto requiere de acciones fuertes y suaves, incluyendo lo que haces, dices o expresas de cualquier otra manera. Esto es lo que hemos llamado hasta ahora un cuidado tenaz, y lo puedes manejar de diferentes maneras:

♦ **Velas por la seguridad básica de cada individuo y les ofreces un lugar donde puedan sentir la armonía de pertenecer a un grupo con espíritu de equipo.**

♦ **Ves a cada individuo y sus contribuciones, haciéndolos sentir que son importantes al contribuir con un propósito más grande que su propio interés de recibir un salario.**

♦ **Retas, apoyas y das retroalimentación concisa para que cada individuo pueda desarrollarse.**

Tu *cuidado tenaz* afectará la actitud de cada uno de tus colaboradores. Lo que debes buscar en la actitud de una persona es el reflejo de su intención de contribuir. Por lo tanto, evaluar la actitud en una situación es medir si la intención detrás del comportamiento mostrado es predominantemente desinteresada o no. A veces, hacer esto resulta difícil. Parte de la razón por la que resulta desconcertante lograrlo es que no puedes ver la intención desde afuera, sino que tienes que deducirla a partir de las acciones que se muestran.

Dos personas pueden hacer o decir exactamente lo mismo, pero con una intención completamente diferente. Por ejemplo, alguien puede hacer algo mal porque no entiende la descripción del trabajo, mientras que otro puede cometer exactamente el mismo error con el fin de obtener un pago por horas extras.

La seguridad es un aspecto importante del fortalecimiento de la actitud. Si la gente se siente segura, su voluntad de actuar de manera desinteresada aumenta, simplemente porque no tienen que preocuparse por sí mismos cuando ayudan a otros.

11. Tu cuidado real para otra persona está vinculado a tus necesidades reales. Muchos pensadores han tratado de definir nuestras necesidades. Abraham Maslow es uno de los más influyentes, sin embargo cuestionado. Él dividió las necesidades humanas en cinco niveles en su jerarquía de necesidades: fisiológico, seguridad, amor y pertenencia, estima, autorrealización. La estima se basa en el deseo de ser aceptado y valorado por otros. Desarrollar la autoestima, sin embargo, requiere aceptar quién eres internamente. La autorrealización se refiere al potencial completo de una persona y la realización de la misma, por ejemplos, madurar de acuerdo con la Figura 28. Es fácil imaginar que queremos satisfacer nuestras necesidades en un orden estricto desde las necesidades fisiológicas básicas hacia arriba. Sin embargo, todos ellos existen simultáneamente y son priorizados por el individuo en un momento dado (y no necesariamente en un estricto orden jerárquico), tales como hacer posible un liderazgo más valiente arriesgando la seguridad para hacer lo correcto.

Tal seguridad proviene en parte de poder contar con el apoyo del líder. Esto a su vez proporciona una base para probar nuevas ideas de mejoramiento y también brinda la valentía de desafiar los propios límites para aprender y crecer.

Sin embargo, la manera más importante de fortalecer la actitud es establecer un buen ejemplo, combinado con una buena frecuencia de elogios hacia las buenas actitudes y confrontaciones hacia las malas. No olvides, sin embargo, que siempre debes comenzar con tu propia actitud antes de intentar afectar la de los demás.

Desperdicios del liderazgo

Ahora pregúntate: ¿Cuánto de mi tiempo de trabajo dedico a las contribuciones del líder?

Si tu respuesta es «muy poco», debes examinar el resto de lo que haces durante un día normal de trabajo. Es común que los jefes inviertan gran parte de su tiempo en cuestiones de gestión, participando en reuniones largas o haciendo «otras tareas» que un colaborador podría hacer igual de bien, como, por ejemplo, reportar resultados. Cuando examines las tareas que realizas actualmente y que no tienen nada que ver con el liderazgo, considera lo siguiente:

- **Si no es importante, deséchalo.**
- **Si es una pérdida parcial de tiempo, realízalo de forma más eficiente.**
- **Si es algo que alguien más puede hacer, delega.**
- **Si se trata de una resolución aguda y repetida de problemas, resuelve la causa principal.**

En otras palabras, tienes que definir lo que no debes hacer, de tal forma que puedas darle espacio a las tareas más importantes. Una vez que hayas creado este espacio en tu agenda, puedes optar por hacer otras cosas. De esta manera será más fácil dedicar el tiempo a obtener mayor cantidad (y mejores) contribuciones como líder. Esto puede implicar que necesites tomar tareas o actividades importantes que alguien más está realizando actualmente, pero que en realidad son tus responsabilidades como líder.

Jefes sustitutos

Si por falta de tiempo o cualquier otro inconveniente, los jefes eligen no hacer personalmente las contribuciones del líder más importantes, alguien más tiene que hacerlo por ellos. Esa persona puede denominarse un jefe sustituto.[12] La gestión sustituta podrá llevarse a cabo con:

---

12. Peter Block define a un jefe sustituto como una persona que «actúa en nombre de, o en lugar de, un gerente». Etsko Schuitema define el término un poco más estricto cuando dice irónicamente: «Por gerencia sustituta entendemos el empleo de un especialista, secundario o que ejerza una función próxima para tratar los problemas humanos, con el fin de dejar el liderazgo libre para perseguir el propósito de maximizar los beneficios».

♦ **Un departamento de recursos humanos (o un sindicato) al que se le ha dado la autoridad principal para decidir sobre la remuneración y el manejo de los conflictos.**

♦ **Una función del personal a la que se le ha asignado la plena responsabilidad de las mejoras de calidad, el desarrollo del sistema de gestión y/o la gestión de cambios.**

♦ **Un experto en comunicación a quien se le ha encargado la tarea de transmitir mensajes importantes de la alta directiva a «la gente».**

Sin embargo, al confiar demasiado en estas estructuras los líderes pueden arriesgarse a entregar tareas de liderazgo vitalmente importantes, como recompensar y corregir, resolver conflictos o asegurar estructuras para una mejora continua e involucrar a todos en diálogos abiertos.

Los efectos negativos de adjudicar tareas de liderazgo importantes se vuelven permanentes si la autoridad correspondiente es removida hacia los jefes de niveles inferiores.

No me malinterpretes. En las grandes organizaciones sin duda hay espacio para los expertos en RR. HH., gestión de cambios y comunicación, pero solo como un apoyo a los líderes, y no para asumir responsabilidades vitales de liderazgo como producir una retroalimentación frecuente, mantener y mejorar las normas de trabajo o fortalecer las buenas discusiones.

Las *contribuciones del líder* más importantes que puedes hacer están relacionadas con el cuidado y el desarrollo de tus colaboradores. Si la falta de tiempo te impide hacerlo, debes cambiar tus prioridades. La investigación de Etsko Schuitema muestra cuán importante es esto. La gente quiere que sus líderes se preocupen por ellos, y en definitiva los resultados de la organización dependen de eso.[13]

---

13. Etsko Schuitema concluye: «El papel de los recursos humanos en el negocio es absolutamente crítico. Durante mi investigación, miré las minas de mejor rendimiento en África. [...] Las minas de mejor rendimiento fueron aquellas con los mejores gerentes de línea que se comunicaron directamente con sus empleados y miembros del equipo. Donde RR. HH. le quita parte de esa responsabilidad y se comunica directamente con los empleados, por ejemplo en cuestiones de pago o revisión de desempeño, esto socava el papel del jefe de línea. Curiosamente, las minas que se comportaron de esta manera tendían a ser minas de bajo rendimiento».

3.3 Anclar con base a la misión, la visión y los objetivos

Para ti como líder, y también para tus colaboradores, anclar hacia dónde se dirigen y sus razones resulta algo vital. Esta sección destaca tres aspectos importantes al respecto:

- Tu *misión* es el propósito de la colaboración: un resumen del valor que la organización se esfuerza por crear, para los clientes y otras partes interesadas.

- Tu *visión* es una «imagen rompebarreras» de tu futura colaboración.

- Tus *objetivos* son los hitos o metas que has determinado alcanzar en ciertos momentos para realizar mejor la misión y alcanzar la visión.

Definir estos tres puntos es importante para tu liderazgo. Te ayuda a mantener la motivación y la dirección, y ayuda a tus colaboradores a hacer lo mismo.

Es necesario darle sentido y claridad a estos aspectos si queremos aclarar la dirección de la colaboración. Todos ellos separan lo más importante de lo menos importante. Tanto tú como líder, como tu equipo, necesitarán de estos puntos en la toma de decisiones diaria.

La misión, la visión y los objetivos pueden anclarse, tanto para toda la organización como para los departamentos más pequeños. En el caso de estos últimos, los aspectos pueden mostrar el papel del departamento como parte del esfuerzo de creación de valor de toda la organización, o incluso de toda la cadena de valores que se origina en diversas organizaciones.

La buena colaboración en tu equipo depende de que todos se muevan en la misma dirección. Para hacer esto, no es suficiente tener una misión y una visión bien formuladas en un papel o en un cartel. Lo que realmente cuenta es el buen entendimiento de esa misión, visión y de los objetivos en la mente de todos los colaboradores.

Liderando por objetivos

La *gestión por objetivos* (GPO) es un término ampliamente utilizado en un estilo de gestión basado en la descentralización, que consiste en dar objetivos en lugar de dar instrucciones. Aquí describiremos un proceso de trabajo para *liderar por objetivos* (LPO),[14] en el cual los objetivos se establecen conjuntamente por un enfoque interactivo e iterativo, involucrando a la gente en todos los niveles jerárquicos, en lugar de hacerlo a través de un proceso jerárquico puramente descendente.[15] El método LPO puede ser descrito como un proceso de siete actividades principales:

1. **Analizar el desempeño y las tendencias de la posición actual mediante el estudio o barrido del entorno.**

2. **Actualizar las declaraciones de la misión y la visión, si es necesario.**

3. **Acordar metas y estrategias a largo plazo en el nivel superior.**

4. **Acordar objetivos a corto plazo en el nivel superior.**

5. **Desglosar la producción (de la fase 1-4) durante un diálogo con cada equipo en el siguiente nivel inferior; coordinar y acordar nuevos objetivos. Hacer esto nivel por nivel, hasta que toda la organización esté involucrada.**

6. **Planificar y ejecutar acciones que sorteen las brechas para alcanzar cada objetivo (en cada equipo de cada nivel).**

7. **Comprobar el resultado y actuar para obtener mejoras. Ajustar los objetivos y continuar.**

El barrido del entorno (actividad 1) es importante para un proceso exitoso de LPO. El propósito es recopilar información estratégica sobre cambios actuales o posibles en el mercado. Por ejemplo, mediante el análisis de las expectativas de los clientes, del comportamiento de los competidores o de nuevas tecnologías que puedan afectar la forma de crear valor para los clientes. A continuación, se analizan los factores del entorno junto a los factores internos para decidir los objetivos estratégicos actualizados y los nuevos objetivos a corto plazo.

En una organización grande, la actividad 5 debe repetirse hasta que el desglose de los objetivos haya alcanzado el nivel de trabajo. Cada repetición de esto es como un apretón de manos entre el encargado del nivel superior y quienes le

---

14. LPO está inspirado en un enfoque Lean para el despliegue de políticas llamado Hoshin Kanri. Tenga en cuenta que la palabra «objetivo» aquí se refiere tanto a objetivos a más largo plazo como a objetivos más generales, y objetivos a más corto plazo y muy específicos.
15. Muchas organizaciones realizan su proceso solo una vez al año. Sin embargo, es deseable (inspirado por los principios y herramientas Agile) hacer que el proceso LPO sea lo suficientemente flexible para que pueda manejar continuamente los cambios en los objetivos, las prioridades y las acciones tan pronto como se conozcan nuevos hechos o después de que ocurran eventos inesperados.

reportan directamente a él. Algunas veces, esta iteración se denomina *compartición de objetivos*.[16]

La compartición de objetivos apunta a la creación de objetivos comprensibles, coordinados y comprometidos en todas las partes de la organización. De cierto modo, se trata de desglosar lógicamente las metas más altas hasta llevarlas a las metas de niveles inferiores. Sin embargo, también se trata de darles a todos la oportunidad de entender e internalizar lo que realmente significa cada objetivo. En este contexto, internalizar implica que todos deben tener la oportunidad de convertir cada meta en una parte importante de su propio conjunto de metas.

Las actividades 6 y 7 se refieren a la *planificación*, la *ejecución* y el *control* de las actividades de mejora, para luego *actuar* en pro de asegurar las mejoras realizadas.[17] Estas iteraciones deben realizarse en ciclos cortos y en cada equipo de cada nivel. A veces esto implicará experimentar con pequeños pasos para alcanzar un mayor conocimiento de las cosas y de esa forma ir ajustando las metas y los retos en los objetivos, para hacerlos más desafiantes o más realistas.

La compartición de objetivos requiere discusiones constructivas en y entre equipos, en todos los niveles dentro de la organización. Las discusiones deben girar en torno a la razón de un objetivo particular: cómo los objetivos dependen unos de otros, cómo pueden contribuir todos para alcanzar el objetivo y cómo se medirá el cumplimiento del objetivo.

Como líder, tu papel es facilitar estas discusiones. Recuerda escuchar con cuidado, tanto las dudas como las ideas acerca de cómo se pueden establecer objetivos, y también para idear soluciones. Si lo haces bien, el proceso de LPO puede convertirse en una importante herramienta de liderazgo para crear y mantener el significado de este.

En muchas organizaciones se lleva a cabo un proceso similar al descrito anteriormente una vez al año, a menudo justo antes de determinar el presupuesto para el próximo año. Sin embargo, exactamente igual que con el presupuesto financiero, hay grandes ventajas si el proceso puede repetirse más regularmente. Por ejemplo, basándose en ajustes frecuentes cuando se encuentran nuevos hechos importantes en el ambiente o en el desempeño interno. Las actividades 6 y 7 necesitan repetirse en ciclos cortos, como se describirá en el Capítulo 7 y en el Apéndice B.

---

16. A veces también se conoce como catchball debido a la manera en que la necesidad de mejoras y los objetivos correspondientes se discuten de arriba hacia abajo en la jerarquía durante varias interacciones.
17. Esto se resume como la rueda PECA que se describe en el Capítulo 7.

Definir juntos su misión común

El propósito es importante. Los investigadores han encontrado que el mayor propósito de tu trabajo (el sentido que viene de contribuir a algo más grande que tú mismo) es considerado muy a menudo más motivador que el sueldo o los bonos.

En algunos lugares de trabajo, por ejemplo, en hospitales y escuelas, el mayor propósito resulta más obvio. Sin embargo, aclarar el sentido de otras organizaciones podría resultar un poco más difícil. Al mirar la Figura 5, está claro que la persona que define su trabajo como «estoy cortando rocas», le encontrará menos significado que la persona que dice «estoy construyendo un puente para otras personas». Para los cortadores de rocas será más difícil ver su trabajo en un contexto más amplio, mientras que, para los constructores de puentes, sus trabajos podrán ser apreciados más fácilmente como una contribución a una causa más grande.

Figura 5. Crear propósitos
De un cortador de rocas a un constructor de puentes entendiendo el sentido de la tarea.

La compañía global de muebles IKEA, conocida por su impulso en el liderazgo de valores, ha formulado su misión como: «crear una mejor vida cotidiana para muchas personas». Este es solo un ejemplo de cómo un propósito motivador común puede energizar a los individuos para mejorar la colaboración.

Sin embargo, la formulación de una misión no se limita al nodo superior de una organización. Hecho de la manera correcta, la misión formulada en un nivel inferior puede explicar cómo la gente en ese departamento puede contribuir a la misión más grande de toda la organización.

No subestimes el poder de una misión común. La falta de ella limita tu potencial de colaboración. Si no estamos de acuerdo hacia dónde vamos, nos resultará muy difícil llegar a un acuerdo sobre lo que hay que hacer. Las diferencias en la intención pueden crear conflictos serios.

Por lo tanto, invierte tiempo en anclar juntos un propósito común, ya que este es el punto de partida para la construcción de una dirección clara y un es-píritu motivador de equipo.

Definir juntos su visión común

Es imposible liderar sin una visión. La razón es simple: si no tienes una imagen en tu cabeza de cómo será tu futura colaboración, no tendrás una dirección estable para tu liderazgo.

Un jefe sin visión tomará decisiones contradictorias, lo que resultará en un liderazgo difuso. La mayoría de la gente tiene algún tipo de visión de lo que es la buena colaboración, o por lo menos han experimentado su opuesto. Por lo tanto, probablemente tanto tú como tus colaboradores puedan presentar ideas de cómo deberían ser sus días de trabajo en el futuro. Si durante el diálogo con tu equipo, todos aportan sus ideas individuales sobre la mesa, estas ideas podrán hacerse más concretas, serán compartidas, mejoradas, y, con suerte, convertidas en «una visión común» para todo el equipo.

Alcanzar una visión común es un fundamento esencial para una gran colaboración. Intenta ponerlo en palabras simples o, mejor aún, en una imagen, de tal forma que ella pueda ser fácilmente recordada.

Una visión debe ser una imagen que rompa las barreras, en el sentido de que debe mostrar claramente los retos desafiantes del estado actual. Estos retos deberán ser comparados con la necesidad de nuevas capacidades, nuevas formas de trabajar y de aprender, nuevos niveles de calidad, respuestas más rápidas o nuevas formas de tratar a colegas o clientes.

Formula la visión junto a tu equipo, para que las palabras y/o la imagen sean comprensibles para todos. Colócalo en una pared, donde todo el mundo pueda verlo y recordar que deben tener presente su significado. De esa forma podría convertirse en una base significativa para las decisiones cotidianas, tanto pequeñas como grandes.

No tener una buena visión dificultará tus esfuerzos para avanzar en la dirección correcta. Pero formular la visión sin involucrar a la gente, o sin procurar una realimentación hacia ellos regularmente es una verdadera pérdida de tiempo. Henry Ford dio este consejo en un eslogan bastante pegadizo: «Visión sin ejecución es alucinación».

Dirección, objetivos y acciones

Un objetivo es una condición que debe ser cumplida en un tiempo determinado. Los objetivos se pueden establecer tanto a corto como a largo plazo.[18] Los objetivos importantes a largo plazo se llaman objetivos estratégicos. La forma elegida de alcanzar tal objetivo se llama estrategia.

Tanto los objetivos a corto plazo como aquellos a largo plazo pueden ser vistos como estaciones en una ruta hacia la visión. Si no resulta obvio que las estaciones están en la misma ruta, tú y tu equipo deberán tomarse el tiempo necesario para anclar y aclarar la unión lógica entre los diferentes objetivos y la visión. Idealmente, la ruta desde los subobjetivos pasando por el objetivo estratégico hasta alcanzar la visión debe resultar clara para todos, como se muestra en la Figura 6.

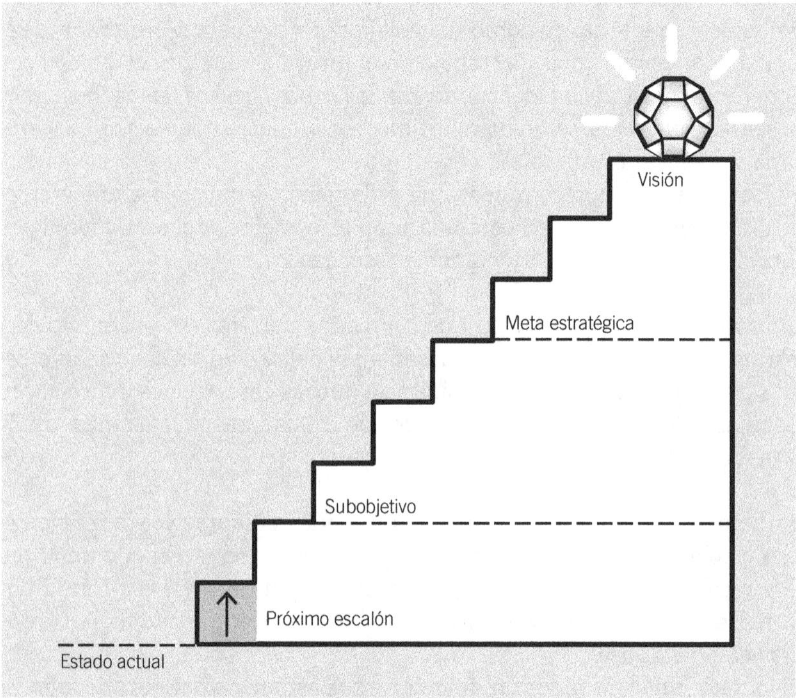

Figura 6. El siguiente escalón en la dirección correcta
La ruta desde el estado actual, a través de los subobjetivos y objetivos estratégicos, hacia la visión.

---

18. Los términos «objetivos» y «metas» se usan aquí sinónimamente para expresar una condición futura deseada, independiente del nivel jerárquico. Sin embargo, «los objetivos» usualmente se refieren a estados futuros muy específicos, y a menudo a más corto plazo, mientras «metas» usualmente se refiere a condiciones que se desea que ocurran más lejos en el futuro.

Los objetivos estratégicos, junto a la visión, son muy importantes ya que señalan el curso a seguir. Si se comparten, esto hará posible que todos pongan su energía y esfuerzos en la misma dirección que sus colegas. También sustenta las decisiones referentes a en qué concentrarse, y no menos importante, qué no se debe hacer. Jan Carlzon, exdirector ejecutivo de SAS, hace hincapié en esto dentro de su libro de gestión más vendido, *Moments of Truth (El momento de la verdad)*, en el que describe las responsabilidades del jefe al hacer y comunicar la dirección general y los objetivos a largo plazo, para que todos los empleados sean capaces de tomar innumerables decisiones de las cuales depende la organización a diario.

La formulación de objetivos realizada por John F. Kennedy en 1961 sobre el aterrizaje en la luna[19] es un ejemplo clásico de cómo una meta clara a largo plazo puede convertirse en la base energizante de una gran colaboración. Un ejemplo más reciente y realista proviene del municipio sueco de Södertälje. En su esfuerzo por utilizar los principios Lean para brindarles a los ciudadanos un mejor servicio para su pago de impuestos, formularon el eslogan «Dos veces mejor». Los diferentes equipos posteriormente lo tradujeron en objetivos formulados para asegurar que cada hora de desperdicio de la cual pudieran deshacerse fuera utilizada para mejorar la calidad y la eficiencia, así como para el desarrollo de los empleados.

Los objetivos a largo plazo son muy importantes, pero también lo son los subobjetivos. Un subobjetivo es un estado futuro bien definido, que, dado un entendimiento verdadero sobre el estado actual, determina qué debe hacerse a continuación.

El siguiente escalón es el inicio del viaje que comienza aquí y ahora. A veces tendremos dudas para hacerlo, pero hay que hacerlo. A menudo la mejor estrategia podría ser experimentar y aprender en lugar de ser pasivo, o como dice Jan Carlzon: «Los errores generalmente pueden ser corregidos más adelante; el tiempo que se pierde al no tomar una decisión nunca puede ser recuperado».

Buenas metas

El propósito de los objetivos es motivar tanto las buenas contribuciones al trabajo individual como la buena colaboración en equipo. Las cualidades de un conjunto de objetivos motivantes son las siguientes:

- **Pocos y equilibrados.**
- **Significativos.**
- **Entendibles y compartidos, preferiblemente formulados localmente.**
- **Desafiantes pero realistas.**
- **Posibles de seguir en relación con un tiempo establecido.**

---

19. «Primero, creo que esta nación debe comprometerse a alcanzar la meta, antes de que termine esta década, de llevar un hombre a la luna y devolverlo a salvo a la tierra. Ningún proyecto espacial en este período será más impresionante para la humanidad, o más importante para la exploración a largo plazo del espacio; y ninguno será tan difícil o costoso de lograr».

La lista es importante para tu liderazgo, ya que te ayuda a motivarte y a motivar a los demás a través de un conjunto de objetivos más inteligentes. Utilízala como una lista de control cuando uses el proceso LPO. Examinemos la lista para ver algunos problemas críticos al establecer objetivos.

Decidirse por *pocos y equilibrados* objetivos significa ser capaz de fijar objetivos importantes que sean tan pocos como para enfocarse en ellos, pero los suficientes como para equilibrar las perspectivas de diferentes participantes (por ejemplo, a través de + CTE, como se describe en la siguiente sección).

Un objetivo *significativo* motiva a la gente apelando a sus emociones, su ética y su razonamiento lógico. Visualiza la tensión de la lógica que conecta los objetivos a corto plazo con los objetivos a largo plazo y la visión (véanse Figuras 6, 39 y 40 para ejemplos) a efectos de que todos sean capaces de entender su importancia y la lógica detrás de cada objetivo.

Un objetivo es *entendible y compartido* cuando cada uno de tus colaboradores entiende lo que significa, sabe cómo se medirá ese objetivo y comparte el deseo de contribuir lo mejor posible para alcanzarlo. Por lo general, es preferible dejar que cada equipo formule sus propios objetivos.

Un objetivo es *desafiante pero realista* si es posible alcanzarlo a tiempo, a la vez que exige un esfuerzo adicional para lograrlo.

Finalmente, la condición futura deseada de un objetivo tiene que ser especificada de tal manera que *resulte posible hacerlo en un tiempo establecido*. La condición de un objetivo se especifica a menudo por el nivel (un valor numérico) de una medida (un Indicador Clave de Desempeño, ICD). Sin embargo, esto no siempre es posible. A veces el estado futuro que se desea necesita ser descrito con palabras. Si este es el caso, debe hacerse de una manera tan concreta que permita hacer seguimiento de si la condición se ha alcanzado o no en el momento específico.

Es preferible describir la condición de un objetivo en palabras en lugar de elegir un objetivo numérico, menos relevante solo porque es fácil de medir. Muestra resistencia a quienes argumentan que un objetivo debe ser mensurable con hechos concretos. Esta visión de los objetivos es particularmente peligrosa, porque podría llevar a olvidar áreas importantes. Por lo tanto, es mejor hablar de condiciones de los objetivos en lugar de objetivos en general. La palabra «condición» implica que un nivel objetivo se puede describir en palabras tan bien como puede ser descrito por un ICD numérico.

Equilibrar con + CTE

La necesidad de equilibrar los ICD financieros con otros ICD de perspectiva fue destacada por Kaplan y Norton en su libro *Relevance Lost*. Ellos se alejaron de la visión de corto alcance, que era la gestión del rendimiento, e introdujeron el concepto ampliamente difundido de un *cuadro de mando integral*. La primera iteración del concepto sugirió cuatro perspectivas de ICD, a saber: financiero, cliente, procesos institucionales internos, aprendizaje y crecimiento. Una variante de esta vista equilibrada en el establecimiento de objetivos se denomina + CTE. Esta se basa en los intereses de los *stakeholders* y también se divide en cuatro perspectivas:

- **+ representa la perspectiva humana: garantizar seguridad, salud y un entorno adecuado (SSE), espíritu de equipo y aprendizaje.**

- **C representa la perspectiva de la calidad: crear sin defectos y satisfacer tanto las necesidades concretas como las implícitas.**

- **T representa la perspectiva del tiempo: responder rápidamente, tener plazos de entrega cortos y cumplir con los plazos de entrega prometidos.**

- **E representa la perspectiva de la eficiencia: crear alto valor sin desperdiciar recursos.**

Cada una de las perspectivas anteriores forma un conjunto de posibles ICD dirigidos a un grupo específico de participantes. Trabajar para mejorar la seguridad, la salud, el entorno, el espíritu de equipo y el aprendizaje (+) obviamente beneficiará a las personas que trabajan para la organización. La calidad (C) y el tiempo de entrega (T) favorecerán principalmente a los clientes, mientras que la eficiencia (E) es especialmente ventajosa para los accionistas.

Sin embargo, incluso si la creación de valor en cada una de las cuatro perspectivas tiene un participante principal, las cuatro tendrán efectos directos e indirectos sobre todos los demás participantes y no menos en la sociedad. En otras palabras, el + CTE es importante para todos. Después de todo, sin uno de los cuatro grupos de participantes, no hay futuro para la organización.

Algunas organizaciones utilizan el + CTE, no solo para guiar el equilibrio de su trabajo de mejora, sino también para implementar un estricto orden de priorización. El «+» es la prioridad principal y el «E», la última. Esa es una forma inusual de pensar para las organizaciones con fines de lucro. Sin embargo, la lógica detrás de este orden de priorización no solo es ética, sino también perfectamente lógica, incluso para aquellos con un enfoque de utilidad pura, sobre todo si tienen una perspectiva a largo plazo en relación con sus ganancias.

Veamos la lógica, empezando desde el final: sin crear no podemos obtener ganancias, sin calidad es mejor no crear y sin personas sanas y capacitadas no podemos producir los bienes o servicios utilizables que el cliente requiere.

Leif Östling, exgerente general de la compañía global de camiones Scania, destacó la importancia de la regla de priorización + CTE como el factor número uno para el desarrollo exitoso de Scania durante la primera década de este milenio. Más recientemente, también he escuchado a gerentes de nivel inferior en Scania elogiar la importancia de la secuencia + CTE. Otro ejemplo interesante proporcionado por algún gerente de tienda es el siguiente: «Si controlo mis operaciones basándome en atender la salud de mi gente y en la calidad de lo que producimos, todos los otros ICD le seguirán».

La importancia de conseguir un buen equilibrio entre los diferentes ICD es tan trascendental en la sala de juntas como en «el piso». La madurez de cualquier equipo de gestión se define en parte por la capacidad de gestión basada en una amplia gama de ICD. El agrupamiento mediante + CTE es una excelente manera de lograr un buen equilibrio entre ellos. A largo plazo, beneficiará a todas las partes interesadas y por supuesto a los propietarios.

Objetivos establecidos localmente

Hay definitivamente algo de verdad detrás de la expresión «lo que se mide se hace». Los ICD correctos con los niveles de objetivo adecuados pueden inyectar de energía a una organización para mejorar y optimizar su desempeño. Sin embargo, si se hace de manera incorrecta, puede hacer más daño que bien.

Empujar los ICD y los niveles del objetivo de la cima al fondo de una organización puede tener alguna ventaja desde el punto de vista de la estandarización, pero viene con varios riesgos. Un riesgo evidente es que los objetivos se ven como un mecanismo de control, dejando de lado la confianza.

Otra es que los ICD centralizados a veces son elegidos porque son fáciles de medir, no porque son importantes. Por otra parte, incluso si un ICD es importante y adecuado en el nivel superior, podría no ser el caso en los niveles jerárquicos inferiores. Por lo tanto, una medida de rendimiento escogida para la parte superior de la empresa podría resultar irrelevante o demasiado abstracta de comprender en un nivel inferior, lo que puede ser muy desmotivador.

La imposición de malos objetivos desde la cima jerárquica no solo puede conducir a una pérdida de tiempo, tanto en la gestión como en el nivel de creación de valor, sino que incluso puede encauzar los esfuerzos en la dirección equivocada.[20]

Otro riesgo de hacer cumplir los niveles de un objetivo arriba-abajo es que estos pueden terminar siendo demasiado altos, o demasiado fáciles de alcanzar. Ambas opciones son desmoralizantes. Arriesgas aún más si deseas combinar

---

20. Tomemos como ejemplo al jefe de policía que estableció un objetivo en el número de pruebas de alcohol que se deben realizar durante una semana. Esto dio como resultado que los policías realizaran muchas pruebas en momentos y lugares en los cuales se esperaban pocos infractores, con el fin de ahorrar tiempo y cumplir con el objetivo.

objetivos arriba-abajo con bonos. Esto puede llevar a los individuos con falta de actitud a intentar engañar a un sistema de gestión de rendimiento mal ejecutado.

Liderar por objetivos debe basarse en una voluntad genuina, honesta y compartida para alcanzar objetivos. Por lo tanto, los niveles de los objetivos no solo deben establecerse en el diálogo iterativo. Siempre que sea posible, las medidas deben ser *formuladas localmente* por cada equipo, siempre y cuando los objetivos estén alineados con los del resto de la organización.

Los miembros de un equipo maduro son capaces de traducir los objetivos de la organización en objetivos válidos para su propio equipo. Este proceso le da al equipo la oportunidad de entablar *buenas discusiones* sobre los requisitos, obstáculos, medidas y niveles. Tal proceso aumenta tanto la comprensión como la motivación.

La formulación de objetivos localizada también facilita la adaptación de los objetivos a las necesidades de los clientes locales, así como a los problemas u oportunidades reales a las que se enfrenta el equipo en ese momento. A menudo, los objetivos locales pueden simplificarse, basándose en datos diarios recopilados manualmente, como la retroalimentación inmediata de clientes internos o externos.

La formulación de objetivos localizada hace posible ajustar el nivel de un objetivo tan pronto como sea alcanzado. También facilita el cambio de una medida a otra si se alcanza el primer objetivo o si se han encontrado nuevos hechos o desafíos.

En otras palabras, el establecimiento de objetivos localizados en equipos maduros suele ser bastante motivador y dinámico, lo que resultará en objetivos más desafiantes.

Definir en base a valores y principios

Además de anclar a todos en las tareas y objetivos comunes, también necesitas obtener una comprensión colectiva de *cómo* asumirás tus tareas y alcanzarás tus objetivos. Las organizaciones que han tenido éxito basándose en una estrategia Lean, a menudo usan valores y principios comunes para este proceso.

Así como debe haber una conexión primaria desde la misión y la visión hasta los objetivos estratégicos y metas a corto plazo, también debe haber conexión entre los valores, pasando por los principios, métodos y herramientas, hasta llegar a las acciones. Esto se ilustra en la Figura 7 como una cadena que parte de los valores de una persona hasta terminar con sus contribuciones al trabajo.

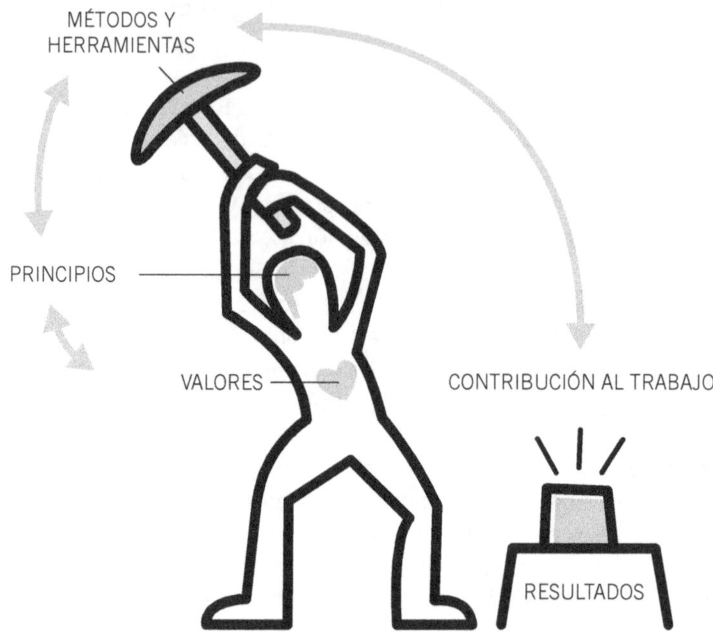

Figura 7. Enlace entre los valores y las contribuciones al trabajo
La relación entre los valores y la contribución al trabajo.

Los valores comunes constituyen la base de los principios de trabajo. A su vez, los principios respaldan las decisiones cotidianas sobre cómo llevar a cabo la colaboración, los métodos y las herramientas necesarias. Estos a su vez fortalecen todas las contribuciones al trabajo, que en su conjunto formarán el resultado final. Nótese que las flechas de la Figura 7 son dobles, para ilustrar que el aprendizaje va en sentido opuesto, las desviaciones de los resultados esperados pueden hacernos cambiar la forma en que hacemos las cosas, los métodos, las herramientas y a veces incluso los principios de trabajo en los que nos apoyamos.[21]

Son muchas las organizaciones que han tenido éxito con la aplicación de Lean y que han formulado valores compartidos, muchas veces centrados en el respeto por las personas. También han acordado principios comunes sobre cómo administrar sus negocios. Los principios normalmente subrayan la importancia de los flujos de trabajo holísticos, así como la mejora continua y el aprendizaje (por ejemplo, basándose en estándares de trabajo y solucionando las causas de los problemas). La mayoría de las veces estas organizaciones visualizan

---

21. La Figura 7 se ve normalmente desde una perspectiva común, es decir, resaltando los medios comunes en forma de valores, principios, métodos y herramientas comunes. Sin embargo, también puede ser vista desde la perspectiva de un individuo; con valores y principios internalizados (conectados a la actitud), así como con las capacidades del individuo para manejar métodos y herramientas (conectadas a la capacidad).

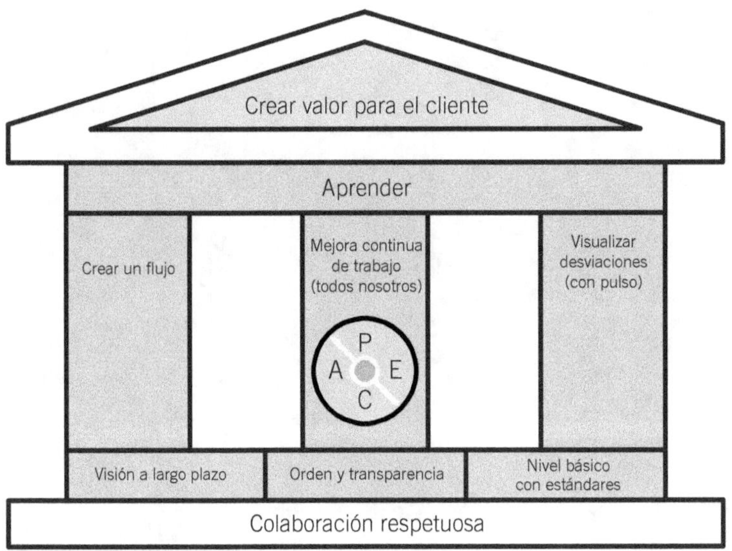

Figura 8. La casa de los principios
Un ejemplo de una ilustración que muestra la base de valores y los principios de trabajo.

sus principios, normalmente en la forma de una casa o un templo. La Figura 8 muestra un ejemplo de dicha ilustración.

Haz un esfuerzo para definir tus valores y principios comunes, para que estos formen una base estable para tu colaboración. Coloca recordatorios visuales de tus conclusiones en un lugar donde los miembros de tu equipo puedan tenerlas presentes, para así crear una mejor toma de decisiones diaria. Como líder, puedes hacer un buen uso de esa inversión, no solo para la toma de decisiones, sino también como un marco de referencia cuando ofrezcas la retroalimentación diaria a tus colaboradores.

En resumen, el primer escalón de *La escalera al liderazgo*, anclar, es la base para los próximos cuatro escalones. Este escalón requiere que tú y tu equipo estén abiertos a nuevas ideas, estén dispuestos a escuchar, a entender, y cuando sea necesario, estén preparados para cambiar la dirección y el comportamiento. Es muy fácil quedarse atascado en viejas «verdades», o como alguien dijo una vez: «Si has estado perdido durante mucho tiempo, empezarás a sentirte como en casa».

Sin embargo, anclar no es suficiente para crear una gran colaboración. El segundo escalón de *La escalera al liderazgo* destaca otra prioridad importante para tu liderazgo: visualizar hechos y relaciones.

4. **Visualizar** el sistema, las expectativas y las desviaciones

La cita anterior, de 2.500 años de antigüedad, encierra indudablemente mucha sabiduría. Considero que también debería tener una clara influencia en tu liderazgo: deja que tu gente esté clara y déjala intentar cosas.

Sin embargo, para poder ver las cosas importantes estas deben ser visibles en primer lugar. Mediante la visualización de hechos y relaciones —en un formato claro— estarás proporcionando una base para la comprensión y la acción. La lógica es: lo visible puede ser visto. Lo visible puede ser discutido. Lo que se discute puede entenderse. Además, si se entiende se puede actuar debidamente y en consecuencia.

Existen muchas razones por las que no visualizamos y compartimos lo suficiente. Una de las razones importantes es que tenemos una tendencia a asumir que lo que está claro para nosotros, y lo que nosotros percibimos como evidente, es igual de cierto y obvio para los demás. Esto normalmente no es el caso.

Por lo tanto, después de *anclar* lo que es más importante, tú tienes que visualizar lo que se necesita para obtener una mayor colaboración. Este capítulo incluye las siguientes partes:

- **Visualizarte a ti mismo.**

- **Visualizar el sistema.**

- **Visualizar las expectativas y las desviaciones.**

4.1 Visualizarte a ti mismo

La honestidad es más que evitar las mentiras.
También se trata de ser franco.
El autor[22]

Tu franqueza podría ser más importante de lo que piensas. Hay tres aspectos vitales que deberías atreverte a llevar a cabo como un líder transparente:

♦ **Atrévete a mostrar quién eres y lo que representas.**

♦ **Atrévete a compartir información y conocimientos.**

♦ **Atrévete a ser franco con lo que no sabes o entiendes y también acepta tus errores.**

Si lideras dando el ejemplo en lo mencionado anteriormente, tus colaboradores indudablemente te seguirán. Si tú no lo haces, ellos definitivamente tampoco lo harán, y entonces habrás perdido una gran oportunidad. Un grupo de personas en el que todos están abiertos a compartir sus opiniones, sus conocimientos y sus necesidades de saber más, puede convertirse en un gran equipo.

Permíteme usar la *ventana de Johari* para explicar por qué la franqueza es tan importante para tu liderazgo. Este es un modelo gráfico que divide el conocimiento sobre un ser humano en cuatro partes, como muestra la Figura 9.

El cuadrante superior izquierdo simboliza lo que se sabe de ti, tanto por ti mismo como por los otros. Es la tan mencionada *arena abierta*, la parte de ti que tú ves y la que los demás también ven. La parte superior derecha es el *punto ciego*, los aspectos de ti mismo que otros ven, pero de los que tú no eres consciente. La parte inferior izquierda, el *área escondida* (o *fachada*), es tu espacio privado, que conoces pero que mantienes oculto de los demás. El último cuadrante en la parte inferior derecha, *lo desconocido*, representa las cosas sobre ti mismo que no son vistas ni por ti ni por los demás.

---

22. El autor, Bengt Savén.

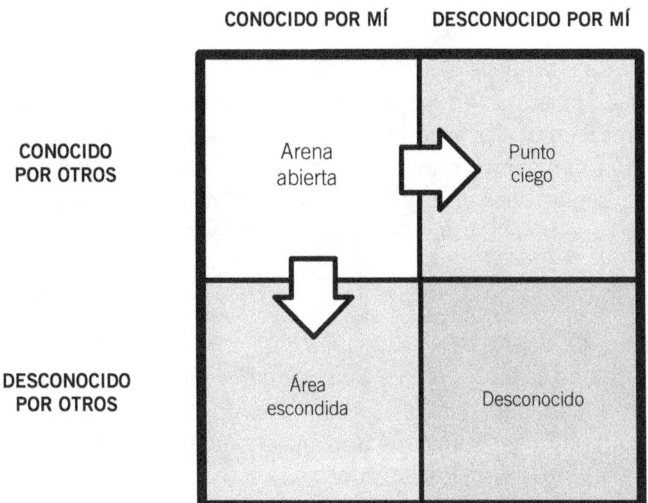

Figura 9. La ventana de Johari
Una ilustración acerca del conocimiento de uno mismo (basado en Luft y Ingham, 1955).

Puedes aumentar el tamaño de la arena haciendo que el punto ciego sea más pequeño, es decir, conociéndote más. También puedes hacerlo reduciendo el área escondida, al dejar que otras personas sepan más sobre ti.

Para convertirte en un gran líder, debes tratar de hacer tu arena más grande. Esto lo logras mostrando lo que vales y compartiendo tus errores. Hacerlo requiere valentía. Es por esto por lo que tienes que dar el ejemplo. Si otros siguen tu ejemplo de franqueza, debes darles crédito por su valentía. En la misma medida, deberás confrontar a los colaboradores que oculten información o problemas, sabiendo incluso que con ello podrían estropear la colaboración del grupo.

Cuando creas una atmósfera más franca dentro del grupo, la discusión puede ser más constructiva, con más perspectivas y hechos disponibles. De esta manera, aumentarás la capacidad colectiva de tu equipo en cuanto a la posible solución de problemas, así como el aprendizaje. Además, aprenderás más sobre ti mismo; por ejemplo, tus fortalezas y debilidades, el apoyo que necesitas y lo que te hace sentir bien.

Si escoges liderar en pro de una comunicación más franca, el contenido será más importante que la forma. Evita las palabras de moda y las campañas de información. Habla con la gente y no ellas. Habla de manera sencilla y honesta desde tus propias convicciones, pero escucha y mantente siempre preparado para cambiar tu opinión. En otras palabras: visualízate a ti mismo, en aras de aumentar la franqueza del equipo y de lograr una mejor colaboración.

4.2 Visualizar el sistema

La motivación se fortalece cuando las personas tienen la oportunidad de entender e influir en su situación laboral. Por lo tanto, tu tarea como líder es contribuir de tal manera que el sistema en el que trabajas sea transparente y acepte mejoras. Una importante contribución del líder es hacer visibles los hechos, los procesos y las relaciones de causa y efecto, preferiblemente en un lugar donde las personas se reúnan regularmente, con el fin de fomentar buenas discusiones.

El sistema

Un sistema es una serie de partes que trabajan juntas para lograr una meta. Cada organización es un sistema.[23] Cuanto mejor comprendas las partes y sepas cómo se relacionan, más podrás afectar los resultados y la mejora del sistema.

En el contexto de la colaboración, el sistema consiste en las personas con sus respectivas capacidades y actitudes, así como los medios comunes, los recursos y las estructuras necesarias para alcanzar los objetivos. A su vez, los medios se construyen tanto por el equipo físico (por ejemplo, el lugar de trabajo, equipos, herramientas y consumibles) como por la información (por ejemplo, declaraciones de objetivos, descripciones de procesos y métodos, instrucciones y datos de clientes y proveedores, etc.). Ver a la gente y a los medios como partes dentro de un sistema, y cómo se relacionan entre sí, proporciona una visión holística de todas las partes. Esto te ayuda a ti y a tu equipo a conectar mejor las piezas, y también a detectar y a fortalecer los vínculos más débiles.

Deberás esforzarte por hacer que el sistema no solo tenga un significado real para tus colaboradores, sino que también sea comprensible y fácil de influir.[24] Recuerda que si es posible influir en el sistema, también será posible mejorarlo. Como líder, tú puedes ayudar a mejorar el sistema de dos maneras: puedes capacitar y apoyar a tus colaboradores para que ellos mejoren sus propias partes del sistema, pero también puedes asegurar una mejor colaboración entre las diferentes partes dentro del sistema en general y así lograr mejores resultados.

Ambas tareas de liderazgo requieren que el sistema sea lo suficientemente transparente y simple como para que se pueda entender cómo funcionan las partes. Hacerlo más transparente y simple ayudará tanto a la efectividad como al bienestar de todos.

---

23. Eres libre de definir lo que se incluye y excluye del sistema, como por ejemplo, el medio ambiente. Una máquina, un programa de computadora, un pequeño departamento o una organización completa, todos son todos los sistemas. Las partes dentro de un sistema pueden ser cualquier cosa, desde componentes físicos e información hasta seres humanos. Por lo tanto, la cooperación entre las partes del sistema varía de las conexiones físicas y el intercambio automatizado de información a las interacciones humanas.
24. Aaron Antonovsky, sociólogo y académico israelí-estadounidense, destacó esto en su investigación sobre la relación entre el estrés, la salud y el bienestar. Señaló que la gente enfrenta mejor los problemas y se mantiene más saludable cuando se le proporciona un «sentido de coherencia» sobre la vida y sus desafíos.

Partes para visualizar

A continuación, se presentan algunos ejemplos de las partes del sistema que a menudo necesitan ser visualizadas:

- *Dirección y metas*: **la misión, visión y los objetivos, así como los principios que deben ser utilizados para alcanzarlos.**

- *Relaciones de causa y efecto*: **la lógica conocida entre una fuente y sus efectos, deseados o no deseados.**[25]

- *Tareas y responsabilidades* **para departamentos e individuos, de manera que se puedan evitar superposiciones innecesarias o espacios en blanco.**

- **Descripciones del trabajo y las correspondientes capacidades que se requieren para hacerlo de la mejor manera, desde un mapa de procesos a nivel macro hasta las normas de trabajo, con el nivel de detalle necesario.**

El último punto no es el menos importante. Mediante la visualización de las formas de trabajo más conocidas actualmente se forma la base desde la que pueden llevarse a cabo mejoras continuas. Si no mejoras la forma de hacer el trabajo, nunca obtendrás mejoras duraderas. Por lo tanto, las formas de trabajo deben ser visibles, y las personas que hacen el trabajo deben tener la oportunidad de mejorarlo.

Esto resulta cierto para las formas de trabajo desde el nivel superior (mapa general del proceso), pasando por el nivel intermedio (descripciones del proceso) hasta el nivel detallado (por ejemplo, método, operaciones y descripciones del lugar de trabajo).[26] Como describes tus formas de trabajo resulta menos importante que cómo las llevas a cabo.

La información importante necesaria para dirigir una organización a menudo se recopila en lo que se denomina un sistema de gestión o de calidad. Dicho sistema tiene normalmente varios propósitos. Ejemplo de ello es crear un orden para facilitar el acceso a la información, proporcionar directrices para garantizar la calidad y establecer la base para el seguimiento de procesos y tareas. Los documentos son el núcleo de tal sistema. Algunos son documentos de control, que dirigen lo que debe hacerse, mientras que otros son documentos de soporte que combinan las directrices con la libertad de ejecución. Muchos documentos de control se basan en regulaciones de autoridad externa, mientras que otros se desarrollan internamente para controlar lo que debe hacerse y cómo se debe hacer.

---

25. El conocimiento puede documentarse como listas de verificación de actividades que se deben realizar o evitar, o como gráficos con interdependencias de metas o problemas.

26. Las descripciones más detalladas de las mejores formas de trabajo tienen diferentes nombres en diferentes organizaciones; por ejemplo, hojas de elementos o procedimientos de operación estándar. La necesidad de documentar los detalles varía con el tipo de trabajo realizado y con la madurez del equipo de trabajo.

Un buen sistema de gestión proporcionará apoyo diario a tu liderazgo y al trabajo de tu equipo. Para que un sistema como este funcione de manera óptima, nunca debe ser demasiado grande, demasiado complicado o centralizado. Debe permanecer dinámico, en el sentido de que siga siendo útil y pueda ser constantemente actualizado por las personas que hacen el trabajo.

Los detalles deben ser controlados mediante un sistema de seguridad solo cuando existan razones de seguridad o de calidad, pero también cuando llegasen haber razones importantes. De lo contrario, la autoridad para llevar a cabo cambios en el trabajo debe recaer en las personas que lo realizan todos los días y por lo tanto ven el resultado de este. Este es un requisito básico para establecer un sistema de mejora continua.

Por lo tanto, en lugar de dejar que un equipo de personas decida a distancia cómo deben hacerse las cosas (quizás por que cuestionen las capacidades o actitudes de las personas que hacen el trabajo), sería apropiado construir un sistema de gestión descentralizado basado en la confianza y el aprendizaje, y garantizado por un buen liderazgo.

Decisiones transparentes

Una decisión es una elección entre las acciones alternativas. La falta de decisiones, o tomar decisiones poco claras o decisiones que no se implementan puede resultar paralizante para una organización. Las decisiones incomprensibles pueden ser igualmente destructivas. Es importante comprender las relaciones de causa y efecto en las cuales se basa una decisión en particular, no solo para la persona que la toma. Los colaboradores que no entienden por qué se tomó una decisión importante podrían perder parte de su motivación para contribuir. Intenta ayudarlos a entender.

Una *decisión transparente* es una elección visible y comprensible para todos, sin importar que a todos por igual les pueda gustar. El propio proceso de toma de decisiones debe ser también transparente.[27]

Este es un aspecto importante del liderazgo. Permite que la visualización del sistema forme parte de tu trabajo, en aras de la comprensión, la motivación y la actitud de fortalecimiento.

---

27. A veces no es posible ser completamente franco sobre el proceso de toma de decisiones; por ejemplo, si la información sensible o secreta requiere que una decisión sea tomada por un grupo restringido. Cuando se toma una decisión y se comunica bajo tales circunstancias, podría evocar sorpresa, ira y resistencia. Es entonces muy importante explicar, en la medida de lo posible, las razones de la elección, incluso si tiene que hacerse después de que se haya tomado la decisión.

4.3 Visualizar las expectativas y las desviaciones

Aprende a amar cada situación difícil como una oportunidad disfrazada.
El autor

Se dice que sin oscuridad no hay luz, sin silencio no hay sonido y sin prejuicios no existe claridad. Me gustaría añadir: sin metas no hay problemas y sin problemas no hay mejoras.[28]

La lógica de esto es simple: un problema es una desviación negativa entre la posición real y una posición buscada. Si no tienes una posición en la que desearías estar (una meta) es imposible apreciar un problema. Y si no se experimenta un problema, es decir, una brecha entre donde se está y dónde se quiere estar, no se podrán entonces crear las mejoras.

Por lo tanto, para decirlo sin rodeos, una organización con competidores se irá a pique si nunca experimenta problema alguno. Sin embargo, debo añadir que la palabra «problema» aquí debe ser remplazada por «desviación», para enfatizar que las brechas pueden ser tanto negativas como positivas; incluso una desviación negativa puede y debe ser vista como una oportunidad.

Las desviaciones negativas, cuando el estado actual no es tan bueno como la situación que se desea alcanzar, deben ser respondidas abordando las causas fundamentales que están impidiendo conseguir la posición buscada, para así aprender de ellas.[29]

Las desviaciones positivas, es decir, cuando algo se ejecuta mejor de lo esperado, deben ser celebradas, y también se debe aprender de ellas. Valorar las desviaciones, tanto positivas como negativas, es una parte importante de un gran liderazgo.

---

28. Alternativamente, si reemplazas «problemas» con «oportunidades»: sin una visión, es difícil ver las oportunidades, y sin ver oportunidades, es difícil reunir la energía para hacer mejoras continuas.
29. Una desviación puede ser, por ejemplo, que la calidad no está a la altura de la norma prometida, los costos son más altos de lo estimado, el calendario no se cumple o que alguien no está siguiendo el estándar de trabajo acordado.

Dos tipos de desviaciones, dos tipos de control

En este contexto, controlar significa ajustar la entrada para alcanzar una meta. Esto requiere algo más que la capacidad de ajustar el curso. Requiere que sepas tanto hacia dónde vas como en dónde estás ahora.

Controlar la dirección de una organización puede compararse con una competición de orientación.[30] No solo tienes que saber hacia dónde debes ir (es decir, el siguiente punto de control) y en dónde comenzaste, sino que también debes comparar regularmente tu *posición real* con la *posición esperada*, aprender de cualquier desviación y ajustar la dirección en función a eso.

Una parte vital de cualquier papel de liderazgo es poder guiar a tu equipo en la dirección correcta. Para ello necesitas este tipo de puntos de referencia con los cuales comparar la situación real.

No obstante, para poder guiar a tu equipo sabiamente es importante entender que hay dos tipos de referencias: una para uso operacional *(el nivel base)* y otra para uso de mejora *(el nivel objetivo)*. Ambos tipos de referencias son expresiones de expectativas. Además, ambas se pueden expresar aproximadamente de la misma manera; por ejemplo, utilizando diferentes niveles del mismo ICD. Aun así, existe una diferencia fundamental entre el nivel base y el nivel objetivo.

El nivel base expresa una expectativa de lo que se necesita alcanzar hoy, basándose en los medios, capacidades y actitudes existentes (MCA).[31]

El *nivel objetivo* expresa una expectativa de lo que se necesita alcanzar en algún punto del futuro. Para alcanzar este nivel es necesario mejorar al menos una de las condiciones MCA.

La diferencia entre estos dos niveles se encuentra en cuán alta pones la barra. Si estacionas las expectativas al nivel de hoy, o si las estableces a un nivel de futuro superior. Esto nos deja con dos tipos de control: el *control operacional* en referencia al nivel base, con el propósito de *entregar* de acuerdo con los estándares de hoy, y el *control impulsado por retos* en referencia al nivel objetivo, con el propósito de *mejorar* el rendimiento de la colaboración. Esto se ilustra en la Figura 10.

---

30. En el deporte de orientación (originario de Escandimavia), cada competidor tiene que navegar en terreno desconocido, usando un mapa y una brújula, desde el punto de partida, a través de diferentes puntos de control, hasta la meta.

31. En operaciones muy repetitivas, como en la industria automotriz, el nivel base puede ser muy detallado y visible. En un montaje de automóviles de alto volumen, los niveles base son muy evidentes, ejemplo de eso se muestra en el ritmo de avance (takt) de la línea en movimiento con marcas en el piso donde ciertas operaciones de montaje deben ser terminadas, descripciones de trabajo visibles y posiciones exactas para los componentes necesarios. El objetivo es analizar constantemente las desviaciones (de los niveles base en ritmo o calidad) para poder corregir rápidamente cada desviación tan pronto como se hace evidente. Tal sistema repetitivo, con el tiempo, se volverá muy refinado y predecible. El tipo opuesto de sistema, donde el trabajo de hoy es completamente diferente al de ayer, requerirá otros tipos de niveles base. Cuando los días de trabajo están llenos de tareas únicas nunca hechas antes, es difícil predecir los tiempos necesarios y el resultado de calidad esperado. Sin embargo, todavía hay que expresar estas expectativas como niveles básicos. Tales niveles básicos no serán tan estables como en operaciones repetitivas, pero incluso si necesitan una actualización constante, todavía son necesarios. Para visualizar los niveles base en un entorno de proyecto puedes, por ejemplo, utilizar las respuestas a las siguientes preguntas: «¿Qué actividades se deben realizar hoy, la próxima semana?», «¿Pueden realizarse las actividades según un estándar conocido?», «¿Quién debería hacer qué actividad hoy, la próxima semana…?» Y «¿Cómo y cuándo se debe probar y documentar cada subresultado?» Véase el Apéndice A para las herramientas que apoyan esto.

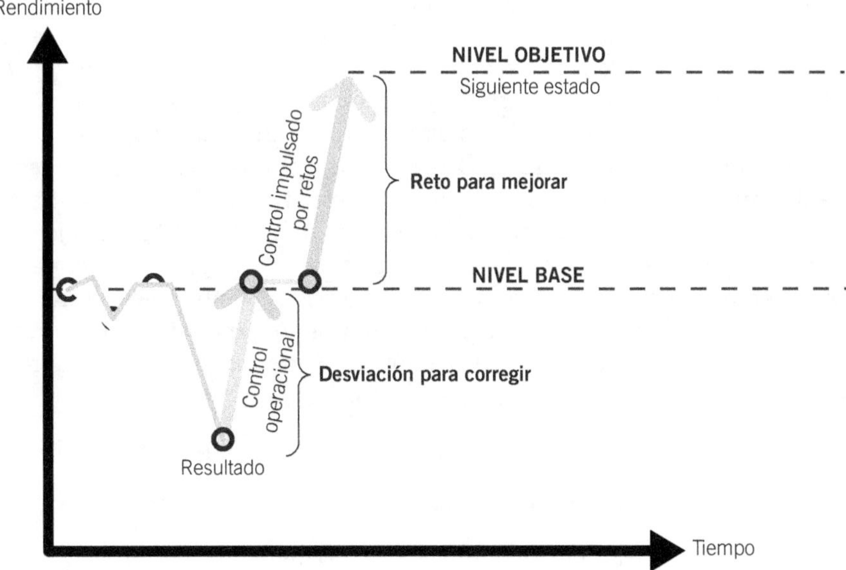

Figura 10. Corregir y mejorar
Combinación del control operacional y el control impulsado por retos.

La parte inferior de la Figura 10 ilustra cómo, basándote en una desviación operacional (la diferencia real entre el último resultado y el nivel base acordado), puedes realizar un control operativo haciendo una corrección rápida para volver al nivel base. La parte superior de la figura ilustra cómo, sobre la base de un objetivo desafiante, puedes encontrar nuevas soluciones para alcanzar el rendimiento esperado y convertirlo en el nuevo nivel base, es decir, el trabajo de *Liderar por objetivos* (LPO), tal como se describe en la Sección 3.3.

El proceso principal es el mismo para el control operacional y para el control impulsado por retos (así como para cualquier dispositivo de control). Ambos se basan en cuatro actividades recurrentes: (1) *Esperar*, estableciendo el nivel de referencia, es decir, el nivel base u objetivo. (2) *Comparar* regularmente la posición real con el nivel de referencia para encontrar cualquier desviación. (3) *Decidir* sobre las acciones adecuadas para regresar al nivel base o acercarse al nivel objetivo. (4) *Implementar* las acciones necesarias.

Mientras que el proceso principal es el mismo, hay algunas diferencias importantes entre los dos tipos de control. Una de ellas es el pulso o la frecuencia con la que se compara y se actúa sobre las desviaciones. Ya que el control operacional consiste en entregar a tiempo y dentro de lo esperado, y es conveniente hacerlo con frecuencia, mientras que el control impulsado por retos puede realizarse menos frecuentemente. Otra diferencia es que las medidas de rendimiento (véase el eje vertical en la Figura 10) suelen adaptarse al tipo de control. Incluso si las medidas se refieren a las mismas áreas del + CTE (por ejemplo, seguridad en el trabajo, calidad del producto, satisfacción del cliente, entrega y rendimiento financiero), la necesidad de agregar es diferente. En el control operacional debes esforzarte por no agregar en absoluto, y más bien, abordar cada desviación por separado. En el control impulsado por retos es necesario agregar las medidas. Por ejemplo, a los ICD mensuales para:

- ◆   +   **Número de casi accidentes.**
- ◆   +   **Tasa de absentismo.**
- ◆   C   **Número de desviaciones de calidad.**
- ◆   C   **Número de reclamos de clientes.**
- ◆   T   **Porcentaje de entregas a tiempo.**
- ◆   T   **Promedio de tiempo de entrega.**
- ◆   E   **Promedio de producción por persona.**
- ◆   E   **Resultado financiero.**

Nivel de base para el control operativo

El objetivo del control operacional es capturar cada desviación a medida que sucede y corregirla inmediatamente. Sin embargo, un buen comienzo para muchas organizaciones es reportar y corregir las desviaciones diariamente, lo que a menudo se llama control diario.

Si decides introducir el control diario en tu empresa, tendrás que decidirte por un nivel base, con un conjunto de referencias que deberán seguirse a diario. En una reunión matutina cada desviación del día anterior se resalta, y la corrección de esta es asignada a la persona que sea (con suerte) la más adecuada, para que pueda ser reportada como «resuelta» en la siguiente reunión matutina.

Un nivel base para el control diario puede consistir en las expectativas de lo que se necesita lograr al día siguiente (refiriéndose a los objetivos operacionales y a los estándares de producto) y *cómo* debe cumplirse (refiriéndose a las normas de trabajo). Así, una reunión de control diario puede enfocarse en las desviaciones de:

1. *Objetivos operacionales*, por ejemplo, en forma de calendario y medidas de producción.

2. *Normas de productos*, por ejemplo, con las especificaciones de un producto y su calidad.

3. *Normas de trabajo*, por ejemplo, tanto las formas de trabajo (gráficos de procesos, descripciones de métodos y operaciones) como las normas a seguir en el lugar de trabajo (reglas de reunión, almacenamiento de datos y posiciones para las herramientas y consumibles necesarios).

Independientemente de si una desviación operacional se deriva de una brecha relacionada con un objetivo operacional o de una brecha relacionada con una norma acordada, el objetivo es detectarla y corregirla lo más rápido posible.

Decide los intervalos de control que requiere tu operación. Si consideras que el pulso tiene que ser a diario, las siguientes preguntas son ejemplos de lo que puede implicar una reunión de control:

◆ + Contando desde ayer, ¿hemos tenido algún casi-accidente o enfermedad?

◆ C Contando desde ayer, ¿hemos tenido alguna queja de clientes o productos lejos de lo esperado?

◆ T Contando desde ayer, ¿hemos perdido los plazos de entrega?

◆ E Contando desde ayer, ¿hemos gastado más tiempo o dinero de lo estimado?

◆ * Contando desde ayer, ¿nos hemos salido de alguna norma de trabajo acordada?

Si la respuesta a cualquiera de estas preguntas es sí, el equipo ha encontrado una desviación operacional que necesita de tu atención.

La última pregunta es diferente a las cuatro primeras. No está relacionada con el + CTE como se describe en la sección 3.2. Más bien, se relaciona con cómo se realizó el trabajo. No seguir una norma de trabajo acordada es una desviación en sí misma, que vale la pena examinar ya que también podría explicar por qué se produjo una desviación relacionada con el + CTE.

Por lo tanto, si tienes una respuesta afirmativa a cualquiera de las cuatro primeras preguntas, automáticamente debes hacerte la quinta pregunta. Si la respuesta a esa pregunta también es «sí», entonces necesitas encontrar la causa fundamental detrás de por qué el estándar no fue seguido. ¿Fue debido a una falta de entrenamiento? ¿O tal vez falta de actitud? ¿Es necesario mejorar o aclarar las normas de trabajo?

Y recuerda siempre agregar la pregunta: ¿Qué o a quién queremos dar un especial reconocimiento o alabar?

Un nivel base se puede establecer en un nivel desafiante, pero debe ser lo suficientemente realista como para poder hacer comparaciones significativas y frecuentes. Si tu equipo y tú pueden reducir las incertidumbres y las perturbaciones en las tareas recurrentes paso a paso, puedes hacer que tus niveles de rendimiento interno sean más predecibles. Esto, a su vez, hace posible establecer niveles base para el futuro, tanto para estándares realistas como para aquellos más desafiantes.

Un mejor control operacional ayudará a detener las desviaciones a tiempo, cuando todavía son solo «brotes de problemas». En ese momento serán más fáciles de corregir, y no se les permitirá convertirse en problemas más grandes que puedan obstaculizar tu capacidad de entregar buenos resultados.

Contribuciones del líder a través de la visualización de desviaciones

Al proporcionar estructuras tanto para el control operacional como para el control orientado a objetivos, fortalecerás los medios de éxito de tus colaboradores. En otras palabras, estarás haciendo el primer tipo de contribución del líder, como se describe en la Figura 4 de la Sección 3.2.[32]

Con una estructura de control operacional, tu equipo y tú serán capaces de crear más y mejores oportunidades para realizar ajustes oportunos y rápidos, que ayuden a cumplir con los compromisos de entrega. Para el control orientado a objetivos puedes usar una estructura similar, con el fin de encontrar las causas de los problemas y las oportunidades para mejorar.

En ambos casos serás capaz de crear más oportunidades de aprendizaje. Existe, por lo tanto, una conexión muy fuerte entre la visualización de las desviaciones y los tres objetivos descritos en el Capítulo 1: *entregar* valor, *mejorar* la colaboración y *aprender* para su aplicación futura.

Gran cantidad de organizaciones están mucho más acostumbradas a establecer objetivos a largo plazo que a establecer buenos niveles base para la detección cotidiana de las desviaciones, ajustando continuamente el trabajo diario. Desafortunadamente son muchos los jefes que están estancados en mirar los ICD agregados, y al hacerlo se limitan a no actuar sobre los problemas individuales y sus causas fundamentales. Si bien se puede delegar la gestión de control operacional (incluyendo la acción de mantener un nivel base y también de presidir las reuniones), en última instancia sigue siendo tu responsabilidad como líder asegurarte de que la estructura esté en su lugar, y de que funcione cada vez mejor.

---

32. Una estructura de este tipo puede incluir típicamente reuniones de control diario parcialmente estandarizadas (por ejemplo, basadas en informes + CTE) en muchos equipos en diferentes niveles jerárquicos. Consulte el capítulo 7 y el Apéndice A para obtener más información.

Un buen nivel base es una necesidad absoluta por dos razones: en primer lugar, proporciona puntos de referencia para comparar, repetidamente y en intervalos cortos. En segundo lugar, se establece una línea de base con la que pueden medirse los niveles objetivo y las ideas de mejora. Por lo tanto, si no tienes un buen nivel base, careces de algo absolutamente necesario, tanto para controlar el trabajo de entrega diaria como para apoyar las mejoras continuas.

En resumen, el segundo escalón de La escalera al liderazgo, visualizar, se trata de convertirte a ti mismo, al sistema, a las expectativas y a las desviaciones en algo visible. Mediante la visualización, construyes una fundación para las contribuciones de trabajo de tus miembros de equipo. Pero también te proporciona un soporte para observar cosas nuevas que puedan desembocar en buenas discusiones sobre el espíritu de equipo, por ejemplo, causas fundamentales y acciones alternativas, que son cuestiones que se tratan en el tercer escalón de La escalera al liderazgo.

5. **Observar** a la persona, el juego y las causas fundamentales

Energiza a otros compartiendo tu visión y tu tiempo.
El autor

Tu tiempo es el bien más precioso que tienes. Brindarlo a alguien de manera incondicional no solo es generoso pero también es una muestra de respeto. El tercer escalón en La escalera al liderazgo trata de cómo dedicar parte de tu precioso tiempo a *observar* cada colaborador tal como un individuo, pero sobre todo acerca de cómo observar sus contribuciones al trabajo. Igualmente discutiremos por qué es importante observar las razones detrás de los resultados buenos o malos; pero sobre todo el como encontrar las verdaderas causas fundamentales y las acciones que muchas veces será necesario llevar a cabo.

El capítulo incluye las siguientes partes:

♦   Observar a la persona

♦   Observar el juego

♦   Observar las causas fundamentales

5.1 Observar a la persona

El tercer escalón en La escalera al liderazgo, observar, es ante todo un llamado a dirigir la mirada hacia las causas de la creación de valor y las necesidades de tus colaboradores, en lugar de mirar hacia las necesidades de tus jefes de forma jerárquica.

No solo se trata de usar tus ojos, sino también tus otros sentidos. Muchos jefes se convertirían en mejores líderes si vieran y escucharan más, y tal vez si hablaran un poco menos.

Ojos y oídos

Escucha atentamente lo que la gente está diciendo. Eso te ayudará a entender a la persona, no solo la situación.

Escuchar traerá otra ventaja: al permitir que los colaboradores se expresen, también les darás la oportunidad de reflexionar y aprender.

Escucha lo que no se dice. Tal vez alguien esté siendo maltratado, o tiene demasiado (o muy poco) trabajo que hacer, pero no lo dice directamente.

Mantente atento a las señales y averigua qué debes hacer. Esto podría resultar crucial para uno de tus colaboradores.

Intenta no tener ideas preconcebidas acerca de las experiencias y los pensamientos de otra persona. Haciendo esto, estarás dando ejemplo para que otros hagan lo mismo. Al igual que el niño del cuento de Hans Christian Andersen *El traje nuevo del emperador,* también debes estar preparado para desafiar todas las creencias comunes que puedan ser falsas. Y si descubres que alguien ha creado deliberadamente cortinas de humo para mantener ocultos los hechos importantes, deberás enfrentarlo también. Sin embargo, recuerda que necesitas establecer el ejemplo inicial, así como lo hemos descrito con el uso de la ventana de Johari en el capítulo anterior.

Conoce a todos en su propio lugar

No hay una sola manera correcta de cuidar a otra persona. Todos somos individuos y todos merecemos respeto, ser escuchados y tener la oportunidad de contribuir con el equipo; incluso esa persona extrañamente tranquila, arrogante o problemática (aunque mostrando una tolerancia limitada con este último, como explicaré en el próximo capítulo).

Todos tenemos algo de especial, como bien nos lo recuerda otra de las historias de Andersen. Igual que el cisne de *El patito feo,* y debemos buscar el talento inherente a cada persona. Debemos conocerlos en su propio lugar y ayudarlos a desarrollar su potencial.

Es importante encontrar un equilibrio —entre demasiado que hacer y muy poco que hacer— para cada persona del equipo. Los extremos resultan perjudiciales a largo plazo, tanto para el individuo como para la organización. Como líder debes tratar de encontrar una vía intermedia para cada colaborador (a veces llamado compromiso sostenible), entre demasiados desafíos o demasiada rutina y tiempo ocioso.

5.2 Observar el juego

Observar el juego significa estar presente justo en donde el trabajo tiene lugar, observando la contribución al trabajo de todos los involucrados.[33] En el mundo del deporte la importancia de esto es muy obvia; un entrenador sentado en su oficina mientras el equipo está jugando tendrá graves dificultades para llevar al equipo al éxito.

Observar el juego implica más que caminar por aquí y por allá, saludar y entablar conversaciones casuales. No hay nada de malo con eso, pero para observar el juego deberás estar realmente interesado en la situación laboral y en las contribuciones al trabajo.

Aunque es un elemento esencial para ejercer un buen liderazgo, hay un montón de jefes que encuentran excusas para no observar el juego. Por ejemplo: «Se sentirían vigilados si miro lo que hacen», «es poco práctico; algunos trabajan por guardia y otros trabajan lejos de aquí», o «yo no entendería lo que hacen; es embarazoso».

Algunas objeciones pueden ser más relevantes que otras. Para un jefe, cuyos colaboradores trabajan en diferentes lugares, es —por supuesto— más difícil reunirse físicamente con todos de manera regular (y algunas de las conversaciones tendrán que hacerse a distancia). Pero si las objeciones de los jefes para observar el juego se basan en una renuencia a dialogar y a ver las contribuciones es hora de que se cuestionen si deben seguir ocupando posiciones de liderazgo.

Para comprender la importancia de dejar tu escritorio —y las reuniones menos importantes— es esencial entender que las ventajas de ver el juego superan con creces las desventajas. Estos son solo algunos de los beneficios: No tienes que confiar en información de segunda mano sobre las situaciones de trabajo. Tienes la oportunidad de discutir las desviaciones en donde se producen y con las personas involucradas. También tienes la oportunidad de ver los efectos de las acciones y las nuevas formas de trabajo. Aprendes nuevas cosas sobre lo que es importante para las personas que se reportan ante ti. Y no menos importante, tu presencia le envía una señal muy fuerte a cada colaborador de que ellos y sus contribuciones de trabajo son valoradas.

---

33. Si usted es el jefe de todos los gerentes, observar el juego significa ver, con tus propios ojos, las contribuciones de líder de tus subordinados. Más sobre esto en el Capítulo 9.

Bill Gates dijo: «Lo que mejor hago es compartir mi entusiasmo». Una forma de hacer eso es estando presente, dándole sentido a observar a los demás y sus contribuciones.

Ser tomado en cuenta es importante para todos nosotros. Por lo tanto, crea tiempo en tu agenda para reuniones reales en las que estés presente física y mentalmente. Eso motiva.

Con diario y anteojos

Si has llegado a la conclusión de que observar el juego es importante, lo único que queda es llevarlo a cabo. La caja de herramientas al final del libro contiene algunos instrumentos que te ayudarán a priorizar las actividades. El objetivo es crear tiempo en tu itinerario diario para hacer *contribuciones del líder*, y luego proteger esos espacios de tiempo para que no se llenen de actividades menos importantes.

Colócate tus «anteojos detecta-desperdicios» cuando salgas a observar el juego. El desperdicio es todo lo que no le aporta valor a ninguno de los participantes, o, mejor dicho, todo por lo que los clientes no están dispuestos a pagar.

Pagar demasiado o comprar cosas que no necesitas son ejemplos de desperdicio. Otros ejemplos son: tener demasiados recursos a mano (demasiado espacio o inventario). La falta de calidad, que resulta en rehacer el trabajo o la pérdida de ventas, es otro tipo de desperdicio. Perder dinero es bastante malo, pero hacerle perder el tiempo a otras personas es peor.

Todos nos sentimos frustrados y desmotivados ante el trabajo innecesario, los obstáculos restantes y los problemas recurrentes. Como líder, tú debes tomar la iniciativa en la lucha contra el desperdicio. Y para combatirlo, primero tienes que verlo. Estas son las razones principales por las cuales necesitas tus «antejos detecta-desperdicios».

Aprende a detectar los diferentes tipos de desperdicio, especialmente la pérdida de tiempo; tiempo de tus clientes, colegas, tu equipo y, por supuesto, de tus colaboradores. Establecer objetivos sobre la reducción de desperdicio es una buena manera de desafiar al equipo para hacerlo alcanzar un nuevo nivel de colaboración.

Cuando realmente observas el juego tienes la oportunidad de estar atento a los desperdicios. Tan pronto notes algún asomo de ellos es hora de traerlo a colación. Pero no como una acusación, sino como una pregunta, para ver si otros también ven lo que tú ves.

Intenta crear un consenso colectivo acerca de la necesidad de luchar contra el desperdicio y verlo como una oportunidad, no como un problema. Al combatirlos y dar pie a buenas discusiones, los participantes del equipo podrán ayudarse mutuamente a adquirir mejores «anteojos detecta-desperdicios».

Liderar en base a preguntas

Hacer las preguntas pertinentes es un aspecto importante de observar el juego. Pregúntales a tus colaboradores qué funciona sin problemas, y qué no; qué piensan los clientes y qué posibles mejoras alcanzan a ver. Pregunta, tanto por el bien de tu propio aprendizaje como para ayudar a otros a reflexionar y a actuar.

También interésate por los detalles del trabajo, sin interferir o asumir responsabilidades. Actúa como un entrenador, sin proveer las respuestas.

En especial utiliza preguntas que comiencen con *cómo* o *por qué*, por ejemplo:

- **¿Cómo haces eso?**

- **¿Por qué lo haces de esa forma?**

- **¿Por qué resultó mejor/peor de lo esperado?**

- **¿Cómo debería resultar en el futuro?**

- **¿Cómo podemos llegar ahí?**

Al hacer preguntas con *cómo*, darás pie a discusiones sobre las formas de trabajo actuales y futuras. Pregunta incluso así creas conocer la respuesta.

Al hacer preguntas con *por qué,* darás entrada a pensamientos sobre las relaciones de causa y efecto, así como sobre el propósito y el significado. Si preguntas *por qué* varias veces, en relación con un resultado positivo o negativo, puedes llegar a comprender de un modo más profundo las causas subyacentes.

Las preguntas están dirigidas a estimular pensamientos y discusiones para que todos comprendan mejor la situación actual y lo que hay que hacer.

Evita dar soluciones, órdenes o hacer críticas si no es debido a riesgos de seguridad o a una evidente falta de actitud.

Continúa haciendo las preguntas pertinentes, incluso si encuentras resistencia por parte de ciertas personas. Estás en tu derecho de aprender más y cuestionar las partes del trabajo que tienen potencial de ser mejoradas, y estás en tu derecho de esperar buenas actitudes de parte de todos los involucrados.

Al hacer preguntas estás entrenando a tus colaboradores para que puedan reflexionar, aprender y hacer mejores contribuciones al trabajo. Es una invitación para llegar a conclusiones y soluciones.

Evita convertirte en el solucionador de problemas. Cuanto más capacitados estén los individuos para ver problemas u oportunidades, así como para diseñar soluciones y llevarlas a cabo, mucho mejor. Intenta convertirte en su *coach* de mejoramiento. Demuestra tu interés y utiliza las preguntas como detonantes. Espera que todos muestren interés y participen, y que apoyen cuando sea necesario.

Iniciar conversaciones basadas en *cómo* o *por qué* puede conducir a buenas discusiones, resultando en una visión común de lo que hay que hacer y de quién hace qué.

Como beneficio extra, observar el juego te da una oportunidad brillante para brindar retroalimentación. Podrás observar con claridad el potencial de cada individuo basándote en las respuestas a tus preguntas, y también podrás obtener información necesaria para fomentar buenas contribuciones al trabajo y al desarrollo individual.

En general, observar el juego te brinda una poderosa manera de fortalecer la motivación.

5.3 Observar las causas fundamentales

Tus mayores oportunidades de encontrar tanto las pistas como las causas fundamentales solo aparecen si vas y las buscas en el lugar en donde se realiza el trabajo. A primera vista, puede que «ir y mirar» no parezca muy diferente de «observar el juego». Sin embargo, existen importantes diferencias tanto en lo que desencadena la acción, como en el objetivo.

Observar el juego es algo que debe hacerse regularmente, siempre que hayas creado el tiempo para ello en tu itinerario diario. El objetivo es conocer a la gente, entender sus situaciones cotidianas, ver las contribuciones individuales de trabajo y brindar retroalimentación acerca de lo que ves.

Ir y mirar es algo que debe hacerse siempre que haya una desviación importante, sea positiva o negativa. El objetivo es apoyar la búsqueda de las causas fundamentales y realizar las acciones adecuadas, así como brindar retroalimentación de lo que ves.

Ir y mirar —en conjunto con las discusiones entre la gente que hace el trabajo y tú como su líder— es la manera más natural y más rápida de comenzar un análisis de causa fundamental. Intenta hacerlo inmediatamente después de haberte fijado en una desviación importante. Comienza preguntando por qué, pero recuerda hacerlo sin acusar. Da crédito a quien haya hecho una contribución de trabajo muy buena, pero evita criticar si no resulta obvio que alguien mostró una falta de actitud.

Los 5 por qué

Rara vez resulta suficiente preguntar *por qué* solo una vez. La primera respuesta normalmente es más un reflejo de los síntomas de la causa. En su lugar, continúa preguntando *por qué* hasta que se revele una causa fundamental importante. A esta forma de encontrar las causas fundamentales se llama los 5 *por qué*. Sin embargo, en algunas oportunidades puede resultar suficiente preguntar dos veces, mientras que en otras ocasiones puede que tengas que preguntar más de cinco veces.

Puedes utilizar los 5 *por qué* como una herramienta simple pero muy eficaz, para análisis rápidos y cotidianos de causas fundamentales. La Figura 11 ilustra los principios detrás del uso de las preguntas usando *por qué* para abrir el camino desde la desviación visible hasta la causa fundamental.

Permíteme tomar el clásico ejemplo de una empresa de fabricación. En una reunión matutina recibes la información de que un importante centro de mecanizado se ha detenido. Después de la reunión, vas directamente al operador y preguntas:

Tú (1er por qué):	*¿Por qué está parada la máquina?*
Operador:	Es una filtración de aceite.
Tú (2do por qué):	*¿Por qué se filtra el aceite?*
Operador:	El filtro de aceite está obstruido.
Tú (3er por qué):	*¿Por qué está obstruido el filtro?*
Operador:	No es lo suficientemente grande para este tipo de operación.
Tú (4to por qué):	*¿Por qué es demasiado pequeño el filtro?*
Operador:	No especificamos los requisitos de compra adecuados.
Tú (5to por qué):	*¿Por qué no pusimos los requisitos adecuados para el filtro?*
Operador:	No está en la lista de verificación.

De haber preguntado *por qué* solo una vez, tu conclusión probablemente habría sido: «Limpiemos el derrame de aceite y empecemos de nuevo».

En su lugar, después de preguntar cinco veces, tu conclusión probablemente sea: «Debemos (a) limpiar el piso, (b) limpiar el filtro y reiniciar la producción, (c) pedir un filtro más grande y (d) actualizar la lista de verificación utilizada para la compra de nuevas piezas de la máquina».

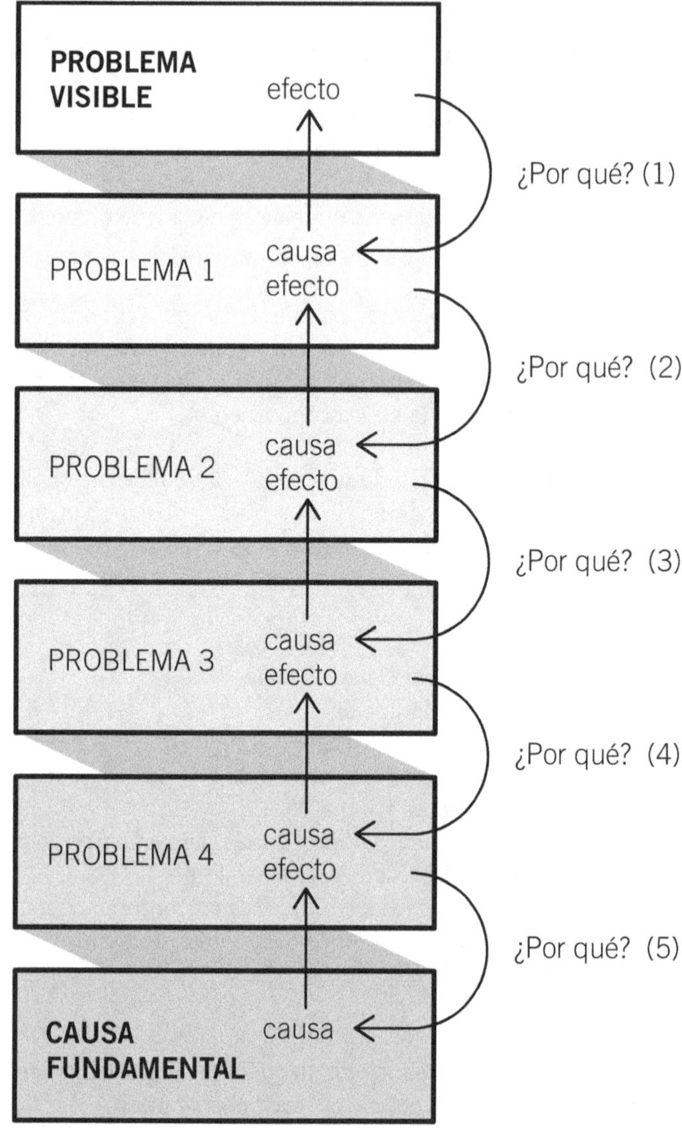

Figura 11. Los 5 por qué
Encontrar las causas fundamentales al preguntar los 5 por qué.[34]

---

34. Puede haber varias causas para cada síntoma revelado. Por lo tanto, el análisis de causa-raíz creará una red de causas, en lugar de una cadena vertical como en la figura. Tales redes se pueden ilustrar en los llamados diagramas de espina de pez, como se describe en el Apéndice B.

Una vez que hayas encontrado la causa fundamental de un problema recurrente es hora de encontrar e implementar una contramedida adecuada.

No obstante, recuerda también hacer el análisis de la causa fundamental de las desviaciones positivas, es decir, cuando los resultados son mejores de lo esperado. En ese caso se trata de entender lo que se hizo extra bien y tratar de encontrar acciones para convertir el aprendizaje en un nuevo nivel de base.

Una posible acción, tanto para desviaciones negativas como para las positivas, está relacionada con las normas de trabajo. No existe un estándar de trabajo en el lugar, pero ¿debería haberlo? Existe un estándar de trabajo en el lugar, pero ¿se cumple? Existe un estándar de trabajo en el lugar, pero ¿se puede mejorar?

Utiliza los 5 *por qué* a menudo, pero ten cuidado con las respuestas preconcebidas, tanto las tuyas como las de los demás. Además, haz un buen uso de las abundantes oportunidades de retroalimentación que proporciona el método. Con suerte, también encontrarás razones para reconocer, alentar y elogiar.

En resumen, el tercer escalón de La escalera al liderazgo, observar, se trata de mirar a cada persona, su potencial y sus contribuciones. También se trata de observar las causas fundamentales detrás de lo que ha ocurrido inesperadamente bien o mal. Si creas oportunidades regulares para hacer lo anterior (posiblemente con el apoyo de los instrumentos en los apéndices de este libro), aumentarás tu capacidad de hacer buenas contribuciones como líder. Además, habrás creado la base para desafiar al individuo, como se describirá en el próximo capítulo acerca del cuarto escalón de la escalera.

6. **Desafiar** al individuo a crecer y a ser responsable

Si quiero tener éxito ayudando a alguien a que logre cierta meta, primero debo ocuparme de saber en dónde está esa persona y comenzar desde allí.
Sören Kierkegaard

Las palabras de Kierkegaard son muy sabias. Cabe destacar que él se está refiriendo a liderar un individuo y no a un grupo. A veces nos atascamos en la noción de que el liderazgo consiste en liderar un grupo de personas. El equipo de trabajo, con todas sus relaciones, es desde luego extremadamente importante para tu liderazgo (este asunto lo retomaremos más adelante en el Capítulo 7), y aunque tu liderazgo debe partir de las relaciones que mantienes con cada individuo en el equipo, cada individuo deberá tomar responsabilidad y contribuir con todos en el equipo. Después de todo, es la sumatoria de todas las contribuciones en el equipo lo que hará crear un gran colaboración.

El cuarto paso de La escalera al liderazgo, **desafiar al individuo**, trata del desarrollo de las buenas relaciones con cada individuo en el equipo.

Al desafiar al individuo estaremos creando posibilidades para un aprendizaje y para que el individuo tome una responsabilidad personal. Cuando retas a las personas, las ayudas a crecer, y desafiar, irá entonces de la mano de dar apoyo y retroalimentación. En este contexto la contribución misma del individuo hará una gran diferencia.

Este capítulo incluye las siguientes secciones:

♦ Desafiar con un cuidado tenaz

♦ Desafiar con seguridad.

♦ Desafiar y dar retroalimentación con frecuencia.

♦ Desafiar la responsabilidad personal.

♦ Desafiar la actitud.

6.1 Desafiar con un cuidado tenaz

Esperar mejores contribuciones sin dar apoyo es tan malo como dar apoyo sin esperar mejores contribuciones.
El autor

Todos necesitamos seguridad, así como también desafíos. Todos necesitamos encontrarle sentido a nuestro trabajo, experimentar gozo y un sentido de pertenencia en el área laboral. No obstante, es esencial para nosotros hacernos responsables de nuestras contribuciones.

Muchos gerentes ejecutivos ven muy natural exigirles resultados a los colaboradores, pero no tan natural ofrecerles apoyo. Otros ven su liderazgo solo como una función de apoyo, y tienen dificultad al momento de plantearles expectativas desafiantes a sus colaboradores. Un gran líder manifiesta un cuidado tenaz expresando expectativas claras y ofreciendo el apoyo necesario.

Trata de encontrar tu propio balance. Probablemente estés consciente de tus preferencias. ¿Tienes que poner en práctica una actitud más blanda, solidaria y empática, o debes demandar un trato con expectativas claras y una retroalimentación clara?

Ni los jefes fríos y demandantes, ni los dulces creadores de bienestar son ejemplos buenos de un buen liderazgo. Si te conviertes en un gran líder debes preocuparte por cada persona, incluyendo su crecimiento. Un cuidado tenaz significa por lo tanto dar al mismo tiempo un trato afable y demandante a tus colaboradores.

Mostrar las expectativas que tienes hacia tus colaboradores de manera correcta es una forma de transmitirles respeto.

Como líder, debes dirigir individuos. Esto no quiere decir que el equipo y sus dinámicas no sean importantes. Es todo lo contrario, el equipo es extremada-mente importante. Pero solo a un equipo muy funcional es posible desafiarlo en conjunto, en vez de desafiar a cada uno de sus miembros.

Ajusta tus expectativas de acuerdo con el potencial de cada individuo y a su carga de trabajo actual. Crea una colaboración encontrando el balance ideal para cada persona entre exceso de trabajo y desafíos, y así como entre mucho tiempo libre o demasiado trabajo repetitivo. Como líder, tu desafío es lograr estos balances.

6.2 Desafiar con seguridad

Dos de las tres condiciones necesarias para una adecuada colaboración (MCA) están conectadas con el individuo, estas son la *capacidad* y la *actitud*. Los líderes reales retan a sus colaboradores a desarrollar ambas.

Comencemos con la primera, ¿cómo puedes, siendo un líder, desafiar a alguien a ser más capaz?

Aumentar la comodidad y las zonas de confort

Al desafiar a alguien lo ayudas a desarrollar su potencial. El objetivo del aprendizaje en el trabajo puede traducirse en el manejo de un rango más amplio de tareas, así como también en unas contribuciones de cumplimiento y de mejoramiento más perfeccionadas.

A la mayoría de las personas nos gusta aprender. Aunque ciertamente nos gusta sentirnos cómodos, también nos gusta crecer y ser apreciados por nuestras contribuciones. Tu tarea como líder es guiar a cada individuo a través del camino para que deje de estar aferrado a la pasividad complaciente y aprenda activamente.

Nuestras *zonas de confort* están constituidas por las situaciones que consideramos fáciles, cosas que disfrutamos hacer y que sabemos que podemos manejar. Cuando damos un paso fuera de esta zona, pasamos a la *zona de aprendizaje,* donde probamos cosas nuevas e inciertas, normalmente con un ápice de desagrado inicial. Si vamos más allá, acabaremos en la zona de peligro, donde las situaciones se perciben como abrumadoras y sobrecogedoras.

Una persona insegura tiene una *zona de confort* pequeña y una *zona de aprendizaje* pequeña, como se muestra en la parte izquierda de la Figura 12. Una persona más segura de sí misma, que realmente quiera aprender y contribuir, está representada en la parte derecha de la Figura 12.

El mismo razonamiento de pasar de ser alguien inseguro a alguien seguro de sí mismo, aplica para la transformación de pasar de ser perezoso a ser activo.

Todos nosotros podemos crecer, hacernos más activos y valerosos. Como líder tienes una tarea muy importante, apoyar el crecimiento de cada individuo, que pase de la ilustración de la izquierda a aquella de la derecha en la Figura 12.

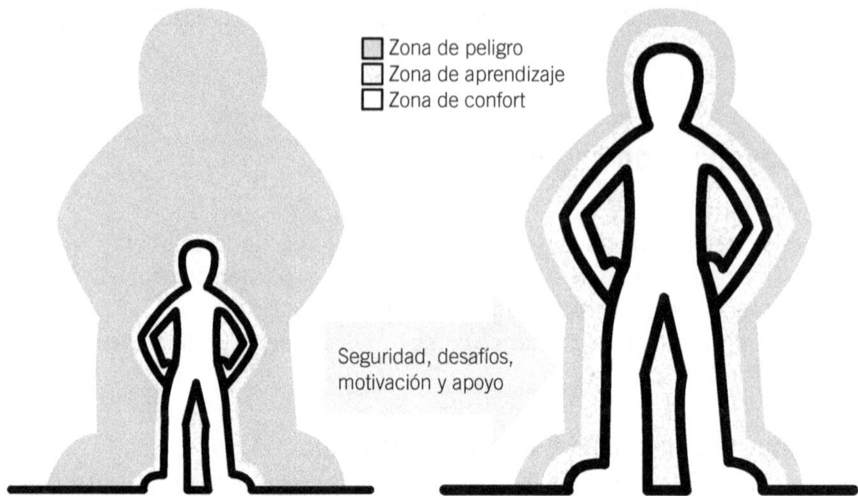

Figura 12. Dirigiendo el crecimiento
Suministrando apoyo para el desarrollo personal, disminuyendo la zona de peligro.

Puedes hacer eso ofreciendo más seguridad y confianza, de manera que la zona de peligro se haga más pequeña, así como también desafiando y apoyando a la persona para que aumente su sentimiento de seguridad e incremente las zonas de aprendizaje. Aumentar regularmente las *zonas de confort* y *de aprendizaje*, en detrimento de la zona de peligro, ayudará a desarrollar más el potencial de cada persona.[35]

Reducir la zona de peligro recompensando las contribuciones y disminuyendo las amenazas

Los seres humanos son criaturas de hábitos, nos gusta lo familiar y normalmente vemos lo desconocido como algo amenazante o incluso peligroso. Si te estás enfrentando a algo nuevo o inesperado, tu cerebro reptil hace una evaluación muy rápida de la situación y decide si es una amenaza o no. La amígdala en el sistema límbico del cerebro determina cómo actuar ante una amenaza percibida, si debemos correr, huir o paralizarnos. A pesar de que estas reacciones fueron esenciales para la supervivencia de nuestros ancestros distantes, hace 100.000 años, cuando eran amenazados por animales salvajes en ambientes naturales, aún son válidas en el entorno laboral actual. Podemos escapar de una situación amenazante, combatirla o tratar de escondernos de ella. Estas son aún nuestras reacciones fundamentales e instintivas y es importante tenerlas en mente al momento de dirigir a los demás.

---

35. En el Capítulo 8 (particularmente la Sección 8.1), describo cómo puedes usar este modelo para desarrollarte a ti mismo hacia un liderazgo más audaz.

Lo que hallamos amenazador, no obstante, varía muchísimo de persona a persona. Un colaborador puede encontrar amenazador que su jefe se dirija a él, y puede pensar: ¿De qué se está quejando él ahora? Su respuesta, en consecuencia, puede ser luchar, es decir, ser agresivo o estar a la defensiva sin una razón aparente. Otro colaborador puede encontrar sumamente desagradable hablar en reuniones y elegir paralizarse, tratar de ser invisible en una reunión o tratar de huir de situaciones que le exijan hablar en público.
Independientemente de cuál de las tres reacciones escoja el colaborador en una situación determinada, las tres reducen la posibilidad de crear una discusión constructiva y un entendimiento mutuo.

Las recompensas tienen el efecto contrario a las amenazas. Una recompensa ocasiona que el cerebro produzca dopamina, lo que facilita el aprendizaje. De este modo, para facilitar el aprendizaje, tu liderazgo debe enfocarse en minimizar lo que se perciba como amenazador y proveer toda la retroalimentación positiva y las recompensas que sean posibles. No tengas reparos en dar retroalimentación negativa cuando sea necesario, pero recuerda también dar abundantes reconocimientos, motivación y elogios, incluso por contribuciones pequeñas. Varias de las herramientas descritas en los apéndices son útiles para acrecentar un sentido de seguridad y crear oportunidades de retroalimentación frecuentes.

Reducir las amenazas no necesariamente significa eliminar tareas o situaciones que puedan interpretarse como amenazantes. Con frecuencia es mejor dar apoyo a fin de que la persona pueda superar una situación incómoda. Una discusión constructiva, en la que se escuche con sinceridad es una forma de reducir la percepción de una amenaza exagerada. Una manera común de aumentar la seguridad es suministrar valores y expectativas que sean claras y consistentes, así como también decisiones que sean claras y comprensibles.
Un jefe que asuma el crédito de lo que hacen los colaboradores y los culpabilice injustamente, no solo perderá la oportunidad de estimular a alguien con una retroalimentación positiva, sino que a eso se le sumará la amenaza de tener que cargar con la culpa de las fallas. Por otro lado, los líderes que resaltan las contribuciones de sus colaboradores por los buenos resultados, y evitan hacerlos responsables de los malos resultados, cuando han hecho lo mejor que han podido, hacen una excelente contribución como *líderes*, recompensando las contribuciones y reduciendo las amenazas. El equipo de investigación detrás de *Good to Great* afirma que esto es exactamente lo que hacen naturalmente los grandes líderes de las organizaciones excelentes.

Dar más recompensas y menos amenazas tendrá un efecto positivo en el comportamiento de todos. Esta visión de las cosas también debe tener un impacto en tu liderazgo.

6.3 Desafiar y dar retroalimentación con frecuencia

Dar retroalimentación es una parte invaluable del buen liderazgo, significa manifestar una reacción ante las acciones de otra persona.

Ten en cuenta que esto se trata de *dar*, le estás dando algo de valor a otra persona. Cuando se da de la manera correcta, la retroalimentación evoca la emoción de sentirse importante, e impulsa el aprendizaje.

La buena retroalimentación es extremadamente importante, pero desafortunadamente es también algo extremadamente raro. Requiere conocimiento de las contribuciones laborales, asistencia al individuo y la valentía para ser directo.

Dar retroalimentación abarca todo, desde expresar apreciación y elogios, hasta corregir e impartir disciplina. No obstante, en el intermedio de la retroalimentación muy positiva y la retroalimentación muy negativa, hay otro tipo de retroalimentación que a veces es desatendida: el agradecimiento.

Agradecer reconociendo las contribuciones esperadas

En este contexto *agradecer* a las personas significa verlas, ver sus contribuciones laborales y expresar reconocimiento por ellas, si están a la altura del estándar. Muchos jefes no reconocen el desempeño laboral normal y esperado. No obstante, deberían hacerlo, y por el contrario pierden oportunidades para motivar.

El reconocimiento por las contribuciones esperadas debe *basarse en ver el juego*, en vez de los resultados. Puedes agradecer con un simple «bien» o un asentimiento.

Afortunadamente tienes motivos para agradecer las contribuciones esperadas con frecuencia. ¡Hazlo! Por supuesto que también se incluye expresar apreciación y elogios por algún pequeño extra que añada el individuo. Recuerda que el reconocimiento verbal, frecuente y relevante, así como la apreciación, son mucho más importantes que alguna bonificación o un regalo que no esté conectado a una contribución laboral actual.

Pocas cosas son tan desmotivadoras como nunca obtener alguna retroalimentación adicional cuando se trata de contribuir. Se puede incluso terminar prefiriendo ser visto y criticado por los aportes laborales que ser ignorado y nunca escuchar nada que al menos a alguien le interese.

Jan Carlzon escribe sobre esto en *Moments of Truth:* «Desafortunadamente, en muchas compañías la única cosa que recibe atención es un error… Puede ser desalentador que nadie note cuando no haya malas rachas o no existan períodos repletos de problemas. "¿Habrá alguna diferencia si echo a perder mi trabajo? ¿Nadie lo notará? ¿Por qué debería esforzarme?" Todos necesitan que sus contribuciones sean advertidas».

Crear momentos de retroalimentación

Si crees que establecer expectativas claras y darte cuenta con regularidad de las contribuciones laborales de otras personas es crucial para la motivación, tienes que actuar en consecuencia. Puedes crear deliberadamente *momentos de retroalimentación* frecuentes con todos tus colaboradores. Establecer reuniones cortas en el área de trabajo hará que, por ejemplo, puedas verlos a todos y agradecerles sus contribuciones individuales de forma regular.

Usando herramientas simples, aquellas descritas en los apéndices, puedes crear oportunidades para hacer mejores contribuciones como líder, por ejemplo:

- Utilizando *reuniones de pulso diarias* para ver el estado actual, observar las condiciones y dar retroalimentación.

- Sacando espacio en tu diario para *ver el juego* e *ir a observar*. Utiliza estos momentos para preguntar *cómo* y *por qué* a fin de encontrar nuevas razones para la retroalimentación.

En otras palabras, es esencial crear deliberadamente oportunidades de retroalimentación regulares. Úsalas para reconocer con frecuencia las contribuciones esperadas, así como también para elogiar o corregir aquellas inesperadas, ya que incluso las manifestaciones pequeñas de una actitud desinteresada son dignas de ser promovidas. Lo opuesto también es cierto, es decir, cualquier actitud que amenace la colaboración debe confrontarse.

No esperes hasta ver el resultado. Trata de dar retroalimentación de la contribución laboral y no del nivel del rendimiento. En otras palabras, gestiona por contribuciones y no por resultados (véase Sección 3.2).

Muestra tu aprecio a muchos en frente de tu equipo, pero también a los colegas y a otras personas que contribuyan a la colaboración. El reconocimiento y los elogios son inspiradores y contagiosos.

Usar detalles como catalizadores

Con la *gestión de contribuciones*, apoyada por una estructura para la creación de momentos de retroalimentación, puedes, poco a poco, aumentar tu conocimiento sobre los detalles del día laboral de tus colaboradores. Los detalles pueden llegar a ser críticos, o como reza la frase: «El demonio está en los detalles». Significa que tu mayor problema puede bien ser causado por el menor de los detalles, una cosa pequeña que es muy fácil de olvidar o ignorar.

Como líder, debes también prestarles atención a los detalles importantes, tanto en tus acciones como en la de otros. Konosuke Matshushita, fundador de Panasonic, expresó esto así: «Las cosas grandes y las cosas pequeñas son mi trabajo. Las tareas de nivel medio pueden delegarse».

Los grandes líderes le recuerdan a su gente que incluso los detalles pequeños pueden llevar a la dirección incorrecta. En consecuencia, los detalles son importantes en la retroalimentación. Con tu interés puesto en los detalles importantes (y aumentando tu entendimiento sobre ellos) serás capaz de elaborar mejores preguntas y de dar una retroalimentación más constructiva.

No subestimes tu propia importancia. Una simple pregunta, comentario u alguna otra manera de mostrar tu interés puede ser un catalizador para un cambio mayor.

Muestra un activo interés en todos los detalles que puedan fortalecer el trabajo colaborativo y la creación de valor para tus clientes. Además, es muy positivo, que estés preparado para repriorizar tu agenda a fin de trabajar junto con el equipo para, por ejemplo, asegurar una entrega importante para algún cliente, eso enviará una señal fuerte sobre tus prioridades. Lo que dices y haces puede ser más significativo de lo que piensas.

Liderazgo positivo basado en los problemas

Muchos entrenadores deportivos enfatizan la importancia de enfocarse en las fortalezas en vez de en las debilidades. Y están en lo cierto en el sentido de que el liderazgo debe ser positivo.

Liderar de manera positiva, no obstante, no es lo mismo que esquivar los problemas. Si tienes éxito creando una visión positiva de los problemas, lo que incluye resolverlos sin culpar, habrás logrado combinar el liderazgo positivo con una cultura de mejoramiento, originado a partir de los problemas.

Para ser capaz de ver una desviación negativa como una oportunidad, debes ser capaz de diferenciar entre los individuos y cómo actúan. O, en otras palabras, debes distinguir entre su *actitud*, por un lado, y los *medios* y las *capacidades*, por el otro.

6.4 Desafiar la responsabilidad personal

*Cultivar la actitud. En el largo plazo, no hay contribución del líder
más importante.*
El autor

Tener responsabilidad es un pilar fundamental de una buena actitud. Tu responsabilidad como líder requiere que estés informado acerca de las situaciones y de las expectativas, y esta será mayor aún en caso de que quieras entenderlas también.

Involucrar a alguien es ciertamente un buen inicio para ayudarlo a hacerse responsable de más contribuciones, independientemente de sí son de cumplimiento, mejoramiento o de aprendizaje. Para poder entender qué otra cosa se requiere, necesitamos mirar más detenidamente lo que significa tener responsabilidad.

Rendir cuentas de nuestras acciones

Es importante entender acá la diferencia entre tener responsabilidad y ser responsable. Como jefe y líder, se te dio la responsabilidad de la organización que lideras, pero solo eres responsable por tus acciones y por tus contribuciones como líder, y no por aquellas circunstancias que están fuera de tu control. En otras palabras, los individuos solo rinden cuentas de sus acciones, incluyendo la falta de ellas también, pero no del resultado. Esto no solo es válido para ti como líder, sino que también es cierto para cualquiera de tus colaboradores. Todos son responsables solo de sus propias acciones y de sus contribuciones laborales. Juntos compartirán la responsabilidad de la colaboración y sus resultados.

Nota que el término «acción» incluye prácticas conscientes, así como también hábitos y costumbres inconscientes. Eso incluye cualquier cosa que hace, dice escribe una persona, así como también lo que expresan de otras maneras, por ejemplo, mediante insinuaciones, gestos, ignoraciones o mediante una sonrisa motivadora. No obstante, en este contexto la palabra acción también incluye lo que una persona no hace o dice.
Cada uno de nosotros es por tanto personalmente responsable de sus acciones. Esto aplica para todos en la organización, desde los niveles más altos hasta los más bajos.

A partir de esto, surge una pregunta crítica sobre el liderazgo: ¿Cuándo tengo el derecho de exigirles a los demás que sean responsables y que asuman su responsabilidad personal? Esta pregunta es importante pero obviamente difícil de responder. Normalmente esto en cursos de gerencia. Esto es sumamente lamentable por supuesto, pero quizás también comprensible, después de todo, exigir acciones de parte de alguien normalmente es un asunto bastante sensible, incluso cuando tienes la autoridad formal de dar órdenes. No obstante, la pregunta es importante. Para convertirte en un gran líder debes tener una buena respuesta a esta pregunta.

Un ejemplo de comportamiento inaceptable

Permítanme tomar un ejemplo real de un sitio de trabajo:

El sitio es un puerto comercial, en donde las grúas avanzaban en un carril común. Las grúas son puestas en una hilera a lo largo del muelle y no pueden pasarse unas a otras. Si estas se mueven muy cerca entre sí entonces colisionarían. Para evitar eso, cada grúa tiene un sistema de alarma que se dispara si un objeto ajeno se detecta dentro de su zona de seguridad. Unas máquinas para descargar bienes especiales, llamadas «cavidades», usan el mismo carril que las grúas. Las cavidades no tienen sistema de alarma.

Este evento en particular incluye a seis personas: el conductor de grúa, el operador de la cavidad, un mecánico, un electricista, el gerente de mantenimiento y su jefe, el cual es el gerente general del puerto. A excepción de los dos directivos, todos ellos han tenido su posición por un largo tiempo. En este día en particular, la cavidad #1 colisionó con la grúa #1, lo que ocasionó la avería de la grúa, además de una costosa paralización de dos días del puerto, con retrasos que afectaron a sus clientes e implicaciones de salud y de seguridad para el personal.

La investigación del incidente estableció que fue causado por una rueda nueva más grande que se insertó en la grúa #1. Ni el conductor de la grúa, ni el operador de la cavidad estaban al tanto de la nueva rueda. Ambos actuaron de la forma en la que siempre lo hacen.

Cuando el gerente general llamó al gerente de mantenimiento, este explicó que se escogió una rueda más grande a fin de ahorrar dinero. Mediante la estandarización de los tamaños de las ruedas, el departamento de mantenimiento ahorraría dinero en piezas de repuesto y en la manipulación del equipo. Él añadió que nadie le señaló ningún riesgo.

El mecánico que cambió la rueda le dijo al gerente general que la colisión era espera-da. Dijo que esperaba que sucediera desde que el gerente de mantenimiento tomó la deci-sión de cambiar las dimensiones de la rueda. Cuando se le preguntó si él trató de decirle a su superior eso, contestó que no es su trabajo decir eso, sino cambiar la rueda como se le pidió. Él añadió que el gerente de mantenimiento «tenía que saberlo mejor». Cuando se le preguntó si llevó a cabo el examen usual luego de cambiar una rueda, dijo que no, y que no fue requerido en una orden general ni en una orden específica.

Durante las indagaciones, el electricista conversó con el gerente general sobre lo que pasó. Él dijo que la colisión era esperada y demostró que el gerente de mantenimiento no estaba calificado para hacer su trabajo. Asimismo, reveló que estaba consciente de los riesgos desde que la rueda fue cambiada. A la pregunta de si intentó advertirle al gerente de mantenimiento de que eso sucedería, contestó que no era parte de sus responsabilidades hacer eso.

¿Qué harías tú como gerente general del puerto en una situación como esta? ¿Podrías haber instalado sistemas de alarma en las cavidades también? Un gerente cobarde o un gerente que no esté afianzado en los principios de control del MCA lo suficiente podría hacer eso, o en otras palabras, un gerente así actuaría sobre los síntomas y no sobre las causa principales.

En vez de tener una confrontación justificada sobre la mala actitud, un gerente así de inmaduro sacrificará a su colaborador directo (el gerente de mantenimiento en este ejemplo) en vez de darle la retroalimentación requerida y ayudarlo a desarrollar su liderazgo.

¿Cuál es la causa principal más importante de la colisión en este ejemplo? ¿Quién hizo lo correcto y quién no? ¿Quién tiene una falta de capacidad y a quién debe exigírsele cuentas por falta de actitud?

Mediante el uso de la *herramienta de diagnósticos de liderazgo* descrita en el apéndice B, puedes trazar las relaciones entre las acciones y la responsabilidad. Puede usarse para situaciones que hayan salido muy bien, o en este caso, que se hayan convertido en un problema importante. Ejecutas el análisis de las contribuciones hechas y la retroalimentación correspondiente de cada causa principal que encuentres y de cada persona que haya contribuido a esa causa.

En este caso, el diagnóstico de liderazgo muestra que debió haberse responsabilizado al mecánico por esa falta de actitud y que se debe suministrar entrenamiento y apoyo al gerente de mantenimiento, a fin de prevenir situaciones similares en el futuro.

El diagnóstico de liderazgo hecho para este ejemplo se presenta en la Sección 9.2 y se explica más en el Apéndice B.

Gestión por contribuciones con MCA

El incidente del puerto estuvo probablemente precedido por años de un liderazgo en decadencia, súmale eso a la aceptación de una mala actitud y necesitarás una dosis grande de buen liderazgo para corregir eso.

Si no quieres quedarte atascado en una espiral negativa como la que se muestra en el ejemplo del puerto, y en cambio creas una espiral positiva, necesitas desafiarlos a todos a crecer y a ser responsables. Para poder exigirle cuentas de algo a alguien, la persona debe entender las expectativas, así como también tener los medios y las capacidades requeridas para hacer el trabajo.

El fundamento de la gestión por contribuciones está en la comprobación de estas necesidades.

La gestión por contribuciones consiste en desafiar a las personas a hacer mejores contribuciones laborales, incluyendo asegurar un entendimiento mutuo, así como suministrar apoyo, seguimiento y una retroalimentación constante. Se orienta a mejorar las tres condiciones necesarias para la buena colaboración, es decir, el MCA. La lógica tras la gestión por contribuciones es que la colaboración se hace mejor si las condiciones de MCA son mejoradas. Esta lógica se basa en la afirmación del Modelo de cuidados y crecimiento, que dice que tienes el derecho de exigirles cuentas a las personas solo si tienen los medios y las capacidades requeridas para hacer el trabajo.

De este modo, el núcleo de la gestión por contribuciones puede enunciarse así: si una persona tiene, tanto los *medios* como las *capacidades* requeridas para ejecutar la contribución laboral que se comprometió a hacer, es su actitud la que determina el resultado, y puede responsabilizarse a esa persona por hacer el trabajo en el estándar acordado o no.

Cuando se formula una nueva tarea, un líder debe preguntar si todas las condiciones de MCA necesarias *están en su lugar*. Y, en el mismo sentido, si algo sale mal, el líder debe en cambio preguntar cuál de las condiciones MCA necesarias *no estaba en su lugar*. Esto puede resumirse en tres partes, cada una comprendiendo una pregunta.

Si la contribución cumple o excede las expectativas, deberías reconocerlo y elogiarla. Si la contribución se queda corta respecto a la expectativa debes hacer la primera pregunta:

1.   **¿Fueron los *medios* disponibles suficientes para que la persona hiciera un buen trabajo?**

     Si la respuesta es «no» (normalmente junto con tu equipo) necesitas asegurar que los medios sean mejorados. Esto puede involucrar la aclaración de objetivos, tareas y prioridades, o puede requerir mejores herramientas y descripciones de trabajo. Si la respuesta a la primera pregunta es «sí», tienes que hacer la segunda pregunta:

2.   **¿Tuvo la persona la *capacidad* requerida para hacer un buen trabajo?**

     Si la respuesta a la segunda pregunta es «no», necesitas garantizar que mejore la capacidad del individuo, ayudándolo a aprender. Si la respuesta es «sí», es un indicio claro de que hay un problema de actitud involucrado. De este modo, tienes que hacer la tercera pregunta:

3.   ¿Tuvo la persona la *actitud* correcta para hacer un buen trabajo?

Si tu investigación de la tercera pregunta muestra que la persona realmente manifestó una falta de actitud y que fue, por ejemplo, descuidada y demostró prioridades egoístas, tienes que responsabilizar a esa persona por unas contribuciones de trabajo insuficientes.

La gestión por contribuciones de acuerdo con el MCA se representa en la Figura 13.

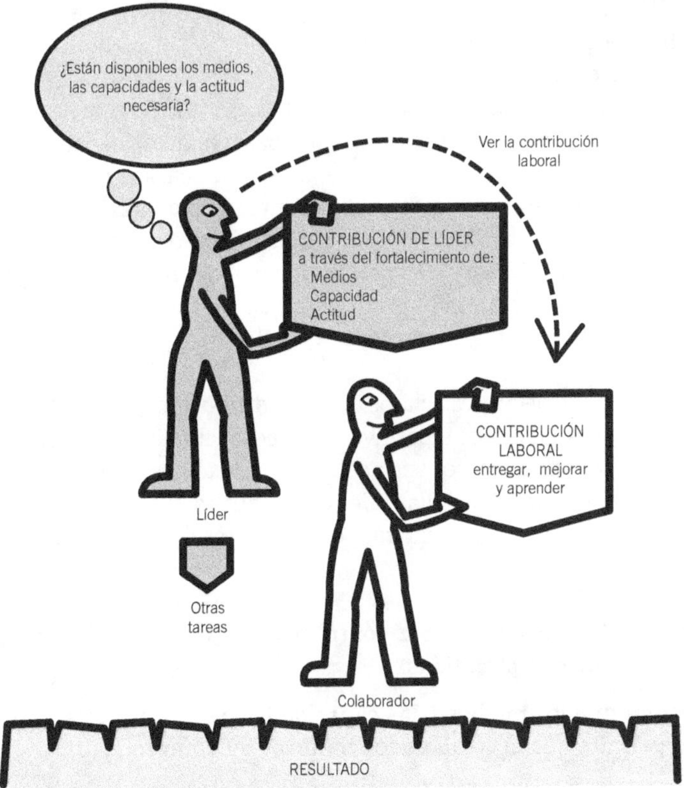

Figura 13. Modelo de gestión de contribuciones
El líder ve la contribución laboral (línea punteada) para poder crear una discusión constructiva y dar retroalimentación sobre los medios, las capacidades y actitudes (MCA).

Al momento de prepararse para tareas futuras o al momento de analizar situaciones actuales la evaluación del MCA debe estar basada en una descripción verbal y exacta de la contribución, más que en una visión de ella.

De las expectativas a una espiral positiva

Si usas la gestión por contribuciones, desafías a cada individuo y lo responsabilizas por su contribución laboral, siempre que hayas verificado primero que comprenda la tarea, así como también que los medios requeridos y las capacidades estén en su lugar. Al hacer esto, creas la base para una retroalimentación tanto positiva como negativa.

Comprender la tarea exige que tú y que tus colaboradores compartan una expectativa realista de la contribución laboral. En un entorno de trabajo repetitivo y predecible, esto es bastante sencillo, porque la expectativa puede relacionarse estrechamente con las mejores técnicas de trabajo, por ejemplo, una descripción de trabajo estandarizada.

Esto es más difícil de conseguir en un tipo de trabajo que sea único e impredecible. Las expectativas entonces deben basarse menos en los estándares y más en un diálogo riguroso alrededor de la tarea única, sus objetivos y el enfoque apropiado. En entornos laborales semejantes, el aprendizaje se hace incluso más importante. Si el resultado no sale tan bien como se esperaba, aún puede haber una razón para elogiar una contribución generosa si resulta que los dos, tu colaborador y tú, sabían muy poco sobre qué medios y capacidades eran requeridas para lograr un buen resultado.

De este modo, las expectativas claras de las contribuciones laborales son importantes en entornos laborales repetitivos y únicos, a fin de que tus colaboradores acepten la responsabilidad por sus acciones y que el líder pueda dar una retroalimentación apropiada. Formular tales expectativas (y hacerlas comprensibles para todos) es el inicio de una espiral positiva, la *espiral de la contribución*, la cual consiste en cuatro etapas:

1. *Desafiar al individuo* a hacer contribuciones de trabajo claras que sean mutuamente comprendidas.

2. *Asegurar* que los medios y las capacidades necesarias están disponibles. Esto permite que el colaborador confirme su compromiso.

3. *Ver el juego* y las contribuciones en el área de trabajo. Usa las oportunidades creadas para dar una retroalimentación regular de las contribuciones específicas, incluyendo la actitud mostrada.

4. *Resumir la retroalimentación* en diálogos de crecimiento regulares.[36] Conecta la retroalimentación a un siguiente paso apropiado a fin de desafiar al individuo o crecer continuamente (retornando a la fase 1).

---

36. A veces llamadas reuniones de Gestión del Rendimiento Individual (GRI)

En el Apéndice C describo cómo puedes usar la *espiral de la contribución* para hacer mejores contribuciones como líder.

Responsabilizando a las personas

Un jefe tiene tanto el derecho como la obligación de responsabilizar a un colaborador cuando esa persona tiene los medios y las capacidades para contribuir, pero no lo hace. No obstante, muchos gerentes se niegan a hacerlo. Existen cuatro principales razones para esto:

1. **Falta de impulso y de valor.**

2. **Falta de capacidad.**

3. **Falta de apoyo.**

4. **Falta de entendimiento mutuo de la contribución esperada.**

¿Tienes dificultad al momento de responsabilizar a tus colaboradores por sus contribuciones? Si es así, ¿cuál de los factores de arriba necesitas mejorar?

¿Tienes suficiente impulso y valor para comprometerte? ¿Sabes cómo actuar? ¿Necesitas afianzar el apoyo de tu superior (y de parte de Recursos Humanos)? ¿O necesitas ser más claro con cada individuo sobre las expectativas de las contribuciones laborales? Usa la *Espiral de la contribución* descrita en el apéndice C1 para ayudarte con esto.

6.5 Desafiar la actitud

Un cuidado tenaz implica que los líderes tienen el derecho y la obligación de confrontar las actitudes deficientes. También tienen el derecho de esperar un apoyo total de parte de sus colaboradores para hacerlo, así como también esperar que los sindicatos y los compañeros de trabajo no respalden ninguna falta de actitud.

Hace un tiempo salieron bastantes artículos de prensa sobre un hombre que trabajaba para una compañía de ferrocarriles, que había sido atrapado varias veces viendo pornografía en internet, así como también durmiendo en el trabajo. Su comportamiento lo llevó a negarse a controlar las señales de tren de la manera correcta, arriesgando cientos de vidas. A pesar de las ofensas repetidas y las inmensas consecuencias que estaban involucradas, la reacción de su empleador fue darle otra advertencia. ¿Cuál es tu percepción de la sanción apropiada para este tipo de comportamiento?

Problemas de actitud

Un resultado laboral decepcionante puede depender de factores externos o de contribuciones insuficientes, bien sea contribuciones como líder y/o contribu-ciones laborales. A su vez, la existencia de contribuciones insuficientes está sujeta a una falta de medios, capacidades y/o actitud.

La actitud mostrada por los individuos refleja su intención de ser responsable por sus contribuciones para el mayor bien de todos. En un contexto de trabajo, esto se traduce en hacer las mejores contribuciones laborales, a fin de lograr una mejor colaboración, para cumplir, mejorar y aprender. Ten en cuenta que hay un riego obvio de malinterpretar las actitudes de los colaboradores, es decir, el reflejo de su propósito. Acciones que a primera vista pueden parecer manifestaciones de mala actitud, podrían deberse a otras causas o circunstancias de las que no estás consciente. El riesgo de malinterpretar la actitud, sin embargo, no es una razón para que no actúes sobre lo que te parece que es una falta de ganas de contribuir.

En un área de trabajo funcional, los problemas de actitud son raros y relativamente pequeños[37] Sin embargo, hay dos razones principales para no negarse a actuar sobre ellos:

♦ **Incluso los problemas de actitud pequeños pueden afectar el espíritu de equipo y la colaboración.**

♦ **Los problemas de actitud pequeños pueden crecer y diseminarse si no se confrontan.**

Un problema potencial de actitud indica una falta de respeto y prioridades egoístas. Imprudencia, pereza, quejas, culpas, ocultar datos y traicionar a los demás son signos de mala actitud. Piensa qué sucedería si no confrontas estos tipos de comportamiento. También piensa qué actitud, como líder, demuestras.

El jugador del equipo y el egoísta

Los grandes líderes basan sus acciones en la presunción de que todos realmente quieren contribuir con lo mejor de sí mismos, pero tienen límites de tolerancia ante un comportamiento que perjudique el trabajo colaborativo. Un colaborador *egoísta* que muestre una actitud negativa primero debe ser abordado de una manera diferente que el colaborador que empieza a actuar de forma positiva como un verdadero jugador *del equipo*. No obstante, a ambos se les debe invitar para que formen parte del equipo. Y a los dos se les debe dar la oportunidad de entender la visión y los objetivos, así como también las tareas y las expectativas.

Para poder dar el siguiente paso el miembro del equipo necesitará tu atención y retroalimentación, así como también tus retos y tu apoyo.

---

37. Cuando Wendy Lambourne estudiaba las desviaciones en una fábrica, descubrió que el 70 % de las desviaciones dependía de la falta de medios, el 20 % de la falta de capacidad y el 10 % de la falta de responsabilidad. Ella escribe en Dealing with Exceptions: «En todos los ejercicios de diagnóstico en los que he participado desde entonces, los problemas siempre han sido los más comunes, seguidos de la capacidad y, por último, los problemas de responsabilidad. Esto tiene sentido para mí. La mayoría de la gente viene a trabajar queriendo hacer bien el trabajo. La tarea del líder es hacer posible que lo hagan».

El *egoísta*, que sigue mostrando una falta de actitud a pesar de tu retroalimentación, necesita expectativas más claras y un seguimiento más fuerte de tu parte. Da una retroalimentación correctiva inmediata a los malos comportamientos continuos, así como también debes dar una retroalimentación positiva rápida si hay una mejora.

Todos nosotros alternamos entre ser jugadores de equipo y ser egoístas. Merecemos ser confrontados cuando obstaculizamos los intentos de otras personas de cooperar. La retroalimentación correctiva nos da la oportunidad de entender (comparar Figura 9) y mejorar. Un gran líder actúa rápido sobre la mala actitud, primero siendo comprensible, pero luego endureciendo el trato y siendo más estricto si es necesario.

Un nivel de base para la actitud

Es obvio que un líder debe confrontar el incumplimiento abierto de las reglas formales. La situación se complica, no obstante, cuando un colaborador muestra una mala actitud sin romper abiertamente las reglas. Las actuaciones que demuestran mala actitud son de hecho, normalmente muy sutiles. Puede ser un ligero comentario ácido (provocar) o una mueca pequeña.

Un amigo mío me contó de un incidente en su primer trabajo. Un día, casi se tropieza con una escoba que estaba mitad debajo de un escritorio y mitad afuera, en el pasillo. Él le preguntó al colega que estaba en el escritorio por qué la escoba estaba allí. El colega hizo un gesto con su cabeza señalando la oficina del gerente y explicó: «Naturalmente, no debería haber una escoba allí. Pero ¿tú crees que él tuvo el valor de decirme que la apartara? La escoba muestra quién está a cargo acá».

¿Cómo manejas una situación como esa? A veces la falta de respeto está dirigida hacia ti como gerente. En otros casos, puede estar dirigida a alguien más. ¿Cuál es la reacción apropiada de un colaborador que desacredita abiertamente a un colega, o suspira o levanta sus cejas para mostrar irreverencia?

Las conversaciones que suceden a espaldas de alguien pueden fácilmente tener consecuencias graves, por ejemplo, las personas pueden comenzar a tratar a alguien injustamente basadas en un chisme. Si este comportamiento se disemina en un equipo, puede ser devastador para el trabajo colaborativo. Por lo tanto, debes actuar cuando una persona muestra una falta de respeto por un colega u otro *stakeholder* (como clientes, proveedores, accionistas o colaboradores).

Por ejemplo, cuando el anciano jefe de investigación en un hospital universitario se niega a seguir las nuevas maneras de trabajar convenidas, que se concluyó que beneficiarían a sus colegas y a sus pacientes, necesita ser confrontado. Obviamente esto puede ser difícil. Enseñarle a un perro viejo trucos nuevos no es fácil, especialmente si la persona siente que eso conlleva un riesgo para su propio prestigio y/o libertad de actuar. Sin embargo, es importante emprender la lucha, tanto para el bien de la colaboración como para el bien de la persona. Pero solo asúmela si tienes oportunidad de ganar. Si anticipas que el problema terminará en manos de tu superior o con el gerente de recursos humanos, primero asegúrate que ellos estén de tu lado.

Si los colaboradores rompen las reglas formales y obligatorias que regulan sus obligaciones como colaboradores, ellos pecan de mal comportamiento. Para que puedas referir esas malas conductas en una disputa, necesitas poder demostrar cómo aclaraste las reglas y todo lo que sucedió desde la primera regla que se quebró, incluyendo tu retroalimentación. Por lo tanto, necesitas documentar todas tus interacciones con retroalimentación, desde discusiones gentiles sobre lo que sucedió, hasta discusiones formales (y por qué llegaste a ellas).

Las reglas y las expectativas pautadas en un inicio sirven de base para visualizar las desviaciones originadas. Puedes fijar un nivel de base para la actitud esperada, exactamente de la misma manera en que definirías un nivel de base para los resultados o maneras de trabajar requeridas.

Deja que el equipo defina sus reglas y valores por encima de lo que es formalmente requerido por las regulaciones centralizadas. Involucra a tus colegas y a tus superiores si es posible. Y más significativamente, ponlas por escrito junto con tu equipo, de manera que se conviertan en un nivel de base claro para cuando lo necesites. Mantén el nivel de base vivo como una parte natural del estándar del lugar de trabajo, recurriendo a él siempre que tengas motivos para reconocer una buena actitud.

Busca las intenciones reales

Son las intenciones detrás de una acción determinan cómo debes responder siendo líder. Por lo tanto, tienes que ser capaz de interpretar los propósitos. Cualquiera puede disimular una actitud egoísta, y a veces una persona puede mostrar mala actitud, a pesar de tener buenas intenciones. Permíteme tomar un ejemplo real del sector salud.

A una mujer su jefe le pidió desempeñar una nueva tarea, una tarea para la cual se pensaba que la mujer tenía los medios y la capacidad para desarrollarla. Ella respondió: «Me niego, sencillamente no lo haré». El gerente primero interpretó la respuesta como desobediencia pura, pero decidió encontrar las razones que estaban detrás de su negativa. Resultó que la mujer no creía que fuera capaz de hacer la nueva tarea. Un jefe que no se tome la molestia de examinar la intención detrás de la respuesta desafiante podría muy probablemente haber respondido de forma severa. Pero en este caso, el gerente se reunió con la mujer y logró aumentar su confianza para aprender y asumir la nueva tarea.

El ejemplo determina la razón por la cual, como líder, tienes que buscar el propósito real que está detrás de las acciones que ves. Por ejemplo, si la negativa de un colaborador a contribuir con lo mejor de sí mismo es egoísta o interesada, debes actuar de forma estricta. Si es debido a una falla de seguridad, tu enfoque debe ser más suave, como el entrenador de apoyo. Deja que tu mejor interpretación de la actitud y el propósito de mejorar determinen tu respuesta.

Con frecuencia es difícil estar completamente seguro del propósito detrás de una acción, por ejemplo, un comentario pequeño, un bufido o un suspiro. Preguntar: «¿por qué hiciste eso?», puede ser un buen inicio para encontrar el propósito real. Al igual que con los intentos de encontrar la causa principal de un problema, pueden ser necesarios varios «por qué» para entender realmente el propósito detrás de una acción. Por lo tanto, el método de *los cinco por qué* es también relevante cuando se investiga un problema de actitud potencial.

Individualiza tu retroalimentación correctiva

De acuerdo con la lógica del MCA, una crítica a alguien solo es justificada si esa persona tuvo los medios y las capacidades apropiadas para desempeñar un buen trabajo, y aun así no lo hizo.[38] Si el problema se deriva de una falta de medios o capacidades, tú tienes una responsabilidad conjunta de tratar de compensarlo o suministrar las condiciones faltantes. Trata de aprender del motivo que generó que faltara determinada condición. La causa puede ser porque alguien en la posición de liderazgo falló haciendo o dejando de hacer algo. *El diagnóstico de liderazgo* en el Apéndice B es una herramienta muy poderosa para analizar el papel del líder en una situación que haya resultado peor o mejor de lo esperado. Utilizándola puedes evitar problemas similares en el futuro y fortalecer un buen comportamiento de liderazgo.

Se debe hacer un reconocimiento por las contribuciones de trabajo esperadas, mientas que las inesperadas requieren una retroalimentación más fuerte. Si la contribución es mejor de la esperada, con base en los medios y las capacidades disponibles, es válido elogiarla. Si es menor de lo esperado y está relacionada con una falta de actitud, se requiere una retroalimentación correctiva.

Recuerda que dar una retroalimentación correctiva es mucho más difícil que elogiar. Adapta tu discurso a la situación y a la personalidad de cada uno. La regla básica es dar tus observaciones de una manera sencilla, cara a cara, y estar preparado para escuchar el punto de vista de la otra persona. Abstente de criticar a un individuo en público si no tienes buenas razones para hacer que varias personas te escuchen.

Procura el contacto visual para asegurar una conexión real. Sé claro en tu mensaje, pero también tienes que estar dispuesto a entender mejor las motivaciones de la persona. Trata de iniciar una discusión constructiva, siempre con el objetivo de mejorar la actitud para contribuir.

Sé amable con las personas sensibles y más duro con los insensibles. Observa a la otra persona y trata de comprender cómo perciben tus comentarios.[39]

---

38. Tenga en cuenta que si espera que los subordinados mejoren los medios y sus capacidades para realizar ciertas tareas, este esfuerzo por mejorar también se convierte en una tarea que, en sí misma, requiere medios y capacidades.

39. Puede adaptarse, ya sea suavizando o endureciendo sus reacciones, según lo requiera la situación. Alguien dijo una vez: «Nadie puede enojarte si no lo permites». El filósofo griego Aristóteles expresó un sentimiento similar cuando, en el siglo III a. C., escribió: «Cualquiera puede enojarse. Eso es fácil. Pero enojarse con la persona adecuada, en el grado adecuado, en el momento adecuado, para el propósito adecuado y de la manera adecuada, eso no es fácil».

Mantente buscando algún signo de mejoramiento en la actitud, de modo que puedas reconocer los cambios pequeños que impliquen una mejora. Sin embargo, sigue estando claro respecto a tus expectativas y mantente exigente sobre las directrices de actitud convenidas.

Si es necesario, tienes que incrementar tu retroalimentación correctiva. Recuérdate a ti mismo que lo estás haciendo por el bien del trabajo colaborativo, el equipo y de otros grupos de interés, y por el bien de los colaboradores involucrados. Preocúpate por el crecimiento del individuo como persona y como miembro del equipo, y recuerda que preocuparse no siempre significa ser suave.[40]

Restarle importancia a los errores graves

Cometes un *error grave* si criticas a alguien por los motivos erróneos, es decir, cuando su falta de contribución se debe a medios o capacidades insuficientes. Cometes un *error leve* si no reprochas las contribuciones insuficientes, causadas por una actitud mediocre. Los errores graves son poco comunes en la mayoría de las organizaciones, mientras que los errores leves ocurren con mayor regularidad.

Hay dos razones principales por las cuales puedes cometer errores leves como líder, una es que carezcas de información y otra es que carezcas de valor. Puedes, por la tanto, evitar cometer errores leves, recopilando información sobre la(s) causa(s) principal(es) del evento que tienes al alcance y reuniendo el valor necesario para confrontar cualquier signo de mala actitud.

El riesgo implícito que hay al evitar errores leves es que en cambio cometas algunos errores graves. No obstante, es posible limitar las consecuencias de los errores graves, cosa que es factible si has creado una atmósfera abierta en donde te encuentras preparado para admitir errores, y además probablemente aprenderás cada vez que cometas un error grave. Si consideras que has sido muy severo en un aspecto puedes ofrecer una disculpa, que con mucha probabilidad será aceptada.

Tener pocos errores graves, que estén bien manejados, es mejor que tener muchos errores leves. La cultura disfuncional ilustrada en el ejemplo del puerto de la Sección 6.4, fue el resultado de una gran cantidad de errores leves a lo largo de un período de tiempo muy amplio.

Recuerda que tú deber es confrontar la mala actitud, tanto para el bien del equipo como para el desarrollo del individuo involucrado. Si tus colaboradores ven esa intención en tu comportamiento es muy probable que puedan entenderte mejor en caso de que cometas algún error grave.

---

40. Nelson Mandela subraya que el cuidado a veces tiene que ser difícil. Él escribe en *Long Walk to Freedom* cómo Jongintaba Dalindyebo, rey del pueblo Thembu, se hizo cargo de él después de la muerte de su padre: «El rey y su esposa, No-England, me criaron como si fuera su propio hijo. Se preocuparon por mí, me guiaron y me castigaron, todo en un espíritu de amor y justicia como si hubiera sido su propio hijo. Jongintaba era estricto, pero nunca dudé de que él me amaba».

¿Inexperto o no calificado?

Permíteme mirar más de cerca el término «capacidad». Si alguien carece de la capacidad para ejecutar cierta tarea, será *incapaz* de hacerla. Las razones por las que las personas pueden ser incapaces de hacer una tarea pueden ser dos, una porque son capaces de hacer la tarea, pero carecen de la formación necesaria para hacerla, o la otra porque son *incapaces*, quiere decir que es imposible que aprendan cómo hacer la tarea apropiadamente (en un período de tiempo aceptable).

No hay nada dramático en ser incapaz, no tiene nada que ver con nuestro valor individual como seres humanos. Todos somos capaces de hacer montones de cosas y al mismo tiempo somos incapaces de hacer muchas otras. La mayoría de nosotros sería incapaz de ser el primer violinista en una orquesta sinfónica. Algunos de nosotros, no obstante, podríamos fácilmente tocar la pandereta en una banda parroquial, o llevar el itinerario y la agenda de la banda.

Hay un papel para todos, pero quizás el que desempeñas ahora puede no ser el mejor para ti. A veces necesitarás reconsiderar y cambiar de organización o de función con el fin de crecer y dar siempre lo mejor de ti. Debemos, por tanto, hacer la distinción entre ser inexperto y no ser capaz.

Imagina que algunos de tus colaboradores no tienen experiencia para una nueva tarea que son capaces de aprender. Tienen los medios para desarrollar sus capacidades, pero no han hecho el entrenamiento como se acordó. La razón puede ser un problema de actitud, que, si se confirma, debes confrontar y tratar de cambiar (véase la flecha 1 en la Figura 14). Afortunadamente la mayoría de las personas quieren contribuir, y solo necesitan oportunidades de entrenamiento para aprender una nueva tarea que puedan desempeñar (flecha 2). El colaborador que es incapaz de hacer el trabajo debe, sin embargo, obtener tu apoyo de manera que pueda encontrar nuevas tareas, ya sea dentro o fuera de la organización (flecha 3).

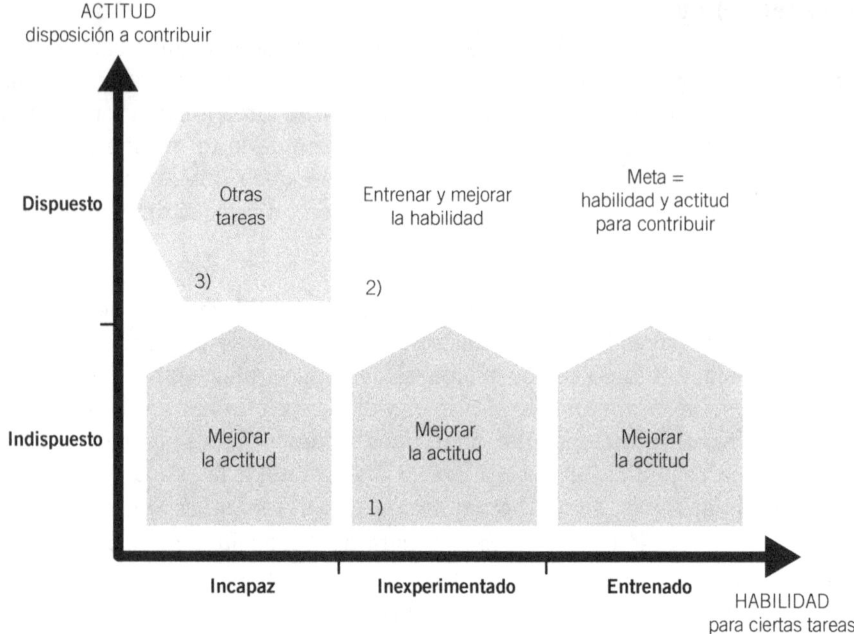

Figura 14. Matriz actitud-capacidad
Ubica a cada uno en su posición y ayúdalo a llegar adonde debe ir.

Las tres flechas del fondo en la Figura 14 ilustran cuán importante es abordar la disposición a contribuir. Cualquier indisposición debe revertirse. Este es un punto clave para cualquier líder.

La posición deseada se ilustra mediante la caja blanca con forma de «+» en la esquina superior derecha de la figura. Si tienes a todo el equipo en esa posición estás en la posición envidiable de poder concentrarte en desafiar a todos a que tengan nuevas metas y oportunidades de entrenamiento correspondientes.

Las personas incapaces pueden y deben ser responsabilizadas por sus fallas en el desempaño solo si ellos se equivocaron creyendo que eran capaces. Una persona incapaz con buena actitud no puede, ni debe ser responsabilizada por no ser capaz de desempeñar una tarea. Tales personas deben ser atendidas con comprensión y respeto mientras que, al mismo tiempo, colectivamente tratan de encontrar nuevas tareas para ellos.

De la matriz de *actitud-capacidad* mostrada en la Figura 14 podemos derivar conclusiones importantes para un líder. Una es que debes tratar a los individuos que están dispuestos a contribuir con el mayor de los respetos, y ayudarlos a encontrar su nicho, donde puedan hacer su mejor contribución. Si eso significa encontrar nuevos sitios donde trabajar, la decisión puede ser difícil, pero la ejecución debe ser suave.

Otra cosa es que deberías tratar de simplificar las tareas laborales de modo que una persona normal, con una buena actitud, pueda ser entrenada para hacerlas. No crees procesos y tareas que demanden superhéroes.[41]

Incluso si puedes minimizar los casos de incapacidad enfocándote en los procesos laborales simples y efectivos, aun existirán las tareas que no todos podrán hacer aunque tengan el entrenamiento adecuado. Si te das cuenta de que algunas personas no son capaces de contribuir lo suficiente, es mejor empezar a buscarles nuevas tareas en la organización o fuera de ella, y hacerlo lo más rápido posible, especialmente para el bien de los individuos en cuestión, ya que todos necesitan sentirse útiles y necesarios.[42]

En resumen, el cuarto paso, *desafiar al individuo*, trata sobre darles a todos la oportunidad de aprender y crecer lo más próximo posible a su potencial completo. Este es un prerrequisito para construir un gran equipo, que es precisamente lo que trataremos el quinto paso.

Para ser capaz de desafiar a los individuos de la mejor manera, necesitas encontrar humildemente dónde están, a fin de orientarlos en la dirección en donde mejor pueden usar sus capacidades. La continuación de la cita introductoria de este capítulo de Kierkegaard destaca esto:

Si quiero tener éxito ayudando a alguien a lograr cierta meta, primero debo ocuparme de saber en dónde está esa persona y comenzar desde allí. Si no puedo hacer esto, estaría engañándome si creo que puedo ayudar a alguien más. A fin de ayudar sinceramente a una persona, debo entender lo que hace, pero primero debo entender lo que ella entiende y ve. Si no hago eso, mis habilidades no la ayudarán en nada. Si quiero imponer mis conocimientos, es porque soy vanidoso y orgulloso, y quiero recibir su admiración y no ayudar. La generosidad genuina se inicia con la humildad. Las personas que quieren ayudar, primero deben servir a aquellos que quieren ayudar, y así comprender que ayudar no es dominar, sino servir, serle útil a una persona. Si soy incapaz de hacer esto, entonces no puedo ayudar realmente a nadie.

---

41. Los gerentes en Toyota han identificado esto como una explicación de su éxito. Dicen que la compañía se ha centrado en desarrollar procesos de trabajo que permitan a las personas comunes crear resultados extraordinarios, en lugar de la idea común de buscar personas extraordinarias.

42. La investigación de *Good to Great* de *Jim Collins* mostró que los líderes extraordinarios de nivel 5 actuaron rápidamente cuando se dieron cuenta de que una persona era incapaz.

7. **Crear equipo,** flujo y estructura con pulso

*Nuestra ventaja radica en nuestra capacidad de cooperar
y de crear espíritu de equipo*
Bert-Olof Svanholm

El quinto paso de La escalera al liderazgo, *crear equipo, flujo y estructura,* consiste en formar espíritu de equipo, creando flujos de trabajo efectivos y suministrando herramientas de apoyo que mejoren la colaboración. Eso es también lo que Bert-Olof Svanholm, el exejecutivo del gigante de ingeniería internacional ABB, destaca en la cita que realicé al comienzo de este capítulo. El espíritu de equipo y una buena interacción son fundamentales en nuestra capacidad de cumplimiento, mejoramiento y aprendizaje, así como también es muy importante para disfrutar nuestros días laborables. En el quinto paso nos enfocamos en estimular al equipo en lugar de estimular al individuo, como vimos en el cuarto paso. Asimismo, hacemos énfasis en la importancia de usar una estructura auxiliar para mejorar la interacción y el espíritu de equipo. El capítulo incluye lo siguiente:

♦ Construir equipo y flujo.

♦ Crear buenas discusiones con pulso.

♦ Crear mejoramiento sistemático.

♦ Crear estructura para PDCA (por sus siglas en inglés: *Plan, Do, Check, Act,* en español: *planear, hacer, revisar y actuar,* respectivamente).

♦ Formar oportunidades de aprendizaje.

7.1 Construir equipo y flujo

Nosotros triunfaremos y el Occidente industrial perderá: no hay nada que ustedes puedan hacer al respecto, porque las razones de su fracaso están dentro de ustedes. Sus compañías están cimentadas en el modelo de Taylor; o incluso peor, de esa manera piensan ustedes. Para ustedes la gestión es el arte de trasladar, sin muchas complicaciones, las ideas de los ejecutivos a las manos de los trabajadores. Nosotros vamos más allá: los negocios son ahora tan complejos y difíciles, la supervivencia de las firmas es tan peligrosa en un entorno cada vez más impredecible, competitivo y cargado de peligro, que su existencia depende de la movilización diaria de cada onza de inteligencia

Konosuke Matsushita

A pesar de que esta cita tiene ya casi 30 años de antigüedad, aún es de gran relevancia. Los verdaderos líderes trabajan duro para movilizar lo mejor de cada persona, a fin de mejorar su colaboración mediante optimizar cada vez sus MCA. Y para hacerlo forman un mejor espíritu de equipo.

El equipo y el espíritu de equipo

Más que ser solo un grupo de personas, un equipo se caracteriza por los miembros que comparten las mismas metas y un deseo de cooperar y ayudarse mutuamente. El lema de los tres mosqueteros, «todos para uno y uno para todos» del libro homónimo de Alejandro Dumas, que resume a la perfección el espíritu de equipo.

El buen liderazgo convierte a los grupos en equipos. El resultado es que todos los miembros sienten que pertenecen al equipo y que este los necesita. Para que un equipo sea fuerte es importante también crear un sentimiento de seguridad, de manera que haya menos necesidad de que cada persona tenga que proteger sus propios intereses. El hecho de que haya una menor necesidad de actuar de forma egoísta les permitirá a las personas a enfocarse más en la colaboración. El líder del equipo tiene un mayor impacto sobre esto que cualquier otro de sus miembros.

La diversidad, a veces, es una auténtica ayuda para la creatividad. Esta crea condiciones muy positivas para que personas distintas de tu equipo, independientemente de su género, edad, etnia o conocimiento, puedan crear. Las diferencias muy probablemente aumentarán su habilidad de ver distintas perspectivas, por ejemplo, en la resolución de problemas y en el hallazgo de nuevas maneras de satisfacer las necesidades de los consumidores.

Crea tu equipo con base al apoyo y la atención, el apoyo a tus colaboradores y colegas, así como a los clientes y los accionistas de tu empresa y la sociedad en general. Inspirados por tu buen ejemplo a través de un cuidado tenaz y valiente, el equipo eventualmente desarrollará un tipo de dinámica en la cual todos se respetan mutuamente, contribuyen para dar lo mejor de sí, se atrevan a dar su opinión y tengan el valor de poner a prueba los límites establecidos.

Estructura y disciplina propicia

No es raro encontrar jefes que encuentran contradicciones entre los términos estructura y pensamiento sistemático, y creatividad y flexibilidad. Ellos ven en la estructura limitaciones negativas que les impiden actuar espontáneamente.

No obstante, he notado que una buena estructura suministra medios positivos para incrementar tanto la calidad como la velocidad al momento de tomar de decisiones. Además, una adecuada estructura pueda ser de mucha ayuda para mejorar el espíritu de equipo.

El término «estructura» aquí hace referencia a los reglamentos e instrucciones comunes —por ejemplo, estándares de trabajo—, así como también a las herramientas y hábitos que deliberadamente desarrollas, a fin de apoyar el trabajo de creación de valor. Tanto el método que regula la forma en que estableces las metas, como el documento resultante de las declaraciones de metas, son ejemplos de elementos esenciales de una estructura.

Una buena estructura simplifica el trabajo. Claramente define las limitaciones, pero mantiene la flexibilidad dentro del contexto dado.

Trabaja orientado a fortalecer una estructura que simultáneamente pueda crear transparencia y buenas rutinas de trabajo, puesto que esto fomenta las iniciativas, el ensayo y el aprendizaje. En las siguientes secciones de este capítulo, así como en los apéndices A y B, dos de estas estructuras son descritas, concretamente como reuniones de *pulso* y *la herramienta de apoyo PDCA.*

Una buena limpieza del espacio de trabajo —por ejemplo, tu propio disco duro o el servidor de la compañía— es una manera de crear y retener una estructura. Las metodologías que ayudan en el mantenimiento del orden (por ejemplo, 5S),[43] pueden ser incorporadas como parte de esa estructura. Como líder puedes escoger ver estos métodos desde una perspectiva más amplia, como una herramienta para poner en práctica una disciplina sólida para todos en el equipo, incluyéndote a ti mismo.[44]

---

43. 5S es el nombre de un método para organizar un espacio de trabajo para eficiencia y efectividad. Utiliza una lista de cinco palabras que comienzan con la letra «S». Estos son: «ordenar», «establecer en orden», «brillar», «estandarizar» y «sostener».

44. Una disciplina sana aquí significa que todos se adhieren a los principios, reglas y formas de trabajo acordados, y están preparados para mejorar estas reglas rectoras. El éxito de Ikea Swedwood bajo el liderazgo del CEO Roger Svensk se explica en parte por una disciplina tan sensata, que incluye la tolerancia cero de los que llegan tarde a las reuniones diarias de pulso.

Una estructura no tiene mucha utilidad si no es usada. O peor, el espíritu de equipo se ve socavado si alguna persona del grupo cree que está por encima de las reglas comunes y de los acuerdos. Debes, por lo tanto, intervenir cuando se manifiesten signos de falta de actitud que amenacen con quebrantar el propósito de tu estructura. Asegúrate de crear una atmósfera abierta para discusiones, pero también procura que las decisiones sean implementadas. Una disciplina sólida de tal magnitud fortalecerá el espíritu de grupo.

Nosotros y ellos

El espíritu de grupo emana de un sentimiento de unión. Esta cohesión se expresa comúnmente con palabras como «nosotros», y mientras que sea buena para el equipo, debes cuidar que no se torne divisiva, ni que fomente un sentimiento de «nosotros y ellos». Esto puede ocurrir especialmente contra otros equipos dentro de la misma organización o dentro del mismo flujo de trabajo interinstitucional.

No permitas que se desatiendan los intereses legítimos de las personas fuera de tu equipo. Si permites que el equipo vea a los demás con desconfianza, o que los consideren problemáticos con la actitud equivocada, limitas el potencial de crear una colaboración más holística.

De esta manera, debes intervenir tan pronto como los miembros de tu equipo comiencen a hablar mal de aquellos que estén fuera de él. Por el contrario, exigirles que se reúnan con los otros para clarificar la situación o el posible desacuerdo sería un buen comienzo.

El tema «nosotros y ellos» se torna incluso más grave si tu equipo trabaja con los demás como parte de un flujo de trabajo generador de valor más amplio. Un gran líder protege el mejor resultado holístico a largo plazo de todo el flujo de trabajo, independientemente de los límites organizacionales. Esto gira en torno a la creación de un valor máximo para el cliente con un mínimo de desperdicio. También involucra el fortalecimiento de un sentimiento más inclusivo del «nosotros», y combate cualquier expresión excluyente del tipo «ellos».

La parte engañosa, por consiguiente, es fortalecer el espíritu de grupo sin sobrepasarse. En otras palabras, dibuja y desdibuja delimitaciones, lo cual consiste tanto en fortalecer como en debilitar los límites entre las personas. Aquí el término demarcación incluye el sentimiento de pertenencia, así como la división formal de las responsabilidades laborales. La parte formal esclarece los límites entre las tareas que nos pertenecen, las que les pertenecen a otros equipos y las responsabilidades que son compartidas. La parte emocional de la demarcación es el sentimiento de pertenencia.

Es posible tener un sentido fuerte de pertenencia al equipo pequeño y al mismo tiempo sentirse parte del grupo más grande. Esto conduce a una importante conclusión para tu liderazgo: trata de cultivar un dilatado sentido de pertenencia para tu equipo.

Actuar en las áreas divisorias

La demarcación de las inmediaciones de tu equipo también trae a colación una pregunta acerca de tu propia posición respecto al equipo: ¿deberías pertenecer al equipo o actuar desde afuera de él? Para responder esta pregunta, permíteme examinar los siguientes estereotipos de directivos:

El *jefe exigente* es un director autoritario, normalmente un experto. Estos jefes eligen estar fuera del grupo, enfocarse en los resultados y dirigir mediante demandas y órdenes.

El *jefe amigo* se enfoca principalmente en las relaciones y muy poco en los resultados. Ellos tratan de pertenecer al grupo, crear bienestar y ven su papel como miembros de apoyo y trabajan como coordinadores.

El *jefe líder* puede enfocarse simultáneamente en los resultados y en las relaciones, cultivando una colaboración efectiva y armoniosa. Estos líderes se posicionan a sí mismos en el límite de las demarcaciones del grupo, de manera que pueden actuar muy cautelosamente con lo que a largo plazo es lo mejor para todos, así como también con lo que es mejor para mejorar la colaboración.

Estos tres tipos de jefes están ilustrados en la Figura 15.

Figura 15. Los tres estereotipos de directivos.
Aprende a liderar en la frontera.

La alternativa para los jefes que son extremadamente exigentes o para el jefe amigo es convertirse en un líder que puede ser exigente y solidario al mismo tiempo, orientado tanto a la creación de valor como a las relaciones. Esta es una forma de liderazgo que no está ubicada al margen del grupo, desde donde se imparten órdenes (a menos que una situación extrema lo requiera), pero que tampoco se mezcla con el resto del grupo. Un líder así defiende los intereses del equipo al ser puesto a prueba por fuerzas externas, pero al mismo tiempo defiende la perspectiva holística de la generación de valor cuando se ve retado por personas que están en el equipo.

La única regla es: *defiende los intereses de las personas que no están presentes.* Eso requiere un liderazgo más audaz.

La madurez del equipo determina la distancia que debes mantener. Si diriges a un equipo maduro puedes integrarte a él más de lo que lo harías si fuera disfuncional. La demarcación de las responsabilidades de los individuos en el equipo también debe adaptarse a la madurez del equipo. En un equipo más inmaduro necesitas especificar las delimitaciones de una manera más clara, por ejemplo, mediante documentos formales que establezcan las responsabilidades de cada posición. En un equipo funcional necesitas dar mayor libertad, basándote en directrices concretas. Esto se denomina autonomía armonizada. En un equipo como este los mismos miembros son lo suficientemente maduros para coordinar quién hace qué cosa y adaptarse a nuevas situaciones.

No obstante, incluso un equipo maduro puede necesitar a alguien que dirija y tome decisiones cuando haya desacuerdos, así como para apoyar el fortalecimiento del MCA cuando sea necesario.

Esto no solo es válido para aclarar las responsabilidades en un equipo. En este mismo orden de ideas se pueden delimitar las responsabilidades entre equipos y departamentos. Una organización inmadura requiere delimitaciones muy definidas. Mientras que en una organización madura deben bastar acuerdos generales que definan qué debe hacer cada equipo, y los equipos se ayudan entre sí con tareas divisorias en caso de ser necesario.

De esta manera, necesitas ser capaz, no solo de manejar delimitaciones entre individuos sino también entre grupos. Si has asumido la tarea de dirigir individuos inmaduros que tratan de evitar responsabilidades, o grupos inmaduros que se culpan entre sí ante problemas comunes, debes empezar demarcando claramente las responsabilidades. Gradualmente, al ir mejorando el grupo, puedes permitirte ir borrando estas líneas y enfocarte en una colaboración con flujos de trabajo más holísticos.

Observar al consumidor y el flujo

Un proceso es un conjunto de actividades que crean valor para una o más partes interesadas.

Frecuentemente las actividades que se realizan en el proceso son secuenciales, creando un flujo de trabajo. Al mejorar un proceso es esencial enfocarse en el valor real creado para el cliente que recibe el producto, independientemente de si es un cliente externo o interno. Es también importante tener una perspectiva holística del proceso, desde el inicio hasta el final, desde la necesidad experimentada hasta la necesidad satisfecha.

Si ves el esquema entero puedes asegurar y mejorar el flujo de valores completo, empezando con la necesidad real del cliente. Si te enfocas en la eficiencia del flujo en lugar de hacerlo en la eficiencia de los recursos, no solo eliminarás los impedimentos y por lo tanto acelerarás el flujo, sino que también incrementarás la eficiencia de los recursos a largo plazo y en consecuencia reducirás los costos.[45]

Puedes escoger empezar por lo más pequeño —con la parte del flujo de la cual es responsable tu equipo— y enfocarte en el valor que crea el equipo para sus clientes, por ejemplo para los colegas de un departamento aledaño.

Existen varias *herramientas de análisis de flujo de valor* útiles con precios razonables, disponibles para ayudarte en la descripción, análisis y mejoramiento de los procesos. Estos métodos incluyen diferentes maneras de ilustrar el flujo, pero independientemente de cómo sea graficado el diagrama del proceso, este siempre representa las actividades y sus relaciones, desde las entradas y que evento ocasiona el inicio del proceso, hasta la entrega de un producto o resultado que satisfaga al cliente.

Una de estas herramientas es llamada *diagrama de roles y actividades*, donde las actividades son trazadas en forma de «canales de nado», y cada canal es un rol que está involucrado con el trabajo. De esta manera cada traspaso de una persona a otra se hace muy notorio, en forma de una flecha pasando el borde de un canal, yendo de una actividad a la siguiente. Un diagrama de roles y activi-dades también facilita la visualización de las diferentes *actividades* de las que es responsable el titular de un cargo. Solo tienes que observar las actividades en el canal de nado que pertenecen a ese papel en particular. En algunos casos, como ocurre en los procesos para la elaboración de bienes, es muy fácil ver los objetos fluyendo de actividad en actividad, y es sencillo entender quiénes son los consumidores finales, las personas pagando por los productos. En otros casos es más complicado, como en la entrega de servicios. En las escuelas u hospitales, por ejemplo, las personas pueden ser vistas como «los objetos» fluyendo a través del sistema, recibiendo valor a través de las actividades.

---

45. Vea por ejemplo el libro *Theory of Constraints* (La teoría de las limitaciones) de Eli Goldratt, el cual describe cómo controlar y mejorar sistemas que inician con obstáculos, o el libro *This is* Lean (Esto es producción ajustada) de Niklas Modig y Pär Åhlström, que describen cómo una estrategia basada en la eficiencia de flujo creará muchas ventajas.

Hay casos en los que puede incluso ser difícil identificar un mismo grupo de clientes. Toma, por ejemplo, una escuela donde los estudiantes reciben el valor principal creado, pero alguien más paga por ello. Tanto la persona que está pagando por el valor, como las personas que lo reciben pueden ser vistos como clientes.

Dar un valor añadido es el propósito de cualquier proceso laboral. Las cosas que haces y no añaden ninguna especie de valor deben ser consideradas como pérdidas. Entre las cosas que obviamente dan un valor añadido y las que no lo hacen se encuentran las actividades que son (por ahora) necesarias, pero que difícilmente añaden algún valor. Estas actividades también deben ser cuestionadas y puestas en duda. La mayoría de los controles de calidad podrían caer en esta categoría. Ellos frecuentemente son incorporados al proceso para compensar deficiencias de *medios, capacidades o actitudes*. Si, en cambio, enfrentas las causas verdaderas en el MCA, serás capaz de eliminar los controles de calidad.

La renuencia de la gestión para tratar las deficiencias de capacidad y actitud es una causa común del círculo vicioso de añadir más y más controles de calidad. Con la gestión de contribuciones evitas esta trampa y eliminas esa clase de actividades que no añaden valor al proceso.

Las operaciones de todos los tipos de organizaciones están fortalecidas por los procesos.[46] La mayoría de estos son menos significativos, por lo tanto no re quieren que estés tan pendiente de ellos, diseñándolos y mejorándolos. Pero las operaciones importantes sí lo requieren. Como líder debes asegurarte de que los flujos de trabajo esenciales sean identificados y trazados al nivel de detalle necesario para garantizar el aseguramiento, aprendizaje y mejoramiento de la protección, calidad, velocidad y efectividad.

En su libro, *The Process Edge (El límite del proceso)*, Peter Keen nos advierte sobre el pantano de los procesos, o más específicamente, sobre quedarnos atascados describiendo los procesos menos importantes, evitando que nos concentremos en los más importantes. Así que, enfoca tu atención. Después de todo, orientarte a rediseñar tu sistema es una mejor manera de ganar efectividad, que distribuyendo uniformemente iniciativas de reducción de costos.

Keen también nos advierte no olvidar los procesos blandos que no llevan a productos en concreto, sino que crean valor, como pueden ser las operaciones mejoradas o el conseguir fortalecer la marca de la empresa.

Las dos advertencias de Keen deben ser tomadas en serio. De este modo, debemos evitar quedarnos atascados en una versión muy formal y extendida de un proceso de gestión dirigido por el personal, y evitar obviar los procesos blandos importantes, especialmente aquellos que crean una mejor colaboración, aprendizaje y liderazgo.

---

46. En algunas organizaciones, el término «proceso» ha sido mal usado y malinterpretado. Algunas personas han llegado a pensar que los procesos son una pila de documentos necesarios formalmente para mantener a los auditores felices. En realidad, los procesos son verdaderos conjuntos de actividades usados para generar valor, conjuntos que pueden hacerse más o menos efectivos. Estos procesos existen, así estén documentados o no. Así que puedes también documentarlos y mejorarlos, al menos los más importantes.

El riesgo de olvidar los procesos blandos es producto de la dificultad de verlos como procesos, puesto que son muy diferentes a los flujos de trabajo secuencia-les que normalmente consideramos como procesos. En contraste con un proce-so de producción, muchos procesos blandos importantes no son secuenciales, y no tienen ni un punto de inicio definido ni uno de finalización. Toma un proceso de aprendizaje, por ejemplo. Si lo ves limitado a una dirección en específico, podrías ver su secuencialidad. Visto en un contexto más amplio, no obstante, el aprendizaje debería verse como una espiral, en la que la capacidad se incrementa capa tras capa, en vez de una flecha con un inicio y un final.

Los procesos blandos pueden ser más difíciles de visualizar, pero eso no nos debe impedir que lo intentemos. Los procesos blandos importantes deben ser descritos, mejorados y a veces enlazados a los procesos de cumplimiento —que son más secuenciales— por ejemplo, mediante un nuevo apartado en la agenda, en una plantilla ajustada para tal fin o en una lista de comprobación.

Liderando mejoras de procesos

La gestión de procesos aspira a producir el máximo valor con el menor desperdicio posible, satisfaciendo las verdaderas necesidades del cliente, garantizando la calidad, la eficiencia y la flexibilidad.

No solo trata de *asegurar* que tan correcto es lo que producimos hoy, sino también de *mejorarlo* para el mañana. Lo primero se refiere a los medios, las capacidades y actitudes adecuadas, a fin de producir y entregar lo que ha sido acordado, y se completa cuando todos dan lo mejor de sí durante el proceso. Mientras que lo segundo también busca el MCA correcto, pero conectándose a mejoras continuas en lugar de conectarse a las entregas. Se trata en gran medida de mejorar tanto la eficiencia de flujo como la efectividad, aspirando a obtener «el producto correcto, de la manera correcta».

Como existe un riesgo obvio de subestimar el poder de la buena gestión de procesos, existe también un riesgo de exagerar los aspectos formales, que incluyen controlar los procesos distanciados de las personas que hacen el trabajo. Hay tres reglas básicas para evitar esto: (1) Enfocarse solo en los procesos más importantes, incluyendo los blandos. (2) Desglosar solo las actividades para garantizar la calidad que permita un mejoramiento continuo. (3) Descentralizar la gestión de procesos y compartir mejores prácticas entre equipos.

Lo último se refiere a involucrar personas en el mejoramiento de su propio trabajo. Concédeles confianza y libertad, así como expectativas y apoyo, y de esta

---

47. El balance adecuado entre la gestión de cambios centralizada y descentralizada puede ser difícil de obtener. Algunos procesos necesitan ser regulados a través de una organización, mientras que otros mejoran más cuando cada equipo trabaja en ellos. El control financiero es un ejemplo de un proceso que normalmente requiere ser centralizado. Para otros procesos debe ser suficiente especificar los marcos centralmente, tales como algunos puntos de coordinación y una terminología común, y dejar los detalles y las mejoras a cada equipo. Cuando descentralizas la gestión de procesos entre diferentes equipos que trabajan en tareas similares es importante asegurar que los equipos se reúnan regularmente para compartir entre sí las prácticas idóneas

manera muy probablemente verás más mejoras de las que esperabas. Permíteles intentar llevar a cabo un análisis del flujo de valor de su propia parte del trabajo (como se describe en el apéndice B).[47] En la siguiente fase puedes permitirles hacer un alejamiento y analizar una porción más grande del flujo de valor junto a colegas de otros equipos. Esto creará un entendimiento de todo el sistema, suministrará mejoras desde una perspectiva más holística y —más significativamente— fortalecerá el espíritu de equipo, desde el equipo pequeño hasta un «equipo de procesos» más grande.

7.2 Construye buenas discusiones con pulso

La comunicación es el lubricante de la colaboración y del liderazgo. Aprendemos de las discusiones, tanto escuchando a los demás como formulando nuestros propios puntos de vista. Un diálogo *abierto* y *honesto* trae consigo nuevas perspectivas y nuevos conocimientos.

Discusión constructiva

El término «discusión constructiva» en este caso significa una conversación en la cual cada persona puede contribuir para entender, escuchar y hablar activamente sobre un tópico importante. Muchos asuntos esenciales, como aquellos relacionados con el cumplimiento o las mejoras necesitan regularmente *buenas discusiones*, con la frecuencia o el pulso que el tema particular requiera.

Las discusiones constructivas realizadas con la frecuencia suficiente impiden que los problemas crezcan. Puedes crear deliberadamente esas discusiones pulsadas, combinando estructura y buen liderazgo. Crear deliberadamente una estructura de reuniones de pulso cortas y frecuentes implica reunir a las *personas correctas* con la *actitud correcta*, para hablar sobre el *tópico correcto* con los *datos correctos*, en el *momento correcto*.[48] Y si la situación lo requiere, ser flexible y ajustar la agenda, los participantes, los datos visualizados y la frecuencia para crear mejores reuniones.

Dirigir y dejar a los otros dirigir tales reuniones de una manera adecuada puede que sea uno de tus más grandes retos como líder. Es difícil y fácil al mismo tiempo. La parte más difícil radica en las diferencias entre nosotros como individuos. Llegamos a las reuniones con distintos trasfondos, diferentes profesiones y diferentes personalidades, y todos necesitamos ser comprendidos y ser capaces de entender a cada uno. La parte fácil es que tú, como moderador de una reunión en la que se llevan a cabo este tipo de discusiones, puedes llegar a hacerlo muy bien adhiriéndote a algunas reglas básicas. Véase Tabla 1.

---

48. El «tópico correcto» puede ser por ejemplo coordinar y asegurar los compromisos diarios (reuniones de pulso de cumplimiento) o encontrar y hacer seguimiento de las mejoras (reuniones de pulso de mejoramiento). Los «datos correctos» aquí hacen referencia a presentar la información necesaria de una manera que sustente la discusión constructiva, comprensión y toma de decisiones bien informada. Poco a poco tanto los hechos como la manera en que son presentados pueden mejorarse. El «momento correcto» quiere decir hacer las reuniones tan cortas como sea posible, como normalmente es requerido.

Recuerde …	Recuerde no …
… invitar a todo aquel que pueda contribuir o necesite entender. A nadie más.	… discutir en un grupo muy limitado perjudicará el resultado y quizás también afecte la motivación de aquellos que no están presentes.
… escuchar y alentar a los demás a escuchar.	… hablar y persuadir demasiado.
… darles tiempo a todos para reflexionar y dar su opinión.	… permitir que una o varias personas sean dominantes.
… ver a todas las personas, haciendo contacto visual con todos y cada uno de los miembros.	… ignorar a alguien.
… actuar de inmediato ante una falta de respeto.	… dejar pasar manifestaciones de mala actitud.
… diferenciar entre tema y persona.	… culpar a personas que actúan con buena voluntad.
… involucrar a todos en las acciones decididas en la reunión.	… dejar que alguien (incluyéndote) se haga cargo de muchas de las acciones tomadas.
… dirigir la reunión de vuelta a la agenda, respetando a las personas que tengas que interrumpir, y sin perder algún hilo importante que deba ser retomado en otra reunión.	… dejar que la discusión vaya en círculos o divague demasiado fuera de la agenda.
… ser curioso y abrirte a nuevos datos y opiniones.	… quedarte atascado en ideas preconcebidas de lo que piensan los demás, lo que sucedió o lo que debe hacerse.

Tabla 1. Reglas básicas para dirigir una discusión constructiva

¿Cuáles son tus puntos fuertes y débiles como líder en una reunión? Si eres del tipo hablador, puedes decidir practicar el silencio, retener comentarios prematuros o recomendar que se presione el razonamiento, la creatividad y el aprendizaje entre tus compañeros de trabajo. Si, por el otro lado, eres del tipo discreto y usualmente permites que otros individuos del grupo dominen, puedes practicar dándoles a otros miembros de la reunión la oportunidad de hablar.

No olvides que todos somos susceptibles a sentirnos excluidos o ignorados. Incluye a todos en la reunión mediante el contacto visual si es una reunión presencial, o mediante invitaciones verbales si tiene lugar a la distancia. Si es posible, aparta un momento para hacer una reflexión individual silenciosa antes de discutir asuntos relevantes, y pídeles a las personas tímidas que den su opinión.

Si el tiempo requerido no está disponible pide una reunión especial para ese asunto particular.

Recuérdate a ti mismo que hay causas tras cada desviación y que los individuos están tras casi todas las causas. Independientemente de si la causa proviene de un problema, proviene de los medios, de una capacidad o actitud, frecuentemente hay una persona que podría haber actuado de forma proactiva para prevenirlo, por ejemplo, el líder. No obstante, nunca culpes a alguien que haya actuado con buena intención. En otras palabras, haz una distinción entre el tópico y la persona. O, dicho de otra manera, juzga el acto y no a la persona.

Distintos tipos de reuniones de pulso

Las *reuniones de pulso* ofrecen la oportunidad de crear la frecuencia adecuada de sesiones efectivas para lograr buenas discusiones. Juntas crearán el compás, y ritmo, de las buenas discusiones con tópicos que podrán complementarse entre sí. El término «reunión de pulso» se usa con distintos significados en distintas organizaciones. En este contexto nos referimos a ellas como reuniones *rápidas* y *frecuentes* que usan técnicas de visualización para hacer que hechos importantes, el estado de ellos y su progreso estén bastante claros para todos los participantes.

Una reunión de pulso debe hacerse tan corta que pueda repetirse con la frecuencia necesaria sin que conduzca a alguna pérdida de tiempo. Esta requiere que solo los hechos importantes se hagan visibles para orientar la discusión de manera que el objetivo de la reunión pueda ser logrado eficientemente. Basados en esta definición podemos concluir que las reuniones de pulso pueden dividirse en dos categorías básicas:

1. *Reuniones de pulso para el cumplimiento*: el propósito de estas es ubicar las desviaciones rápidamente y corregirlas, a fin de cumplir con las garantías a corto plazo.

2. *Reuniones de pulso para el mejoramiento*: el propósito de estas es mejorar el desempeño a largo plazo mediante el perfeccionamiento del MCA. Por ejemplo, mediante el desarrollo de mejores métodos de trabajo, mejores herramientas de apoyo y capacidades más desarrolladas.

Las reuniones de pulso para el cumplimiento pueden dividirse en tres categorías: reuniones de pulso lineal, pulso de proyectos y de pulso matricial (véase el Apéndice A para más detalles).

Las reuniones de pulso para el mejoramiento pueden dividirse en reuniones enfocadas a (a) asegurar el nivel básico de desempeño, por un lado, y (b) aumentar el nivel básico por el otro (véase el Diagrama 10 en la Sección 4.3 para una ilustración de la diferencia). Las reuniones que busquen asegurar los niveles base deben llevarse a cabo con frecuencia y estar basadas en las desviaciones de sus causas de origen. Las reuniones que busquen aumentar los niveles base pueden llevarse a cabo con menos frecuencia, dado que están basadas en desafíos y en las actividades necesarias para confrontarlos. Téngase presente que este mejoramiento debe efectuarse también con frecuencia y basado en unos cuantos experimentos menores con el objetivo de ir eliminando brechas de conocimiento.[49]

El objetivo de ambas clases de mejoras —tanto la (a) impulsada por desviaciones y la (b) orientada por desafíos— es perfeccionar el desempeño de la colaboración a largo plazo, a diferencia de las reuniones de pulso para el cumplimiento, que se enfocan en cómo cumplir compromisos que ya se han hecho. No obstante, todas las reuniones de pulso pueden planificarse a fin de aprender lo más posible de cada tipo de reunión.

Reuniones de pulso para el cumplimiento

Las reuniones de pulso para el cumplimiento son las que requieren de mayor frecuencia. La periodicidad con la que deben hacerse estas reuniones es por lo general de una al día, lo que hace que también sean llamadas reuniones de control diario. En algunas operaciones, un tiempo más largo entre reuniones puede ser suficiente, mientras que en otras puede ser necesario mantenerlas varias veces al día. El objetivo, sin embargo, es el mismo: notar desviaciones antes de que se conviertan en problemas grandes, y coordinar el trabajo a fin de cumplir a tiempo con la calidad esperada.

Las reuniones son a menudo muy cortas y con participantes parados en frente de un grupo que sostiene buenas y energéticas discusiones. La principal razón de convocar reuniones cortas pero frecuentes puede explicarse con la metáfora de manejar un automóvil. Cuando conduces un auto debes estar muy atento a dónde estas y hacia dónde te diriges. El conductor constantemente orienta la dirección del automóvil mediante muchos —y minúsculos— movimientos de las ruedas.

La frecuencia con la que observas la dirección y la posición del vehículo afecta la precisión con la que conduces. Un conductor menos atento dará como resultado una conducción torpe. Este principio también aplica a los procesos de cumplimiento en el trabajo. Con reuniones de pulso para el cumplimiento más frecuentes puedes corregir irregularidades más pronto, cuando aún son pequeñas, lo que obviamente resultará en un control más manejable.

Las reuniones de pulso para el cumplimiento funcionan bien, tanto para el trabajo repetitivo en una organización lineal como para un trabajo único, como un proyecto. Los cuadros de control y las maneras de trabajar variarán, no obstante, dependiendo del trabajo que realices. Así, existen diferentes maneras para apoyar distintos tipos de reuniones de pulso para el cumplimiento (véanse ejemplos en el Apéndice A).

---

49. Compare con el método de mejoramiento Kata de Gestión Lean, el cual usa la experimentación sustentada en el entrenamiento, para aprender y lograr los objetivos propuestos.

Estructura de reuniones coordinadas

Mientras que las reuniones de pulso para el cumplimiento tienen gran efecto en el equipo individual, los efectos pueden ser multiplicados conectando las reuniones de pulso en equipos que son dependientes entre sí. Una estructura de reuniones sincronizadas tiene el potencial de aumentar la efectividad entre los niveles jerárquicos, así como también entre las funciones a lo largo de un proceso de flujo. El objetivo de esa estructura es sincronizar niveles y funciones, así como transferir problemas y acciones a la persona idónea con la autoridad y capacidad correcta.

Al establecer una estructura de control holística y diaria obtienes la ventaja de una comunicación rápida entre reuniones de pulso en distintos niveles. Funciona tanto para organizaciones lineales como para proyectos de multinivel. En ambos casos el día laboral inicia con reuniones cortas en el nivel de trabajo donde las «irregularidades del día anterior» y las «tareas del próximo día» son visualizadas y brevemente discutidas, por ejemplo, basadas en la agrupación + CTE. Un objetivo de estas reuniones es asignar acciones rápidas a la resolución de problemas o a problemas potenciales que fueron descubiertos en la reunión anterior. Al corregir con regularidad y anticipadamente cosas pequeñas, llevando al equipo de vuelta al nivel base acordado, serás capaz de cumplir lo establecido en el plan.

Cuando sea necesario, las irregularidades pueden subir de nivel jerárquico hasta que la autoridad y las capacidades necesarias se encuentren disponibles. Una rápida respuesta de parte de los niveles más altos hacia los problemas de cumplimiento ubicados en niveles más bajos crea confianza en la jerarquía. La intensificación de las reuniones de pulso también ayuda a identificar problemas de capacidad: ¿necesitamos delegar autoridad? ¿Dónde y cómo aumentar prudentemente la experiencia sin recurrir a gastos innecesarios?

Después de que las reuniones de pulso para el cumplimiento sean interrelacionadas, estarás listo para continuar el trabajo en pro de una estructura de reuniones mas holística y coordinada. Una vía natural para lograrlo es conectar las reuniones de pulso para el mejoramiento con las reuniones de pulso para el cumplimiento. La ejecución de las mejoras, tanto las que son impulsadas por irregularidades como las que son impulsadas por retos deben conectarse a las reuniones de pulso para el cumplimiento, independientemente de la función y el nivel en la organización.

Establecer un salón de control visual especial es una forma valiosa de conectar distintas reuniones de pulso y de hacer que la información proveniente de las diferentes reuniones de pulso sea visible para todos los participantes. De esta manera podrás crear una mejor sincronización entre el pulso para el cumplimiento y el pulso para la mejora.

7.3 Construye un mejoramiento sistemático

Las personas no se resisten al cambio, se resisten a ser cambiadas
Anónimo

El trabajo de mejoramiento es conducido por las personas y les afecta igualmente a ellas. Si realmente quieres convertir los cambios en mejoras duraderas debes involucrar a las personas que serán afectadas.

Mejoras continuas grandes y pequeñas

El trabajo de mejoramiento básicamente puede ser ejecutado de dos maneras distintas. Puedes realizarlo a través de *proyectos de mejoras sistemáticas*, que tienen un fin específico, o como *mejoras continuas* que no tienen una fecha límite. La primera alternativa consiste en conseguir grandes aumentos en el desempeño, generalmente requiriendo de la ayuda de especialistas externos. La última se trata de una gran cantidad de pequeñas mejoras que pueden hacerse localmente por el equipo. Ambas formas están representadas en la Figura 16.

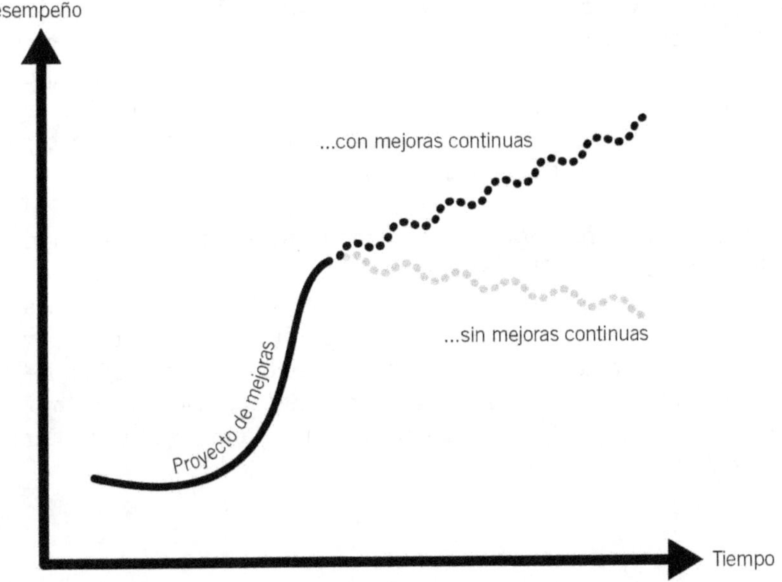

Figura 16. Mejoramiento sistemático
...combinando proyectos y mejoras continuas.

Muchos equipos directivos parecen creer que los proyectos de mejoramiento son la única manera de mejorar el desempeño, y emprenden solo mejoras cuando un problema ya ha crecido lo suficiente. Yo lo llamo la *trampa del proyecto*. El riesgo está en usar proyectos reactivos cuando los problemas han crecido dema-siado. Sería como conducir un automóvil con una persiana sobre el parabrisas y solo levantarla de vez en cuando. Cuando te das cuenta de que el automóvil se ha salido del camino por completo ya probablemente sea muy tarde para hacer correcciones en la conducción de tu vehículo, obligando probablemente a algunos de los pasajeros a salir del auto para ayudarte a empujar de vuelta a la carretera. Siguiendo con esta misma metáfora, el mejoramiento continuo podría asimilarse a una conducción muy activa, a fin de permanecer bien ubicado en la carretera en todo momento. Esta forma de mejoramiento consiste en convertir las pequeñas desviaciones en pequeñas acciones, usando cada oportunidad para asegurar y aumentar los niveles base.

Lamentablemente, parece que existen varias razones por las cuales las organi-zaciones caen en la *trampa del proyecto* y se quedan en ella. Una razón normal es que a veces es importante poder decir que las cosas ya están listas, solo para demostrar que un nuevo enfoque o método sí da resultado, así incluso las ac-ciones se hayan tomado tarde y los resultados no hayan sido muy concluyentes. Otra razón común es que el iniciar un gran proyecto de mejoramiento da una impresión de gestión administrativa poderosa. Pero la razón principal es probablemente que el camino para el mejoramiento basado en un proyecto es más sencillo que algo continuo. Si usted tiene la autoridad y los fondos necesarios será siempre más sencillo iniciar un proyecto que llevar su organización al ca-mino del mejoramiento continuo.

Mientras que los proyectos de mejoramiento son imprescindibles de vez en vez, las mejoras menores y continuas son más importantes a largo plazo, especialmente cuando se trata de tu liderazgo.

Una combinación de los proyectos de mejoramiento y las mejoras continuas es desde luego lo mejor. He visto esto en una operación comercial que he podido estudiar de cerca por más de una década. Al combinar las dos maneras de me-joramiento, el número de productos por empleado y por semana aumentó en un factor de 2,5 en un período de ocho años. De este aumento de productividad resultante de 150 por ciento, el proyectó consideró originalmente que solo se obtendría un tercio.[50] El resto viene de mejoras continuas, véase Figura 17.

---

[50]: El proyecto inicial fue una mezcla de rediseño del producto y rediseño del sistema de producción. No se hicieron inversiones en automatización que puedan explicar el aumento de producción por persona. Sin embargo, se hicieron algunas inversiones en una nueva herramienta, una cinta transportadora.

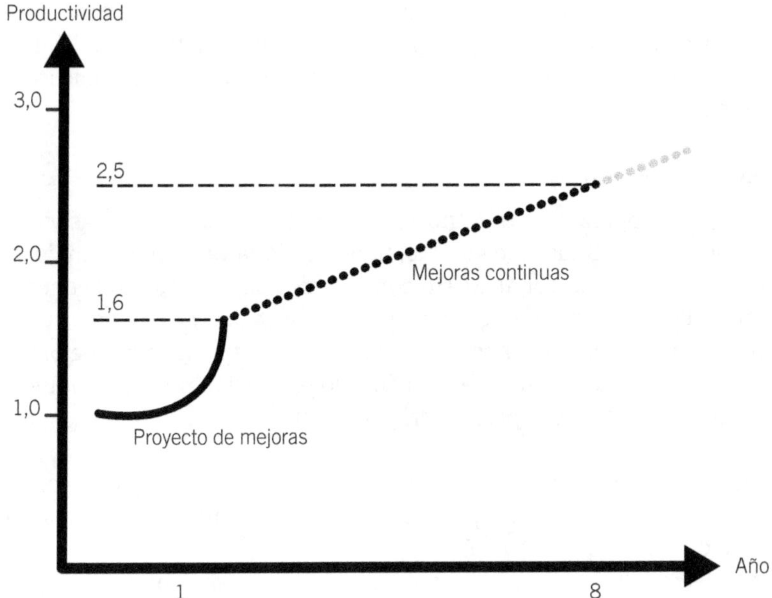

Figura 17. El poder de las mejoras continuas
Un estudio de caso real que muestra los efectos de combinar un proyecto de mejoras con una mejora continua.

Podrías objetar que la Figura 17 muestra que el aumento de la velocidad de productividad es mayor en la fase de proyecto en comparación a la fase de mejoramiento continuo. No obstante, los efectos de un proyecto típicamente decrecerán si los destinatarios del producto son incapaces de ocuparse continuamente de él. Por lo tanto, es esencial incorporar la capacidad de mejoramiento continuo a los proyectos de mejora. Si no, el resultado del proyecto eventualmente se desvanecerá como se ilustra en la línea punteada en gris en la Figura 16.

La forma principal de la curva en la Figura 17 no solo está relacionada con la productividad. Serás capaz de lograr el mismo efecto para otros indicadores de desempeño, como lo son las mejoras de calidad si trabajas en una empresa industrial, una escuela, municipalidad, hogar de cuidados u hospital.

Así, un gran líder trabaja en la capacidad del equipo de realizar mejoras continuas, especialmente en el mejoramiento continuo. Más tarde explicaré cómo lograr lo anterior, pero antes que esto explicaré cómo dirigir el cambio mediante proyectos de mejoramiento.

Gestión del cambio

Por extraño que parezca, el término «gestión del cambio» está pocas veces asociado a mejoras continuas. En cambio, tiene más que ver con el manejo de proyectos grandes y revolucionarios. Un compromiso de tal magnitud generalmente toma un largo tiempo y requiere de una organización de proyectos única, incluyendo especialistas externos. (La creación de la capacidad de mejoramiento continuo, por otro lado, es también un desafío revolucionario, pero requiere más líderes competentes que expertos competentes).

Los grandes proyectos de cambio son frecuentemente producidos por problemas grandes. Eso en sí es un problema. Evidentemente es mejor resolver un problema cuando aún es pequeño.

Pero sea cual sea la razón por la que inicias un gran proyecto de cambio, este necesita ser gestionado de forma distinta en fases diferentes, desde la eliminación de viejas maneras de pensar, mediante la creación de soluciones, hasta el establecimiento de nuevos hábitos. Probablemente uno de los modelos mejor conocidos que describen esto es el proceso de tres etapas de Kurt Lewis: descongelar – cambiar – congelar, y el sistema de 8 pasos de John Kotter para la gestión del cambio, el cual empieza con el establecimiento de un sentido de urgencia y culmina con el afianzamiento de nuevos enfoques en la cultura de la organización.

Los modelos que tratan de describir las fases necesarias de la gestión de cambios típicamente comienzan con motivación y comprensión. Es lógico que alguien no busque lograr un cambio si no está motivado, unos pocos se resisten al cambio que ellos consideran significativo. Esto se condensa en la frase: «Primero se obtiene el sentido, luego se cambia».

Así, un gran proyecto de gestión de cambios transformador inicia con la creación del impulso para el cambio, basado en la comprensión y en la actitud, y culmina cuando los cambios llegan a estar tan arraigados como los hábitos. (Esto último es similar a los ciclos cortos del mejoramiento continuo).

El tiempo es central para la gestión de cambios. Una razón es que por lo general hay muy poco tiempo para actuar sobre un problema que ha crecido demasiado. A pesar de la urgencia, a todas las personas involucradas hay que darles tiempo para entender la necesidad de cambiar y ofrecerles las opciones disponibles. Los ejecutivos por lo general se toman mucho tiempo para comprender la situación y encontrar la mejor solución, pero luego deben concederles también una fracción de tiempo a aquellos que están en un nivel inferior.

La perseverancia es otro aspecto de la importancia del tiempo. La falta de perseverancia puede llegar a ser un problema en los grandes proyectos de cambio, no obstante, el riesgo es aún mayor en procesos de cambio que involucran variaciones en el comportamiento, por ejemplo, aquellas relacionadas con transformaciones de Lean y liderazgo. En estos casos el tiempo necesario podría haber sido subestimado, así como también la importancia del ejemplo puesto por los jefes. Esto lleva al deterioro de la motivación antes de que los grandes resultados se noten. No es raro ver a un jefe impaciente que adolece de una visión clara del futuro, y que dejará a un lado sus planes de una gran transformación y a cambio comienza a anunciar su gran campaña siguiente. Además de desperdiciar tiempo y dinero esto desmotivará a los colaboradores, quienes seguramente recibirán el próximo gran anuncio con un escepticismo bien fundamentado.

Así, si quieres dirigir un proyecto de transformación exitoso orienta tu energía en la creación de una visión clara, en condiciones deseables y usando diálogos frecuentes y discretos, en lugar de arrancar una campaña inicial bulliciosa.

En la gestión de cambios —así como en el liderazgo en general— es importante ver y utilizar las diferentes fortalezas y potencialidades de desarrollo de cada uno. Un modelo sencillo divide a las personas en cuatro grupos estereotipados, basados en cuánta influencia tienen en los demás y en la visión positiva o negativa que tienen del cambio en cuestión.

Es muy natural para todos nosotros tener una impresión inicial negativa del cambio propuesto, lo desconocido puede resultar amenazador a primera vista. Por lo tanto, debes ver el cuestionamiento hacia las nuevas ideas de cambio como algo natural y positivo. Sienta las bases para crear buenas discusiones donde puedan coincidir distintas perspectivas y argumentos. Escuchando y debatiendo puedes aumentar la comprensión y en consecuencia la calidad de las soluciones. La resistencia abierta solo es un problema si una persona se rehúsa a escuchar a las demás y sigue oponiéndose a una decisión bien comunicada.

La resistencia oculta, no obstante, siempre constituye un problema mayor. Es un indicador de que el diálogo está fallando. A los individuos muy influyentes que actúan por detrás y en contra del cambio (representados en el modelo como tiburones), hay que forzarlos a mostrar su punto de vista. En cambio, los individuos influyentes que ayudan a impulsar el cambio (representados en el modelo como tigres), son esenciales para lograr una transformación mayor. No obstante, como líder para el cambio no debes olvidar a los miembros menos influyentes del equipo, que son por lo general modestos, leales y entendidos. Su motivación y apoyo es extremadamente importante para los resultados a largo plazo.[51]

51: Véase por ejemplo el artículo de Thomas DeLong y Vineeta Vijayaraghavan, titulado *Let's Hear It for B players* (*Escuchémoslo por los jugadores B*).

Mejoramiento sistemático

A veces necesitas apoyo externo para asegurar el éxito de las mejoras, pero recuerda nunca dejar tu rol de líder. Delegar el mejoramiento a los especialistas normalmente es inapropiado a la hora de dirigir proyectos de mejoramiento, no obstante, sí es recomendable al dirigir proyectos de mejoramiento continuo. Así, construye y fortalece tu propia capacidad, tanto personalmente como en tu equipo, para dirigir mejoras continuas de los dos tipos. Al usar esta capacidad dual serás capaz de seguir la curva superior de la Figura 16. La capacidad de dirigir mejoras continuas es, sin embargo, la más importante de las dos. Está basada en una perspectiva positiva de los problemas y puede ser apoyada con instrumentos y métodos sencillos.

7.4 Crear estructura para el PDCA

Acepte sus problemas y oportunidades,
... para ser un poco mejor cada día
El autor

Establecerse y mejorar en una cultura de innovación sustentable es un gran reto para el liderazgo, que debe ser alimentado por tu pasión por la excelencia y debe estar apoyado en la estructura. La herramienta básica en el conjunto de herramientas para el mejoramiento continuo se llama PDCA.

PDCA, el volante motor del mejoramiento sistemático

PDCA (por sus siglas en inglés: *Plan, Do, Check, Act,* en español: *planear, hacer, revisar* y *actuar* respectivamente) es un método de mejoramiento sistemático y de aprendizaje. Es frecuentemente usado como guía en la resolución de problemas. El PDCA puede ilustrarse como una rueda que siempre debe mantenerse en movimiento, véase Figura 18.

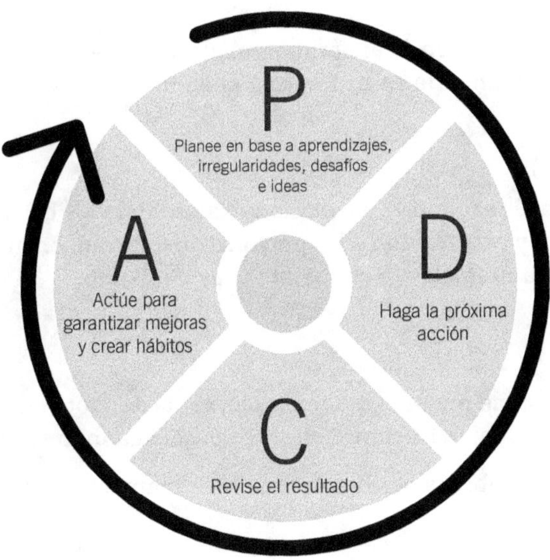

Figura 18. La rueda PDCA
...describiendo el trabajo recurrente para una mejora continua y aprendizaje.

Las ruedas pesadas —como las ruedas hidráulicas y los motores volantes— almacenan energía cinética. Es difícil hacer que se muevan, pero una vez que alcanzan una buena velocidad es bastante fácil mantenerlos en movimiento. Este es también el caso de la rueda PDCA.

Las cuatro partes del método —planear, hacer, revisar y actuar— pueden ser fáciles de recordar, pero son insuficientes para entender todos los aspectos importantes de mejoramiento sistemático.[52] He encontrado los siete pasos esenciales para explicar la esencia de PDCA, los cuales son:

Plan (planear)

Paso 1: Capta y visualiza los problemas, retos e ideas. Establece prioridades y escoge.

Paso 2: Ve y *observa* para aclarar el problema o desafío real, y encuentra la causa principal u obstáculo.

Paso 3: Decide la siguiente acción apropiada (o experimento). Especifica las condiciones deseadas y las subactividades necesarias para lograrlo.

52: Se han creado diversas variaciones y extensiones del PDCA, por ejemplo, el proceso de resolución de problemas de 8 pasos, descrito por Liker y Osono, el proceso Kata de Rother, el OODA (*observe, orient, decide, act,* en español: observe, oriente, decida y actúe, respectivamente) y el LAMDA de Kennedy (*look, ask, model, discuss, act,* en español: observa, pregunta, modele, discute, actúa respectivamente).

Do (hacer)

Paso 4:   Realiza la acción (o experimento) elegido, preferiblemente probándolo inicialmente en una escala pequeña.

Check (revisar)

Paso 5:   Revisa el resultado de la acción examinando los cálculos, viendo el trabajo y escuchando a las personas involucradas. Analiza, aprende y ajusta tu iniciativa de mejora si es necesario.

Act (actuar)

Paso 6:   Asegura las mejoras, por ejemplo, capacitándote en nuevas maneras de trabajar. Documéntala y publícala cuando sea apropiado.

Paso 7:   Crea un hábito y verifica las mejoras planificando auditorías preliminares.

Al presentarse una irregularidad operacional, al paso 1 debe añadírsele lo siguiente: ¡Corrige el problema de inmediato mediante un arreglo rápido!

Al paso 2 se le puede añadir un recordatorio: ¡Forme un equipo idóneo! Mientras que el PDCA puede ser empleado indudablemente por un individuo es preferible que sea usado por un equipo de trabajo, a fin de tener mayores perspectivas de los problemas y sus soluciones, así como también para aumentar el aprendizaje y la motivación de todos.

Recuerda que los datos son más que simple información. Así que ¡sal y echa un vistazo! Normalmente es mejor regresar al sitio de trabajo en vez de quedarte tras un escritorio, basándote en información de rumores y ordenadores. Debes estar atento a cualquier falta de conocimiento u obstáculo que pueda ser difícil de sortear en primera instancia. Quizás sea este un obstáculo que requiera ser abordado de forma más conveniente en uno de los pasos siguientes.

Muchas organizaciones quedan estancadas en los pasos 3 y 4, en el sentido que ellos deciden y actúan, deciden y actúan... y así sucesivamente. Esta actitud puede parecer fuerte y decidida, pero tiene muchas desventajas porque se corre el riesgo de abordar los síntomas en vez de las causas, provocando respuestas impulsivas e imposibilitando la creación de un aprendizaje. Así, incluso sí es mejor que la pasividad, atascarse en los pasos 3 y 4 definitivamente nunca será lo mismo que embarcarse en una mejora continua.

Los cinco pasos restantes son más naturales en la teoría que en la práctica. La captura sistemática de las irregularidades, desafíos e ideas (paso 1) es alarmantemente infrecuente. Lo mismo aplica con la habilidad de definir el verdadero problema y profundizar en sus verdaderas causas (paso 2).[53]

También es muy común no analizar los verdaderos efectos de una acción tomada según lo establecido en el paso 5.

Además de ello, los pasos 6 y 7 que son muy importantes, también son frecuentemente olvidados. Ellos consisten primordialmente en tomarse el tiempo necesario para asegurar las mejoras hechas y convertirlas en hábitos, por ejemplo, mediante entrenamiento, documentación y un seguimiento constante. Es una buena idea planificar visitas dedicadas a la observación, tanto en el futuro cercano como en el distante, a fin de ver personalmente qué funciona y qué no.

Atreverse a intentar

Mientras que algunas personas se arriesgan a quedarse estancados actuando, otros se arriesgan a quedarse atascados analizando. Estas personas por lo general conocen muy bien lo que debe hacerse, pero no lo hacen. El PCDA nos recuerda la importancia tanto de actuar como de reflexionar. A largo plazo no conviene dudar mucho ni actuar de forma improvisada. Es preferible combinar la experimentación con la búsqueda sistemática de hechos y formar nuevos conocimientos.

Como líder necesitas apoyar a los demás para dominar los distintos pasos de la rueda de PDCA. Esto requiere de la voluntad y el coraje necesarios para ponerse en marcha, o en otras palabras: «No le tengas miedo al fracaso. Tenle miedo a no intentarlo». Pero recuerda pararte de vez en cuando y reflexionar sobre los éxitos, así como también sobre los fracasos que debes considerar como unas buenas oportunidades de aprendizaje.

Tres «grifos» para el control en el flujo de mejoramiento

Las irregularidades operacionales, preferiblemente visualizadas de alguna forma y analizadas en frecuentes reuniones de pulso para el cumplimiento serán los mejores instrumentos para llevar a cabo mejoras. Estas irregularidades pueden manejarse de dos maneras, con arreglos rápidos o con contramedidas que puedan resolver su causa principal.

Un *arreglo rápido* es una acción realizada inmediatamente para poder volver al nivel base de la manera más rápida y sencilla posible. Una *contramedida que resuelva la causa principal* es una acción dirigida a remover la fuente real de una irregularidad negativa. Las reuniones de pulso para el mejoramiento deben ser diseñadas a fin de ocuparse de estas acciones, de acuerdo con la rueda PDCA.

---

53. Así, recuerda preguntarte a ti mismo: ¿Realmente cuál es el problema que debe resolverse para alcanzar mis objetivos de la mejor manera? ¿Cuáles procesos y carencias del MCA lo están causando? ¿Cuál podría ser la evidencia objetiva medible que indique que el problema se resolvió? Complementa esto añadiendo dos preguntas importantes: ¿Estamos estancados en ideas preconcebidas sobre las verdaderas causas y las soluciones? ¿Necesitamos más datos y/o experiencias externas para cambiar nuestro punto de vista?

Recuerda que la rueda se mueve con cada tarea que emprendas. Las actividades que decidas encaminar pueden ser la consecuencia de cualquier irregularidad operacional, una meta o desafío que quieras cumplir o una idea de mejoramiento. Estos tres tipos principales de flujo podrán controlarse a través de tres válvulas o grifos, una para cada flujo, como se muestra en la Figura 19.

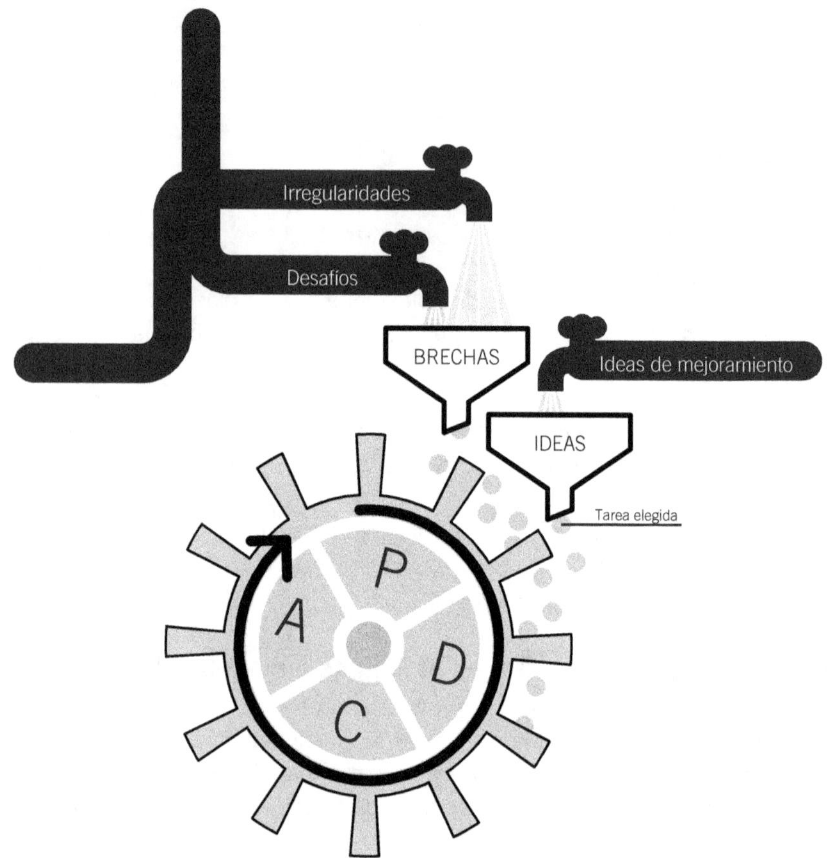

Figura 19. Los grifos PDCA
Tus tres medios para controlar la afluencia de tareas para la mejora continua.

La tubería que lleva al grifo de la derecha de la Figura 19 simboliza el caudal de ideas proveniente de todos los participantes de la reunión de pulso para el mejoramiento. La *gráfica de selección* del Apéndice B es una herramienta efectiva para regular este grifo.

Las dos tuberías de la parte superior izquierda ilustran las otras dos fuentes principales que pueden llevar al cambio. Los dos grifos correspondientes ilustran su capacidad para regular los flujos relacionados con las irregularidades operacionales o con las diferencias entre las metas que estés intentado alcanzar. Es muy importante que como líder estés consciente de cómo crear la cantidad adecuada de esas tareas de mejoramiento que te permitirán ajustar tanto el nivel de base como el nivel deseado (véase la Figura 10 en la Sección 4.3).

Recuerda que si configuras estos grifos de forma muy ambiciosa, estarás sobreestimando tu capacidad para cumplir y mejorar. Tu tablero de pulso se encenderá por completo de color rojo y causará desmotivación en vez de crear inspiración y estímulo. Es mejor reducir las partes menos importantes del nivel base y del nivel que aspiras, para de esta forma lograr enfocarse en las correcciones y contramedidas de las tareas importantes que se presentarán luego.

Si, por el otro lado estableces los niveles base y los niveles deseados muy bajos, el tablero de pulso se verá completamente verde. La vida laboral puede llegar a parecer agradable (al menos en el momento que está transcurriendo), pero sin retos y mucho menos sin aprendizajes. Pregúntense a ustedes mismos si el nivel base está muy bajo y si no persiguen ningún desafío. Un tablero completamente verde es de hecho un signo de advertencia y posiblemente sea tiempo de subir la barra.

Emplea estos conocimientos cuando, poco a poco, mejores tus reuniones de pulso para el cumplimiento y para el mejoramiento, paralelamente a la capacidad del equipo para desempeñar mejoramientos sistemáticos. Los tableros con señales de color te ayudan a ver el balance entre el estar satisfecho (verde) y el necesitar mejoramientos (rojo). Al perfeccionar la capacidad de mejoramiento de tu equipo y creando los niveles correctos de ambición —en relación con el número adecuado de señales rojas, podrás ser capaz de crear los mejores niveles de progreso posibles.

Amando los problemas y odiando las pérdidas

Las organizaciones prósperas tienden a crear la mentalidad de ver los problemas como oportunidades y hablan de *amar los problemas*. Y mientras esa mentalidad va madurando, el número de problemas, o más bien de oportunidades visibles, normalmente aumenta en lugar de decrecer. Las organizaciones inmaduras, por otro lado, tienen menos oportunidades visibles y montones de problemas ocultos. La sensación positiva que genera el tener menos desviaciones y la mentalidad de culpar a los demás puede llevar a una costumbre de tratar de esconder los problemas. Estas organizaciones están predestinadas a caer en una espiral negativa.

Una organización que está orientada a tener un mejor desempeño le da la bienvenida a los problemas. Por ello es esencial explorar tu liderazgo, tu equipo de trabajo, sus procesos y el entorno para lograr las mejores oportunidades. Eso no significa que debes tratar de resolver más problemas de los que puedes manejar. Aun así, será siempre bueno poder visualizar las oportunidades. Cuando estas sean visibles entonces podrás priorizarlas y resolverlas en el orden correcto.

Amar tus problemas va de la mano de evitar las pérdidas, en otras palabras, todo lo que en el trabajo no te deje crear valor.

Al reducir las pérdidas liberarás tiempo para las mejoras, por ejemplo, perfeccionar todos los aspectos del desempeño + CTE, así como también encontrar nuevas maneras de aumentar el valor al cliente y desarrollar nuevas oportunidades de crecimiento para los negocios. Emplear el tiempo libre de esta forma es importante. Las personas con la capacidad y la actitud para dirigir el cambio necesitan seguridad a fin de mejorar consciente e incondicionalmente. Ellos merecen recibir nuevos retos tan pronto hayan liberado el tiempo sin oficio en su jornada de trabajo. Una organización estará en problemas cuando despide personas que se han comprometido a racionalizar sus propios trabajos. Tu rueda PDCA será muy difícil entonces de reiniciar.

La capacidad de tu equipo de visualizar problemas y oportunidades, así como también de buscar y reducir pérdidas, puede perfeccionarse por tu curiosidad de experimentar y aprender más. Albert Einstein completa este punto de vista con sus sabias palabras: «La imaginación es más importante que el conocimiento».

La capacidad de resolver problemas y reducir pérdidas también se ve incrementada por la *humildad*. Debes ser lo suficientemente humilde y honesto para admitir cosas en las que te has equivocado o que no has visto o entendido por completo. Acá es cuando necesitarás manifestar claramente lo necesario que son las contribuciones de otras personas en el equipo y darles todo el crédito a ellos. La visión para el mejoramiento continuo puede resumirse como: «todas las personas, todo el tiempo». Esto quiere decir que todos en la organización deben pensar acerca de qué puede hacerse mejor y hacerlo con regularidad cada día. Desafortunadamente, la mayoría de las organizaciones están lejos de comprender esa visión. En vez de involucrar a todas las personas en el trabajo de PDCA, la norma es convertir la realización de mejoras en una profesión propia. Los ejecutivos tienen una tendencia de ver el PDCA como algo que otras personas pueden hacer, en lugar de introducirlo activamente en todos los niveles y funciones con su apoyo personal. Esta oportunidad perdida puede ser causada por su entendimiento limitado del PDCA, o una incapacidad de reconocer su propia importancia como líder y modelo.

Gestión enmarcada —liderando con expectativas y libertad

Como su jefe, se te ha asignado la autoridad de ordenarles a tus colaboradores lo que deben hacer. Pero también tendrás siempre la posibilidad de darles completa libertad para que actúen. Muchos directores se ubican entre el dictador autocrático que establece todo lo que debe hacerse y el jefe *laissez-faire* («dejar hacer» en francés), que no se involucra en absoluto en el trabajo. Es difícil de conseguir el balance perfecto entre el control estricto y la amplia libertad, y debe adaptarse tanto a situaciones como a personas.

La mejora creativa y continua requiere que asignes tanto libertad como confianza. Dar libertad quiere decir, por ejemplo, darles poder de decisión a aquellas personas que son más competentes que tú en una situación en cuestión, o a las personas que deseas entrenar mediante pruebas y aprendizajes.

Sin embargo, la libertad no es suficiente. Esta deberá combinarse con una expectativa de mejora y con una definición común sobre cuál dirección ir y los límites que deben respetarse. Esto establecerá el marco dentro del cual pueden trabajar libremente tus colaboradores. Este tipo de liderazgo puede llamarse gestión enmarcada. Al conferir libertad dentro de un marco, estarás dirigiendo con estructura en vez de hacerlo con soluciones. En Toyota, esto se llama «empujar la forma, tirar del contenido» porque asignas la forma y esperas que tus colaboradores la llenen con contenido.[55]

Toma como ejemplo el que hayas decidido que cada equipo de trabajo en su área debe llevar a cabo en una reunión matinal y que todas las quejas de los compradores deben ser abordadas de acuerdo con la rueda PDCA. Al comunicar esto, has sido muy claro con tus expectativas en un nivel alto, pero ya queda de cada equipo resolverlas a su manera. Les has dado tanto el marco como la libertad. Entonces le corresponde a cada equipo diseñar sus propias reuniones matutinas y sus propias técnicas de resolución de problemas (por ejemplo, al escoger herramientas del Apéndice B). Ahora puedes *concentrarte en ver el juego*, además de brindar asesoría cuando sea necesario, o incluso mejor, facilitando que las mejores prácticas y resultados sean conocidas por todos, de manera que todos puedan aprender entre ellos.

Así, no te consideres un solucionador de problemas, sino una persona que enseña a resolver problemas. Para esto necesitas conocer las nociones de PDCA. Recuerda además el no interferir mucho, incluso cuando consideres que ya tienes la solución.

Involúcralos a todos, anticipa el mejoramiento y mantén una actitud confiada. Ofrece apoyo con entrenamiento y herramientas. *Ve el juego* con interés genuino y realiza preguntas de apoyo acerca del trabajo del PDCA. Pregunta sobre las causas principales, obstáculos y pérdidas. Promueve la experimentación y pregunta lo que se aprendió de ella. Y, notablemente, reconoce los nuevos conocimientos y los pasos que apuntan a la dirección correcta, aunque sean pequeños.

---

54. Un marco semejante puede ser una norma laboral que debe estar preparada y ser respetada. La libertad es por lo tanto darle al equipo la responsabilidad sobre el contenido, las actualizaciones y el entrenamiento. Un marco para el equipo de un proyecto de desarrollo de productos pueda expresarse como la creación del máximo valor al consumidor a un nivel de precio atractivo. Un marco así de amplio le da al equipo la libertad de ser creativo. Si el comité directivo, al contrario, controla cada detalle de la especificación del producto, limitará la creatividad.

55. Como ha sido informado por Niklas Modig luego de estudiar los servicios de Lean en Japón.

7.5 Crea oportunidades de aprendizaje

En un momento de cambio drástico son los estudiantes los que heredan el futuro.
Los eruditos normalmente se encuentran provistos para vivir en un mundo
que ya no existe.
Eric Hoffer

Las palabras de Eric Hoffer son hoy más ciertas que nunca. En un contexto de liderazgo podríamos aplicarlas de la siguiente manera: no te preocupes por tener que hacerle frente a colaboradores que tu has ayudado a desarrolar. Más bien preocúpate por tener que lidiar con colaboradores que no has podido estimular su desarrollo.

Es también importante recordar la dependencia existente entre aprender y las otras dos ramas del *árbol de cooperación*. El señor Akinori Hyodo ha hecho hincapié muy sabiamente en la conexión existente entre aprender y mejorar: «El desarrollo de las personas es primero. El mejoramiento continuo es solo un resultado de desarrollar a las personas».

La habilidad de aprender es generalmente más valiosa que el conocimiento, tanto para los individuos como para organizaciones. Un problema inherente es, sin embargo, que muy a menudo tendemos a no darnos cuenta del conocimiento que no poseemos.

Reflexionar y aprender

Para ser capaz de aprender es necesario poderse detener y reflexionar. Esto toma tiempo indudablemente y a veces ese tiempo es difícil de encontrar. Aun así, hay que intentarlo. Reserva siempre algo de tiempo para el silencio y la autorreflexión en tu agenda. Pregúntate a ti mismo acerca de tus *contribuciones como líder* desde la última vez que lo hiciste, y piensa detenidamente que necesitas poner en práctica hasta una próxima vez (no seas muy duro contigo mismo y recuerda que tu actitud de querer mejorar es por sí misma algo digno de felicitaciones).

Asegúrate también de reservar algo de tiempo para la reflexión grupal. Esto puede lograrse bastante rápido haciendo solo una última pregunta en la reunión diaria: «¿Qué aprendimos ayer?» Y «¿qué merece ser elogiado?». Alternativamente, puedes hacerlo de manera más profunda creando una sección en la reunión semanal llamada «lecciones aprendidas». Formula las siguientes preguntas: «¿Qué hicimos bien?» Y «¿cómo lo podemos hacer mejor?» Y relaciónalas con el MCA.

Del aprendizaje a los hábitos

A pesar de que el aprendizaje es esencial, por sí mismo no es suficiente. El aprendizaje debe convertirse en acciones, y las acciones deben convertirse en hábitos. Aristóteles una vez enfatizó sobre la importancia de esto: «Somos lo que hacemos día a día. La excelencia, por lo tanto, no es un acto sino un hábito».

Esto requiere frecuentemente de documentación, como una tarea en tu lista de acción y/o una norma laboral de mejoramiento. Asimismo, también requiere de seguimiento. Usa tu agenda para planificar los momentos en los que irás a echar un vistazo durante las semanas que están por venir. Ve con tus propios ojos que el aprendizaje se ha convertido en acciones y hazlo tantas veces como sea necesario hasta que estés seguro de que se ha convertido en un hábito.

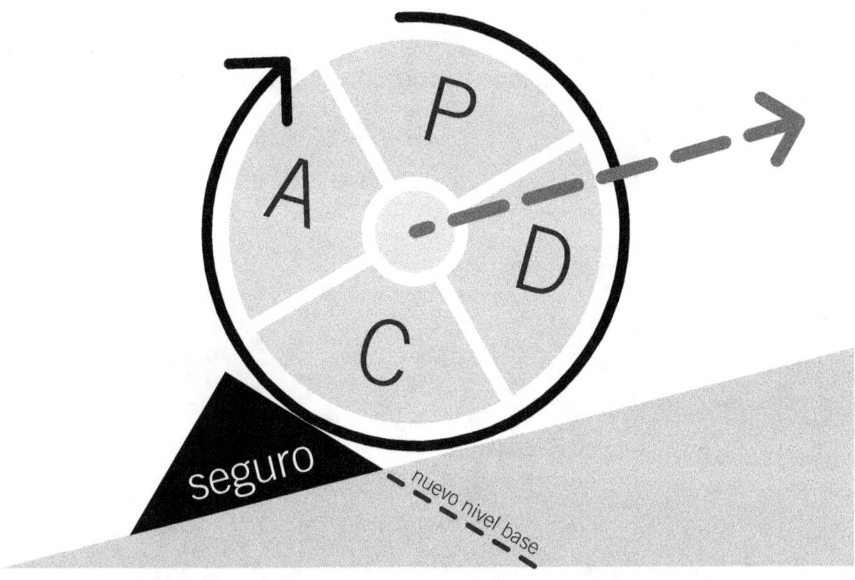

Figura 20. Asegurar el progreso
Con la A en PDCA, la rueda está asegurada para que no retroceda.

Volvamos al cuarto cuadrante del PDCA, *actuar*. Considera los pasos 6 y 7 como colocar una cuña detrás de la rueda, de manera que no retroceda. Mira la Figura 20.

Permítele a tu equipo «asegurar» lo que ha aprendido y muestra tus expectativas de que lo ejecuten y de no regresar a las viejas prácticas. Asegúrate también de que el nuevo conocimiento que has creado sea impulsado, por ejemplo, comunicándolo oralmente y actualizando las normativas. Además, emplea el nuevo conocimiento para la innovación, en otras palabras, combínalo con otros aportes para crear soluciones enteramente nuevas (para nuevos productos, nuevas herramientas o nuevas maneras de trabajo).

En resumen, el quinto paso, crear equipo, flujo y estructura, consiste en usar lo fundamental de los primeros cuatro pasos para mejorar constantemente. El equipo es fundamental para esto, pero también lo son las perspectivas holísticas de los flujos de trabajo, conectadas a las estructuras que hayas creado para asegurar el cumplimiento, el mejoramiento y el aprendizaje.

El espíritu, el flujo y la estructura pueden ser desarrollados en armonía. Es posible diseñar su estructura con herramientas para el control visual en reuniones de pulso y de mejoramiento, de manera que favorezca tanto el desarrollo de espíritu de equipo como el desarrollo del flujo de valores. Aprende a usar esta oportunidad.

8. Liderazgo audaz

Los cinco pasos de La escalera al liderazgo pueden usarse frente a situaciones que requieran de valentía. Este capítulo sintetiza y aporta ejemplos acerca de qué trata el liderazgo audaz. El capítulo incluye las siguientes partes:

- **Sé audaz**
- **Valor para afianzar**
- **Valor para desafiar al individuo**
- **Valor para crear espíritu de equipo**

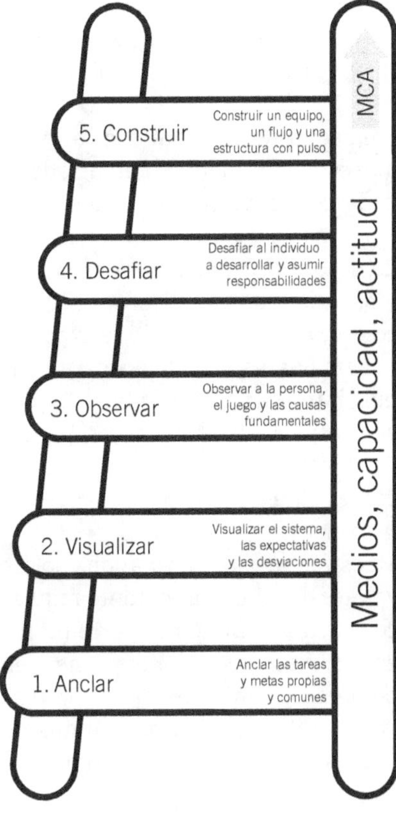

8.1 Sé audaz

Si no tienes miedo, ¿cómo serás realmente audaz?
Moomin de acuerdo con Tove Jansson

Saber lo que debe hacerse es una cosa, pero hacerlo es otra. Puede haber varias razones para no hacer lo que sabemos que es correcto. Las razones pueden ir desde la pereza o falta de aptitud, hasta la falta de coraje. Este capítulo trata sobre el último, porque el miedo frecuentemente hace que los jefes y sus colaboradores eviten hacer lo que saben que es correcto.

Liderazgo audaz

El coraje no es la ausencia de miedo. El coraje es la conquista de ese miedo, es actuar a pesar de él. Nuestra audacia es tan subjetiva como nuestros temores. Así, lo que es audacia para una persona puede no serlo para otra. Depende de si estamos impacientes por el resultado o no. En el contexto del liderazgo, el coraje que necesita un líder puede resumirse en un liderazgo audaz: actuar y hacer con regularidad lo que a largo plazo es mejor para la colaboración y sus participantes, pese a la inquietud o el miedo de las consecuencias personales.

Empleo el término «audaz» en vez de «valiente» para destacar que no es algo que está claramente diferenciado. A veces somos valientes y a veces no, y todos podemos convertirnos en personas valientes y mostrarnos atisbos de coraje más a menudo. De hecho, todos tenemos un ratón cobarde y un león valiente dentro de nosotros. ¿Cuál de los dos crecerá y dominará? Es sencillo: ¡al que alimentes más! Alimentas a tu león y haces pasar hambre a tu ratón siempre que haces lo correcto, incluso cuando te expones al riesgo de sufrir consecuencias negativas. Así, un liderazgo audaz consiste en actuar más a menudo en contra de tus propios intereses a corto plazo. El miedo que puedas experimentar podría surgir del riesgo a cometer errores, perder categoría o incluso ser excluido del grupo. Conquistar ese miedo requiere tanto de la voluntad como de los valores subyacentes para hacerlo.

Muestras un liderazgo audaz solo cuando actúas de acuerdo con tu escala de valores. Eso frecuentemente requiere de coraje y puede ser difícil. Pero si tratas conscientemente de volverte más audaz, puedes entonces encontrar fortaleza en la frase introductoria que he mencionado de Kierkegaard: «… No atreverse es perderse a sí mismo».

Es difícil y admirable al mismo tiempo ser audaz en este sentido, pero recuerda que tal evolución no ocurre de la noche a la mañana. Debemos practicar esto de volvernos más audaces de una forma paulatina. Usa las oportunidades pequeñas que te ofrece tu día a día para superar la dificultad de cada situación en particular. Debes verlas como oportunidades de aprendizaje, independientemente de si están relacionadas con perder control, probar algo nuevo, enfrentarte a un conflicto o algo diferente.

De la zona de confort a la zona de peligro

Permíteme volver a las zonas de desarrollo presentadas en la Figura 12, en la Sección 6.2. Estas consistían en desafiar a tus colaboradores para que crecieran. En esta sección te desafiaremos a que crezcas como su líder (véase la Figura 21).

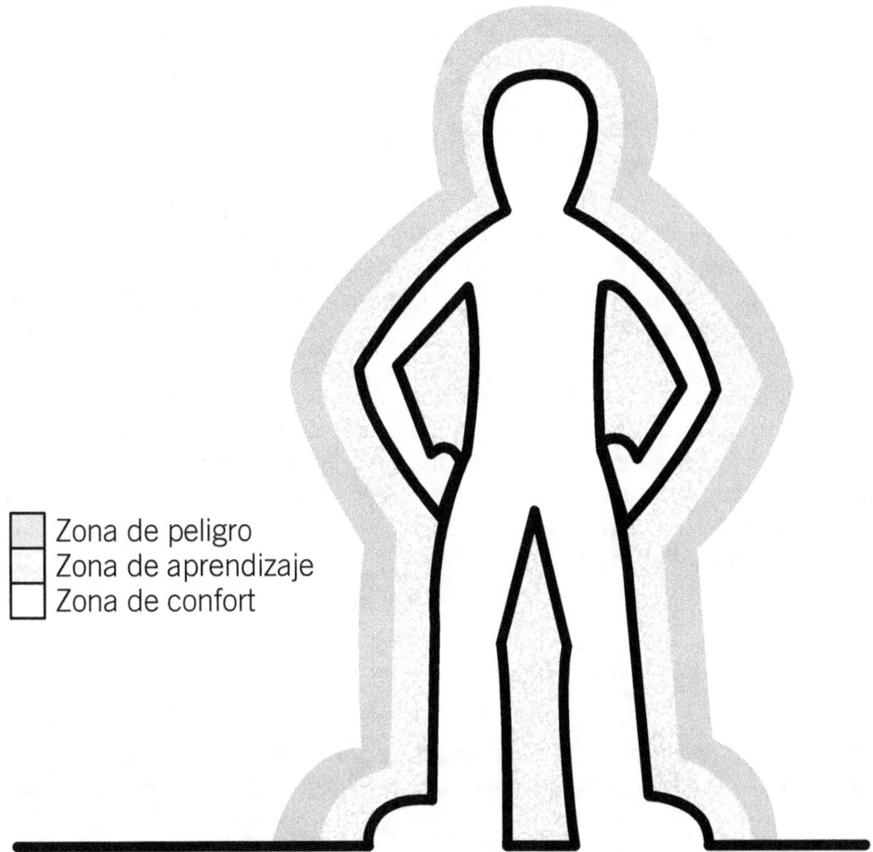

Figura 21. Liderazgo audaz
… atreverse a crecer como líder desafiándote a ti mismo.

Los sentimientos que experimentas al confrontar una situación o tarea desafiante pueden dividirse en tres zonas. Cuando estás en la zona de confort harás y dirás cosas que dominas, de las cuales te sientes seguro, ya que están acordes con lo que has hecho antes y con lo que se espera. En la zona de aprendizaje, actúas por fuera de lo que dominas, aprendes cosas nuevas que son inofensivas, pero no sientes mayor incomodidad. Esto puede suponer probar cosas nuevas o asistir a un curso de formación. En la zona de peligro, no obstante, experimentas inquietud o incluso miedo de arriesgarte a obtener resultados negativos. Las situaciones que generan sensación de amenaza son diferentes para cada persona. Para alguien puede ser que dar un discurso a una gran audiencia sea algo bastante inquietante. Para otras personas puede serlo el hecho de rechazar una broma discriminatoria, emitir una opinión sobre el jefe o acabar con un chisme sobre un colega.

Eres audaz cuando actúas desinteresadamente dentro de tu zona de peligro. Cada vez que lo hagas, crecerás como líder. Para ser capaz de hacer eso, puedes necesitar asesoría de tu superior o de alguien más.

Debes sentirte muy orgulloso cada vez que tengas éxito. Tan orgulloso como lo estarías de los colaboradores que superan su miedo a fin de hacer lo correcto. Una persona que trate de actuar audazmente merece ser elogiada. La enfermera sueca, Sarah Wägnert, quien se expuso a riesgos personales por dar a conocer las condiciones de su sitio de trabajo, es un buen ejemplo de esa audacia. Sus acciones impulsaron mejoras en las condiciones de su lugar de trabajo e incluso promovieron una nueva ley.[56]

Las consecuencias que arriesgas como líder difícilmente son un asunto de vida o muerte, pero puedes llegar a arriesgar tu carrera, tu reputación y/o tu pertenencia a un grupo. Eso es por supuesto lo suficientemente intimidante. Por tanto, ser audaz es seguir tu brújula interna, a pesar de los riesgos personales incluidos. De hecho, hay buenas razones para elogiar pequeñas acciones audaces, tanto las tuyas como las de los demás.

8.2 Coraje para anclar

El coraje para anclar consiste en encontrar tu propia escala de valores, en lo que respecta a lo que está bien y lo que está mal, y luego respetarla pese al miedo o

---

56. La ley, llamada Lex Sarah, regula el deber de los empleados en los servicios sociales de salvaguardar el bienestar de las personas a su cargo (como las personas mayores o discapacitadas), así como el deber de informar las malas condiciones. Además, también otorga protección a esos denunciantes contra el despido o de cualquier otra forma sancionada por informar cualquier irregularidad.

la inquietud. Puede que sea necesaria mucha audacia para enfocarte en lo más importante, en el liderazgo. Permíteme citar a tres sabios a fin de explorar qué significa este tipo de coraje. Comienzo con el filósofo danés del siglo XIX, Sören Kierkegaard, quién escribió:

«La verdad no es puesta en el individuo desde su entorno,
sino que ha estado en él todo el tiempo».

Kierkegaard cree que todos conocemos la verdad porque la tenemos dentro. Eso es algo alentador, ¿no? El contemporáneo de Kierkegaard, Abraham Lincoln, nos lleva todavía más lejos cuando nos dice lo que debemos hacer con la verdad que llevamos dentro:

«No estoy obligado a ganar, pero estoy obligado a ser sincero.
No estoy obligado a tener éxito, pero estoy obligado a vivir de acuerdo
con la luz que llevo dentro».

De acuerdo con Lincoln, tenemos la obligación de actuar conforme a nuestra sabiduría innata. Una responsabilidad bastante grande, ¿no te parece? El filósofo chino Confucio, habló de lo mismo hace 2500 años:

«Ver la verdad y no cumplirla es cobardía».

¿Cuál es tu perspectiva sobre estas citas? ¿Tenemos una verdad dentro de nosotros o no? ¿Estamos obligados a hacerla cumplir? ¿Y somos cobardes si no lo hacemos?

Atreverse a asumir una posición

Como seres sociales necesitamos pertenecer a un grupo, y para hacerlo sentimos la necesidad de acomodarnos. Hacerlo como los otros directivos —especialmente nuestro superior— hace que nos sintamos estables (y esto sin duda puede funcionar como una buena estrategia para hacer carrera). Indudablemente será siempre más fácil conformarnos y hacer lo que se considera normal, incluso si esto a veces contradice nuestras propias convicciones de lo que es correcto. Toma, por ejemplo, el valor necesario para poner en duda las actitudes mediocres, verdades tradicionales o hábitos que se hayan hecho tan naturales como malos.

Por supuesto, tienes la opción de no adoptar una posición. Puede verse como la alternativa más sencilla si eres empleado de una organización en la cual, desde tu perspectiva, los superiores adolecen de una falta grave de actitud o integridad. Además de permanecer en silencio, también tienes la opción de darle un vuelco a la escala de valores, o renunciar y hacer algo más.

Atreverse a ir en contra de la corriente

Es necesario tener mucho valor para contradecir a un jefe dominante, porque puedes arriesgar incluso tu trabajo. ¿Vale la pena? A pesar de todo, eres el único que puede responder esa interrogante. Si el asunto particular es grave y no logras establecer un diálogo, puedes decidir arriesgar tu posición.[57] Eso es valiente. Pero reitero, tienes que elegir tus propias batallas.

Una situación especial que puede obligarte a escoger entre ir en contra de la corriente o no, es si encuentras argumentos muy mezquinos o miopes. Esto no es raro. Lo que a largo plazo es mejor para las partes interesadas (incluyendo los accionistas) no siempre es compatible con una mejora en los resultados para el próximo trimestre. A veces es difícil conseguir un buen equilibro entre el corto y largo plazo, pero tienes que intentarlo.

Atreverte a vivir según tus propios valores quiere decir que aspiras a algo más que agradar a los demás. Lo bueno de esto, sin embargo, es que lo más probable es que termines agradándole a la mayoría. No arriesgar tu posición de crear lo mejor para todas las partes interesadas a largo plazo, servirá para mejorar tu apreciación de ti mismo, así como el aprecio de los demás hacia ti. Los demás seguirán tu ejemplo. Los líderes audaces que procuren adherirse sistemáticamente a su escala de valores crean confianza, motivación y estabilidad.

8.3 Valor para desafiar al individuo

Existen varios tipos de situaciones que requerirán de valor para desafiar a otro individuo. Una de estas es cuando es apropiado desprenderse del poder. Otra de ellas es cuando la situación requiere emitir una retroalimentación objetiva y honesta. Y una tercera es cuando necesitas ser intransigente con detalles y límites. Estos tres escenarios que requieren de un liderazgo audaz son descritos en los siguientes tres apartados:

---

57. ¿Qué tan persistente debes ser al momento de protestar? La respuesta corta es llamada la «regla de los tres». Significa que estamos obligados moralmente a plantear una pregunta importante, como una objeción a una mala decisión, tres veces antes de desistir.

Atreverse a desprenderse del poder

Tú puedes compartir tu mando de muchas maneras. Puedes delegarle una tarea a una persona, teniendo cuidado de definir muy bien su correspondiente forma de hacerla. Pero también puedes convencerlos y delegarles que encuentren una manera de realizar la tarea y darles confianza y autoridad suficiente para tomar sus propias decisiones. Respecto a lo último, el empoderamiento, puede ser naturalmente interconectado con la *gestión de contribuciones* (Véase el Apéndice C).

El empoderamiento requiere de dos tipos de valor. Una razón para ser valiente puede darse cuando (falsamente) empiezas a pensar que el mayor poder de otra persona disminuirá tu propio poder. La otra razón se da cuando crees que al darle a alguien una tarea importante puede conllevar a obtener resultados mediocres. La primera exige el valor para combatir tus propios motivos egoístas, mientras que la última requiere de valor para arriesgar algunas metas a corto plazo y para alcanzar mejores efectos a largo plazo.

Atreverse a dar una retroalimentación honesta y frecuente

El liderazgo audaz también consiste en tener la osadía de mirar a otra persona a los ojos y ser honesto. En el Capítulo 6 describí la diferencia entre cometer errores leves y errores graves. Los primeros consisten en excusar la falta de actitud de alguien, mientras que los últimos radican en reprimir las acciones de una persona a pesar de su buena intención.

Los directivos que pudieran encontrar incomodo el dar retroalimentación fácilmente hallarán siempre excusas para no hacerlo. Ellos pueden justificarlo al decir que no quieren correr el riesgo de herir a alguien, o que no tienen suficiente información sobre la situación en cuestión. El miedo a un conflicto incómodo hace que esperen demasiado para confrontar indicios de falta de actitud, como el descuido, la falta de respeto o acciones egoístas. Se requiere de valor para ignorar ese miedo y actuar con prontitud. También puede ser necesario coraje para disculparse en el caso de que eso resulte en un error grave.

Se requiere más valor aún para dar retroalimentación cuando gestionas mediante contribuciones y no mediante resultados (véase la Sección 3.2). La razón es que las contribuciones laborales están abiertas a más interpretaciones subjetivas que las cifras concretas.

Criticar a un grupo en vez de hacer responsable al individuo de la mala actitud en cuestión es cobardía. Un líder audaz también se ocupa de los individuos fuertes con una retroalimentación objetiva.

Pero más significativamente, los líderes audaces también recuerdan usar una retroalimentación positiva, con reconocimientos y elogios, como una fuente diaria de estímulo. Y lo hacen para todos, no solo para las estrellas del equipo. Eso también puede requerir de algo de valor.

Atreverse a refutar sin transigir sobre los límites y los detalles

El líder audaz sigue de cerca las contribuciones laborales y, si es necesario, sin ninguna necesidad de transigir sobre algo. Los detalles con frecuencia son importantes, tendrás el derecho a demandar que las tareas y obligaciones sean cumplidas, e incluso los detalles. Todo esto aplica igualmente para los límites o reglas acordadas. Si fuiste claro expresando tus expectativas, entonces no justifiques contribuciones que no cumplan los estándares por falta de actitud. De presentarse algún problema con los límites impuestos o las reglas, entonces cámbialas también.

Pero ¿qué harías si tú mismo eres desafiado? Un líder con experiencia una vez me dijo: «Mi experiencia es que si no estableces límites claros, entonces los demás intentarán tomar el control». Las faltas de respeto nunca son aceptables. Deberás combatirlas siempre con argumentos claros si van dirigidas hacia ti. Solo asegúrate de estar bien preparado a fin de ganar la batalla.

Los límites para las actitudes malas o mediocres deben estar siempre claros, no solo en aras del respeto entre las personas, sino también a favor del respeto del trabajo. Los trabajadores de todos los niveles pueden a veces negarse a aceptar la responsabilidad de aprender cosas nuevas y contribuir a una mejora laboral común. Independientemente de si la razón es una falta de liderazgo o algo más, recuerda que no puedes dar marcha atrás a la premisa de que todos contribuyan a las tres metas de la colaboración: cumplir, mejorar y aprender.[58]

8.4 Valor para crear espíritu de equipo

La creación del espíritu de equipo requiere un liderazgo audaz, porque suministrar la libertad, estructura, claridad y franqueza de la que depende el espíritu de equipo, puede causarte un poco de malestar.

Atreverse a dar libertad e interferir al mismo tiempo

Como líder puedes estar obligado a microgestionar las cosas hasta el último detalle, si, por ejemplo, estás en una situación crítica o si el grupo que diriges es muy inmaduro. No obstante, la microgestión no es algo que debas buscar. Busca más bien darle a tu equipo más y más marcos de responsabilidad (véase la Sección 7.2), lo que puede requerir valor de tu parte para permitirles actuar realmente dentro del marco.

---

58. La razón por la cual alguien no pueda formar parte de un trabajo de mejoramiento puede ser por supuesto legítima, por ejemplo falta de medios (tiempo, por ejemplo) o capacidad. No obstante, una actitud de disposición a contribuir con lo mejor de las capacidades debe estar presente aquí.

A un equipo funcional se le debe dar la confianza para probar cosas nuevas y para cometer errores. Asegúrate que la dirección y los marcos (así como el método PDCA lo es para el mejoramiento sistemático y el aprendizaje) estén debidamente claros para todos antes de iniciar este proceso. Da libertad, pero muestra interés, como dice la consigna «ojos puestos, pero manos fuera». Permítele al equipo resolver sus propios problemas y conflictos, siempre manteniendo el respeto mutuo entre el equipo, pero no dudes en interferir ante el primer signo de falta de respeto.

Atrévete a crear estructuras y disciplina

Las normas y reglas laborales son partes importantes de una estructura para la colaboración, pero son significativas si son respetadas. Una estandarización balanceada, unida a la disciplina de seguir los estándares, sustenta su creación de valor. En la década de los años noventa, Ingvar Kamprad, fundador del gigante del mobiliario IKEA, inició la estandarización de las salas de exposición en todas las tiendas de IKEA alrededor del mundo. En The Truth About IKEA (La verdad sobre IKEA), Johan Stenebo, un exejecutivo de IKEA, describe tanto la resistencia presentada como el efecto de esta estandarización. Él mismo era muy escéptico sobre esa conceptualización reducida hasta los detalles más mínimos, y como muchos otros colegas, repudió la falta de libertad, pero al final concluyó, no obstante, que «... Ingvar estaba en lo cierto, otra vez».

Los estándares requieren una disciplina sólida. El estudio de Jim Collins sobre las grandes compañías y sus cinco líderes destaca esto. Collins escribió: «Cuando miras a través de las grandiosas transformaciones, ellas manifiestan de manera consistente las tres formas de disciplina: gente disciplinada, pensamientos disciplinados y acciones disciplinadas. Cuando tienes personas disciplinadas, no requieres de jerarquía. Cuando tienes pensamientos disciplinados no requieres de burocracia. Cuando tienes acciones disciplinadas, no necesitas controles excesivos. Cuando combinas una cultura de disciplina con una ética de emprendimiento, obtienes la alquimia del gran desempeño».[59]

No obstante, una actitud de disciplina sólida no viene sola. Es el resultado del buen liderazgo. Así, debes dirigir, no solo creando estructura, sino creando hábitos y mejoras. Esto requiere de tu perseverancia y valor para defender las reglas acordadas y la disciplina.

Sin embargo, no exageres en ello. Estandariza las cosas correctas a los niveles correctos. La libertad dentro de marcos cada vez más grandes es la regla básica para un equipo maduro, complementada con un verdadero interés en disfrutar mientras se experimentan nuevos productos, nuevas maneras de trabajar y nuevos conocimientos.

---

59. Del artículo Level 5 *Leadership: The triumph of humilty and fierce resolve* (Liderazgo de nivel 5: El triunfo de la humildad y la firme resolución).

Atreverse a tomar decisiones y atreverse a esperar

La toma de decisiones requiere de valentía en diversas formas. La más obvia es cuando debes tomar una decisión que sabes que será rechazada por personas influyentes. Tu inquietud probablemente podría aumentar si no tienes la certeza de qué es lo mejor. No obstante, debes tomar a veces decisiones desagradables basadas en datos poco fiables. En tales situaciones la alternativa frecuentemente peor es no tomar una decisión, lo cual puede llevar a que se paralice la organización.

Basarse en principios claros y bien arraigados (como se describe en la Sección 3.3) es una forma de reducir el estancamiento y asegurar una dirección estable.[60]

A veces debes tomar una decisión, mientras que en otras situaciones es mejor esperar. Una regla de oro memorable reza: «Tómate tu tiempo al tomar una decisión, pero actúa rápido».

Necesitarás algo de audacia cuando debas parar, a fin de recolectar más datos o reflexionar, especialmente cuando las personas a tu alrededor están esperando que actúes. No te avergüence el mostrar incertidumbre cuando sea necesario, ya que es un signo de madurez.[61]

También puedes necesitar valor para adherirte a una decisión justificada aunque sea duramente criticada, o tragarte tu orgullo y cambiar una decisión indefendible que sepas que es errónea.

La conclusión es que debes ser tanto flexible como firme, y rápido y lento al mismo tiempo en tu toma de decisiones. Todas estas cualidades exigen un liderazgo audaz.

Atreverse a ser abierto

Un aspecto importante de la franqueza es el intercambio de información y conocimientos. Los directivos cobardes actúan de forma egoísta y no comparten datos, así ellos pueden evaluar mejor la compañía y evitar el riesgo de que los colaboradores crezcan y los superen.

Los líderes audaces se atreven a compartir. Ellos también osan a confrontar a cualquiera que, por razones egoístas, mantenga información o capacidades reservadas para sí mismos.

No obstante, el aspecto de la franqueza que requiere más valor por parte del líder audaz es probablemente ser transparente respecto a sus propias debilida-

---

60. Jim Collins enfatiza la importancia de los principios en Good to Great. Él compara los líderes de nivel 5 en grandes organizaciones con erizos. Estos líderes observaron el mundo complejo y convirtieron las partes importantes en principios simples que constantemente mantuvieron como su brújula estratégica y estable.
61. Etsko Schuitema pone esto de cabeza cuando escribe: «La inmadurez es una tolerancia a la mediocridad y la intolerancia a la ambivalencia, mientras que la madurez se trata de una intolerancia a la mediocridad y la tolerancia a la ambivalencia».

des y errores. Los líderes deberían hacerlo por el bien común, según la lógica de «aprendamos de esto», y «si soy abierto, los demás se atreverán a serlo también». Piensa en una organización donde el principal directivo nunca admite que se ha equivocado, sino que en cambio busca un chivo expiatorio o alguien más a quien culpar. ¿Estarán las personas de más abajo en la jerarquía en ese tipo de organización en capacidad de visualizar los problemas de su propia área? No, ellos probablemente tratarán de esconder los pequeños indicios de problemas hasta que hayan crecido demasiado para ser ocultados, y luego tratarán de buscar factores externos a los cuales culpar, justo como su jefe. Esto lleva inevitablemente a una espiral negativa[62] que solo puede desbaratarse con un liderazgo ejemplar.

Un liderazgo tal requiere valor de tu parte para buscar, de forma honesta y abierta, las causas principales de los problemas, y estar preparado para admitir que tu liderazgo puede ser parte de la causa del problema. Puedes lograr milagros si junto a tus colegas se ayudan para encontrar y eliminar algún error en tu liderazgo.

Esto, no obstante, requiere de visión y de madurez por parte de la gerencia para ponerse en marcha. De esto trata el próximo capítulo.

---

62. Por el contrario, una cultura que considere los problemas como posibilidades, combinado con la apertura de admitir los propios errores, conducirá a una espiral positiva. Esa idea probablemente fue la razón por la cual la compañía que instituyó el «premio a la más importante confesión del año» lo hizo.

9. Dirigiendo a los líderes

Los cinco pasos de La escalera al liderazgo pueden ser usados por todos los líderes, independientemente de su nivel dentro de la jerarquía. Sin embargo, si eres un directivo, un gerente o un jefe que está por encima de otros líderes, hay algunos aspectos que debes tomar en cuenta, caso distinto sería si fueses un jefe de primera línea. De todos los aspectos abarcados en el libro he reunido los más importantes en este capítulo. Comprende el desarrollo del liderazgo, tanto el tuyo como el de tus colaboradores que ocupen posiciones de liderazgo. El capítulo incluye las siguientes partes:

- **Gestión de las contribuciones del líder**

- **Herramientas para el equipo directivo**

- **Confianza y responsabilidad**

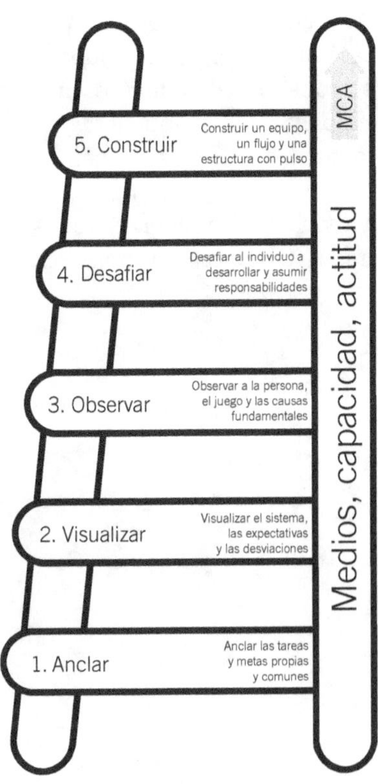

9.1 Gestión de las contribuciones del líder

Tu comportamiento te ha llevado hasta donde estás. Si se te asignó un cargo como jefe tuviste que haber hecho las cosas bien ante los ojos de quienes te promovieron. Si has sido promovido varias veces, probablemente tienes una buena noción de qué clase de liderazgo es valorado por tus superiores.

De hecho, las reacciones que obtuviste de parte de las personas que están a tu alrededor han moldeado tu percepción del comportamiento necesario para el éxito. Eso es bueno y malo. Esta percepción puede haberte ayudado a convertirte en un mejor líder, pero quizás también ha evitado que tengas en cuenta una nueva perspectiva. Por ejemplo, muchos líderes han aprendido que enfocarse en los resultados es fundamental en el liderazgo, lo que a su vez puede evitar que ellos desarrollen su liderazgo con base a la *gestión por contribuciones*. Eso es una lástima, pues limita el desarrollo, tanto de las personas como de la organización.

Por lo tanto, yo espero sinceramente que leas el siguiente texto con una mente abierta y te tomes el tiempo para captar el mensaje que se encuentra en él.

De tus contribuciones como líder hacia las de los otros líderes

La Figura 22 representa el *Modelo de gestión por contribuciones* de la Sección 6.4. Este ha sido extendido con un nivel directivo adicional. La persona de color más oscuro en la esquina superior izquierda de la figura te simboliza a ti como jefe por encima de otros jefes (en la ilustración todos los jefes dependientes de ti han sido reducidos a la persona de color semioscuro en el medio de la ilustración). La ilustración resalta tus actividades de liderazgo más importantes, específicamente para formar los tres tipos de *contribuciones del líder* destinadas a cada uno de los jefes que están bajo tu cargo.

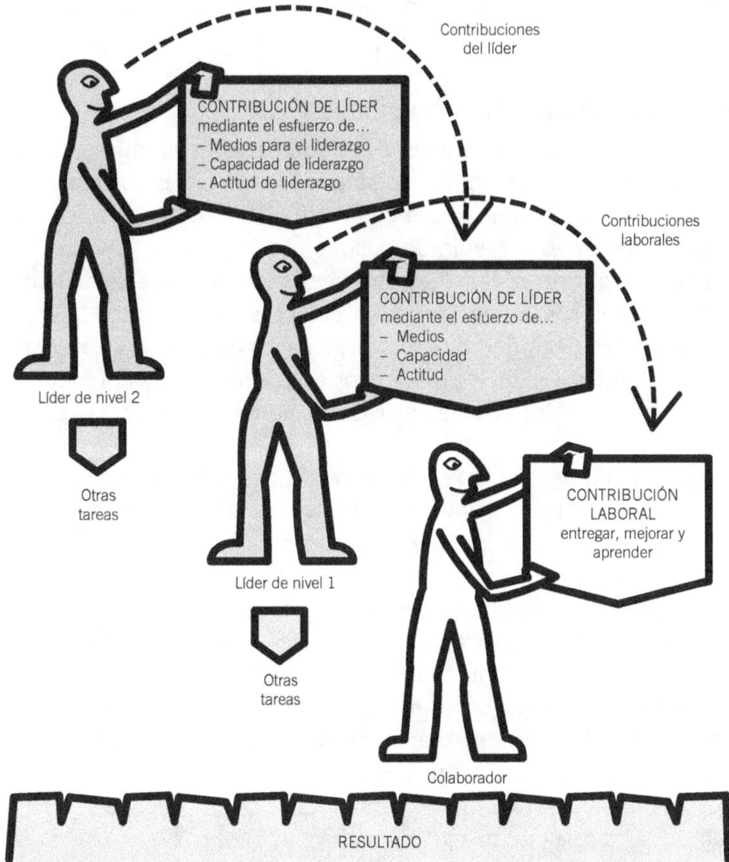

Figura 22. Modelo de gestión por contribuciones: la versión de tres niveles
El jefe de primera línea ve las contribuciones laborales (línea punteada) del trabajador, mientras que el superior inmediato ve las contribuciones del líder del jefe de primera línea.

El modelo de gestión por contribuciones te transmite un mensaje extremadamente importante si quieres facilitar el crecimiento de otros líderes: no te obsesiones con los resultados. En cambio, observa cómo hacen ellos sus contribuciones como líder y realiza tus propias contribuciones con base en lo que viste.

La cuestión principal es ver el juego y luego usar las contribuciones del líder que hayas visto. Esto es *los medios, las capacidades y las actitudes* (MCA) que ellos hayan fortalecido en sus colaboradores, para orientar sus esfuerzos a desarrollar aún más su liderazgo.

En otras palabras, necesitas estar presente a fin de observar *cómo* los líderes dependientes de ti fortalecen (1) *los medios,* (2) *las capacidades* y (3) *las actitudes* en sus colaboradores. Con base a eso, puedes determinar qué clase de contribuciones como líder necesitas darles para apoyar su próxima etapa de crecimiento.

Mantén tus ojos en las contribuciones

En la mayoría de las organizaciones, a los líderes se les premia de acuerdo con los resultados que produzcan sus colaboradores. Ese comportamiento lleva a que el trabajo que se requiere para conducir a un resultado sea puesto en un segundo plano respecto al resultado mismo.

La alternativa es premiar a los directivos, gerentes o jefes de acuerdo con sus contribuciones como líder, en otras palabras, las acciones que realicen y que lleven a un fortalecimiento del MCA. La lógica de enfocar la atención en las contribuciones antes que en los resultados es que no puedes obtener excelentes resultados sin un buen aporte de parte de las personas involucradas.

Recuerda que cualquier persona, tal como un líder cualquiera, colaborador a ti, solo es responsable de sus propias acciones y de sus propias contribuciones.

Usemos la agricultura como una metáfora para explicar esto. Los granjeros son responsables de cultivar la tierra de la mejor manera posible. Así, ellos están encargados de fertilizar, sembrar o cosechar entre otroas cosas, de acuerdo con los mejores procedimientos. Pero ellos no pueden anticipar una tormenta de granizo que pudiera destruir los cultivos.

De la misma manera, todo aquel que te reporte a ti no es responsable de todo lo que pueda suceder en su área, ellos solo pueden responder por sus acciones, incluyendo la inacción. Sus acciones más importantes son sus contribuciones como líderes y el fortalecimiento del MCA, lo que incluye hacer que sus colaboradores respondan por sus respectivas contribuciones de trabajo. En otras palabras, justo como el ejemplo de la tormenta de granizo en la metáfora del granjero, no puedes hacer que alguien sea responsable de cosas que están fuera de su control. Por lo tanto, solo puedes responsabilizar a alguien de no usar sus medios y capacidades para hacer las mejores contribuciones posibles.

Como un líder de líderes, necesitas practicar la gestión por contribuciones como líder para evitar desatender las cosas que generan resultados. Si quieres adherirte a la gestión por resultados y gastar la mayor parte de tu tiempo estableciendo y persiguiendo objetivos, perderás muchas oportunidades para el desarrollo del liderazgo. Una gestión de resultados exagerada puede incluso llevar a una pérdida de motivación de los líderes de menor nivel. Y peor, si eres un alto directivo, esto probablemente se extenderá hacia abajo, capa por capa, restringiendo gravemente el desarrollo del liderazgo en toda la organización de la que estás a cargo.

He escuchado a muchos líderes de niveles inferiores decir lo siguiente cuando mencionan el comportamiento de su jefe: «Obtengo mi motivación de otras personas». Eso es triste ¿no te parece?

Acuérdate que el líder cuyos aportes y contribuciones no son apreciadas pierden gradualmente su motivación para seguir desarrollándose.

Con la gestión por contribuciones como líder, demuestras un interés genuino en el funcionamiento del liderazgo y permites que las contribuciones de tus colaboradores tomen un merecido lugar central.

Esto puede hacerse siguiendo los mismos principios de gestión por contribuciones descritos en la Sección 6.4 (véanse más detalles en el Apéndice C), pero con la diferencia de que ahora se trata de contribuciones como líder en vez de contribuciones de trabajo. Eso quiere decir que debes seguir una espiral con cuatro etapas que de forma sucesiva desarrollarán tu capacidad de liderazgo, las cuales consisten en: (1) *Proponerte* alcanzar el siguiente paso en el desarrollo del liderazgo. (2) *Asegurarte* tanto de los medios necesarios como de las capacidades requeridas. (3) *Ver el juego con regularidad* para observar las contribuciones del líder en el lugar de trabajo y así facilitar una retroalimentación continua. (4) *Reagrupar* las diferentes retroalimentaciones mediante reuniones regulares de desarrollo. Luego vuelve a comenzar en el paso (1).

Para tener éxito con la gestión por contribuciones como líder, tú y tu equipo necesitan haber entendido cuáles son los principales elementos de funcionamiento del liderazgo y sobre los cuales necesitas mejorar. Enfócate en las contribuciones en lugar de enfocarte en los resultados. Esto requerirá de tiempo, así que resérvalo en tu agenda. Es muy fácil recaer en un enfoque exagerado hacia los resultados, sin una apropiada reflexión sobre cómo se logran estos. Reflexiona junto a tu equipo de manera que puedas desarrollar, paso a paso, un estándar de liderazgo en conjunto.

Estándar de liderazgo

Para incrementar las habilidades de liderazgo en tu equipo necesitas un entendimiento compartido de lo que es el liderazgo en términos concretos, o sea un estándar de liderazgo. Un estándar así te ayudará a establecer un comportamiento modelo y las herramientas requeridas para el liderazgo que has acordado poner en práctica.

Ni tú, ni el resto del equipo necesitan tener el estándar perfecto enunciado de antemano, pero necesitas comenzar en algún sitio. La escalera al liderazgo está concebida para ser ese punto de inicio. Puedes usar la escalera, o parte de ella, para agrupar los aspectos más importantes de tu liderazgo, y con base a eso, establecer tu siguiente estándar de liderazgo.

Un estándar de liderazgo, como todos los demás estándares (véase la Sección 4.3), constituye el nivel de la base tangible con el que puedes comparar la situación real todos los días.

Este necesita ser complementado con una visión y con tus principios de liderazgo (véase la Sección 3.3), así como también con un objetivo desafiante al que aspires.

Al formular y desarrollar tu estándar debes comenzar con lo que es más necesario, y convertirlo en descripciones muy concretas sobre qué clase de comportamientos esperas como líder. Después de eso es necesario ver el juego, observar las contribuciones como líder realizadas por cada individuo y tomar parte en el diálogo de retroalimentación con base a lo que has visto.[63]

El desarrollo del liderazgo toma tiempo. No reacciones exageradamente ante señales imprecisas o conflictivas.[64] En cambio, permanece firme en tus principios y mantén importantes discusiones constructivas con tu equipo sobre el logro del siguiente nivel de contribuciones como líderes.

Ese diálogo en conjunto con cada nivel establecido en tu estándar de liderazgo consensuado te proveerá de un discurso más preciso sobre el liderazgo. Lo cual paulatinamente sentará las bases para el apoyo de tu desarrollo y el de tu equipo de líderes en conjunto.

Usando la escalera al liderazgo para dirigir líderes

Los cinco pasos de la escalera al liderazgo fueron pensados para ayudar a todos los líderes, independientemente del tipo de organización o del nivel jerárquico que ocupen. Hasta ahora, he abarcado aspectos que son comunes a todos los jefes sin importar el rango o la posición (Capítulos 3-8). No obstante, hay algunos aspectos de la escalera al liderazgo que necesitan atención especial por parte de los cargos directivos. Observémoslos paso a paso:

Paso 1: *afianza* tu visión y la de tu equipo de líderes, sobre cuál es el objetivo de tu liderazgo a largo plazo. Prosigue aclarando tu estándar de liderazgo común. Finalmente, asegúrate de que todos entiendan cuáles son las expectativas y cómo le darán continuación al progreso del desarrollo del liderazgo.

Paso 2: *visualiza* las ambiciones de liderazgo comunes, por ejemplo, imaginando una visión y unos principios de liderazgo, así como también fijando objetivos a largo plazo. Además, haz visible el nivel de la base actual de tu estándar de liderazgo, por ejemplo, haciendo una

---

63. Una lista de verificación del juego que destaca partes importantes de la norma, le recuerda qué buscar. Puede apoyarlo en la configuración de sesiones regulares del juego. Un aspecto importante que normalmente necesita destacarse es cómo el líder crea y utiliza oportunidades de retroalimentación, incluso reconociendo pequeñas contribuciones. (Consulte la siguiente sección y la Figura 26 para ver un ejemplo).

64. Recuerde que algunas veces se requiere una cantidad significativa de tiempo, incluso para que un excelente líder pueda crear un equipo que funciona bien a partir de uno disfuncional (por ejemplo, el ejemplo Harbor de la Sección 6.4). No te preocupes por los resultados de una encuesta de empleados. Los empleados con actitudes deficientes pueden distorsionar los resultados de la encuesta, incluso en un equipo con excelente liderazgo. Si los resultados de la encuesta de uno de los equipos administrados por un subordinado tuyo parecen alarmantes, debes centrarte aun más en la gestión de las contribuciones, alentando y asesorando al gerente para que haga contribuciones aún mejores.

lista de control de observaciones prácticas como se muestra en la Figura 26.

Paso 3: *observa* el juego, reservando tiempo en tu agenda para estar presente y fijarte en tus colaboradores en situaciones que requieran liderazgo. Usa tus observaciones para crear la oportunidad de llevar a cabo discusiones de retroalimentación concretas, que giren alrededor de tu estándar de liderazgo común. Cuando sea apropiado o cuando la situación lo demande, ejecuta diagnósticos de liderazgo (como se describe en la Sección 9.2) para encontrar los impulsores principales de las mejoras en el liderazgo. A partir de esto puedes incluir temas y conclusiones del liderazgo en tu equipo directivo para ser discutidas. Hazlo con tolerancia cero ante cualquier forma de incriminación a personas que tengan buena actitud.

Paso 4: *desafiar* a todos los colaboradores directivos a dar el siguiente paso en su desarrollo como líderes. Usa los métodos de gestión por contribuciones del líder y sé generoso con el apoyo y la retroalimentación. Pon a prueba las capacidades y actitudes de todos, mientras que en conjunto con ellos mejoras los medios que sustentan un mejor liderazgo. Si tienes que desistir y concluir que alguien es incapaz de ejercer un liderazgo lo suficientemente bueno, debes ayudarlo para que consiga otro puesto, tanto para su propio bien, como para el bien de sus colaboradores.[65] Los desafíos están basados en cómo los directivos hacen sus contribuciones como líder respecto al MCA. Dales retroalimentación de acuerdo con lo que hayas visto, especialmente sobre cómo involucran a todas las personas creando discusiones constructivas, dando retroalimentación, **haciéndolos** responsables de forma individual, y **también** cómo crean estructuras que sustenten los resultados, las mejoras y el aprendizaje.

Paso 5: *crea* un equipo, un flujo y una estructura para el liderazgo. El espíritu de un equipo directivo es tan importante como el espíritu de equipo en el nivel laboral, que es responsable de entregar los productos (servicios y/o bienes) a los consumidores internos o externos, y de hacerlo cada vez mejor. Un equipo directivo es responsable de ejecutar su liderazgo con las personas en la organización, y de hacerlo cada vez mejor. Este emprendimiento conjunto requiere una asistencia mancomunada y una estructura de liderazgo con herramientas de apoyo.

---

65. Jan Carlzon, el anterior CEO de SAS, menciona este tema en su libro Moments of Truth. El dice que es desafortunado que al eliminar a alguien de una posición administrativa a menudo se considere un castigo, independientemente de que la persona sea más feliz y más adecuada para el nuevo puesto. Concluye que es más fácil para la alta gerencia dejar que los malos gerentes permanezcan a pesar de estar causando problemas a sus subordinados: «Para salvar a una persona, el jefe, deja que todos los demás sufran, por cobardía, en lugar de por bondad».

9.2 Herramientas para el equipo directivo

La mayoría de las herramientas descritas en los Apéndices A-C pueden ser empleadas por ti si ocupas una posición de la directiva de una organización. Úsalas para mejorar tanto el rendimiento en general como para guiar el crecimiento de tus líderes. Las siguientes herramientas son de gran importancia para la administración superior:

♦ *El proceso LBO* **(Capítulo 3 y Apéndice B) con el propósito de compartir y coordinar metas a largo y a corto plazo en el tiempo y en distintas funciones.**

♦ *Una estructura coordinada de reuniones de pulso* **(Capítulo 7 y Apéndice A) con el propósito de vincular reuniones visuales cortas y de control entre sí, para impulsar cumplimientos y mejoras en todos los niveles.**

♦ *Mejoramiento sistemático con el PDCA* **(Capítulo 7 y Apéndice B) con el propósito de apoyar y esperar que todos los equipos, en todos los niveles usen los problemas, desafíos e ideas de forma sistemática para mejorar en su propia área de responsabilidad.**

♦ *Análisis de las causas principales y los diagnósticos de liderazgo* **(Capítulo 9 y Apéndice B) con la finalidad de encontrar los problemas correctos a mejorar, pero también todo lo que respecta al liderazgo inmaduro.**

Además de las descripciones de las herramientas que encontrarás en los apéndices, aquí quiero adentrarme un poco en cómo puedes usar en los cargos directivos las últimas tres herramientas mencionadas, junto con una descripción de la poderosa herramienta de las *reuniones de pulso del líder.*

Juntas, estas herramientas te conceden un excelente sustento para el desarrollo del liderazgo en tu equipo directivo. Comencemos observando los diagnósticos del liderazgo, la joya real de las herramientas para mejorar el liderazgo en general dentro de una organización.

Diagnósticos de liderazgo

Los diagnósticos de liderazgo —basados en un análisis de las causas principales MCA— son probablemente las herramientas más poderosas para ayudar a todos los directivos a crecer en una organización, según la escalera al liderazgo. Puedes usar esta herramienta para ti mismo, pero resulta mucho más efectiva si la usas junto a tu(s) equipo(s) directivo(s).

Sin embargo, con la actitud errónea, crearás más perjuicios que valor. Un diagnóstico nunca puede usarse para encontrar chivos expiatorios. La gestión superior debe involucrar la gestión de mejor nivel, con el noble y abierto propósito de ayudar a cada quien a mejorar su liderazgo.

Asume que todos tienen una actitud positiva y que realmente quieren mejorar su capacidad de liderazgo. Espera hasta que seas lo suficientemente maduro en ese sentido antes de comenzar a usar la herramienta de diagnósticos del líder. Por supuesto, si te topas con problemas de actitud, tienes que lidiar con ellos de forma categórica.

La finalidad de los diagnósticos del liderazgo es encontrar y tratar, enfocado en las contribuciones del líder, las principales causas de una desviación, sin culpar a las personas porque carezcan de medios o capacidades.

La desviación usada como detonante puede ser positiva (un logro inesperado) o negativa (una decepción). El análisis se lleva a cabo revisando si los medios, capacidades o actitudes (MCA) han sido inesperadamente buenas o malas. Inicia con las personas involucradas en el evento que causó la desviación y continúa este análisis de MCA, nivel por nivel, hacia arriba en la jerarquía.

Permítenos examinar el ejemplo del muelle en la Sección 6.4 para entender de qué tratan los diagnósticos de liderazgo. En la Figura 23 puedes ver cómo el gerente general portuario llenó una plantilla de diagnóstico.

	Preparar	
1	EFECTO Problema principal u otro efecto	Colisión entre la cavidad #1 y la plataforma #1 el lunes xx-xx-xx.
2	EFECTO CAUSANTE lo que llevó al efecto (solo es necesario cuando los efectos son muy amplios)	La nueva rueda de línea acoplada a la grúa #1 era muy grande, causando que colisionara con la cavidad
3	CONTRIBUCIÓN LABORAL estudiar (una contribución comportamental al efecto)	El mecánico NN no le dijo al gerente de mantenimiento sobre el riesgo de colisión cuando se le pidió cambiar el tamaño de la rueda a uno más grande, a pesar de que él sabía lo que pasaría
	Diagnosticar	
4a	**NIVEL LABORAL**	
	NOMBRE de la persona responsable (total o parcialmente) del evento	El mecánico (NN)
	ACCIÓN REAL ¿Qué hizo la persona?	NN cambió la rueda sin advertir a su jefe del riesgo. En cambio, él le dijo a sus colegas que sucedería un accidente
	ACCIÓN ESPERADA (¿Cuál habría sido el comportamiento ideal esperado?)	NN debió haber advertido a su jefe del riesgo cuando se le pidió cambiar la rueda
	EXPLICACIONES DE LAS DIFERENCIAS entre lo real y lo esperado (indique explicaciones distintas si así se indica)	NN culpa al sistema por no obligarlo a él a advertir a nadie en una situación como esta. Parece que la actuación de NN fue orientada a desacreditar a su jefe por no saber que la colisión sucedería
	CONCLUSIONES DEL MAA (¿Qué vacíos existen en los M, A o A?)	NN tuvo los medios y las habilidades necesarias para hacer lo correcto, pero no lo hizo. NN manifestó una falta de actitud grave al no querer hacer lo mejor para la colaboración. Por lo tanto, NN debe ser censurado
4b	**MGMT nivel 1**	
	NOMBRE del líder	El gerente de mantenimiento (MM)
	ACCIÓN REAL ¿Qué hizo la persona?	MM decidió que debía cambiarse el tamaño de la rueda a fin de ahorrar costes. Él tomó parte en la investigación de la colisión, pero no hizo nada además de ayudar en la reparación de la grúa y la cavidad
	ACCIÓN ESPERADA (¿Cuál habría sido el comportamiento ideal esperado?)	MM debió haber censurado a NN por comportarse de una manera inaceptable
	EXPLICACIONES DE LAS DIFERENCIAS entre lo real y lo esperado (indique explicaciones distintas si así se indica)	MM estaba equivocado cuando decidió cambiar el tamaño de la rueda, pero tomó y comunicó la decisión con buena actitud. Sin embargo, él no reprimió a NN, lo que se traduce en una contribución de líder insuficiente
	CONCLUSIONES MAA DE LIDERAZGO (¿Qué pudo haberse hecho o necesita hacerse respecto al MAA del liderazgo?)	MM obviamente no poseía la habilidad de manejar un comportamiento desafiante de parte de los subordinados. Él necesita retroalimentación y capacitación en liderazgo para poder manejar situaciones semejantes en el futuro
4c	**MGMT nivel 2**	
	NOMBRE del líder	Gerente General del puerto (I)
	ACCIÓN REAL ¿Qué hizo la persona?	Le he dado a MM retroalimentción y comencé a entrenarlo en el manejo de malas actitudes
	ACCIÓN ESPERADA (¿Cuál habría sido el comportamiento ideal esperado?)	Ver «ACCIÓN REAL» arriba.
	EXPLICACIONES DE LAS DIFERENCIAS entre lo real y lo esperado (indique explicaciones distintas si así se indica)	No aplica (no hay diferencias significativas)
	CONCLUSIONES MCA DE LIDERAZGO (¿Qué pudo haberse hecho o necesita hacerse respecto al MCA del liderazgo?)	Hasta ahora ha dado suficientes contribuciones de líder relacionadas a este evento particular. No obstante, he subestimado la falta de actitud aquí manifestada por NN y otros. Por lo tanto, he mostrado debilidad en mi habilidad de ver y actuar proactivamente. Debería ser más activo en lo que respecta a ver el juego, al igual que en reservar tiempo para la reflexión. También necesito ser más claro con todos los empleados de mis expectativas en lo referente a actitud, por ejemplo, actualizando e informando de nuestra normativa (un medio), resaltando las exigencias por cuestiones de seguridad, franqueza y honestidad, así como también por el compromiso de cada quien de contribuir de la mejor manera al mayor bien de la colaboración

El diagnóstico en la Figura 23 muestra que el gerente general del puerto hizo lo correcto al darle su opinión al jefe colaborador (el gerente de mantenimiento) de cómo debió manejar la falta de actitud que mostró el mecánico. El gerente portuario también mostró una buena actitud de aprendizaje analizando lo que él pudo haber hecho antes de forma diferente. (Puedes encontrar más detalles del método de diagnóstico en el Apéndice B).

Una estructura de reuniones de pulso coordinadas

Un equipo directivo tiene mucho que ganar al conectar reuniones de pulso —cortas y efectivas— a un sistema holístico que refiere rápidamente cada problema (u oportunidad) a la función o nivel correcto, en donde podrá ser manejado efectivamente (véase la Figura 7.2). Puedes configurar inicialmente una estructura de reuniones junto a tu equipo directivo, y luego optimizarla poco a poco para garantizar las entregas y las mejoras.

Una estructura tal, está basada idealmente en reuniones de pulso de cumplimiento bien diseñadas y coordinadas, y en reuniones de pulso de mejoramiento en todos los equipos de trabajo, así como también en cada equipo directivo. Eso, en cambio, requiere que la directiva establezca buenos ejemplos. Ellos pueden hacerlo procesando los problemas de cumplimiento que se han agravado rápidamente, o al menos con una retroalimentación rápida.

Asimismo, pueden hacerlo usando el análisis de las causas principales para resolver problemas recurrentes de importancia de una vez por todas. Un mejoramiento sistemático tal se apoya en la rueda PDCA, descrita en la Sección 7.4, y debe realizarse por todos los equipos en una organización, como se muestra en la Figura 24.

Figura 23. Diagnósticos de liderazgo MCA
La planilla fue llenada por el gerente general del puerto, luego del accidente descrito en el ejemplo señalado en la Sección 6.4. (la referencia 4a, 4b y 4c se refieren a la descripción del método en el Apéndice B).[66]

66. El método está basado en los diagnósticos de liderazgo, como fue expuesto por Etsko Schuitema en *Leadership: The Care and Growth Model (Liderazgo: El modelo de atención y crecimiento, en español)*.

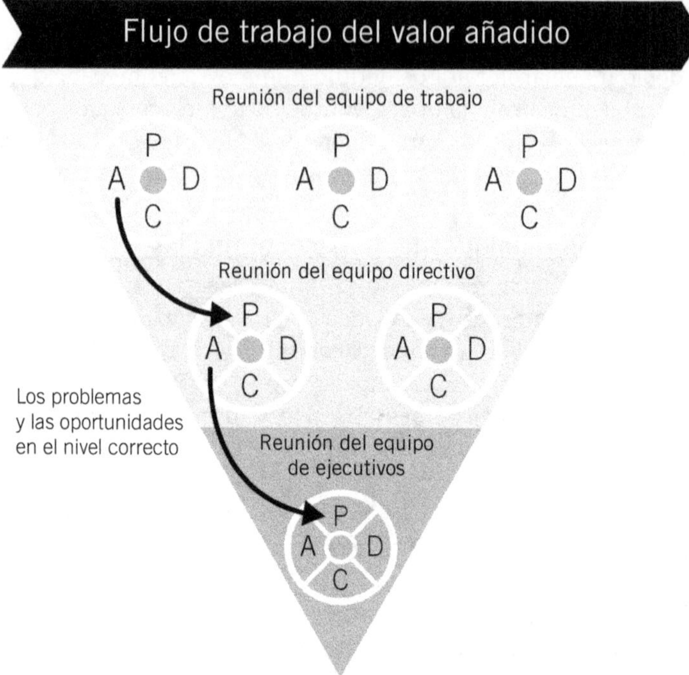

Figura 24. Usando el PDCA en todas partes
Mejoramiento sistemático utilizando el PDCA en todos los equipos y niveles.

La imagen muestra cómo cada equipo está tratando de resolver problemas recurrentes y abordando retos importantes usando el PDCA de forma periódica. Si un equipo se topa con un problema o un reto que no puede manejar porque no cuenta con la capacidad o autoridad para ello, debe ser capaz de transferírselo al equipo apropiado (ilustrado como las dos flechas en la imagen). El equipo receptor debe tener la capacidad necesaria o pasar el asunto al siguiente nivel.

Para evitar la llamada delegación superior, con la que se arriesga a crear un cuello de botella en el nivel de gestión superior, debes afianzar la autoridad y capacidad suficiente en los niveles inferiores. La norma fundamental reza: «Los problemas deben resolverse y las oportunidades deben aprovecharse en el nivel más bajo posible».

Claro está que existen mayores costos incluidos al duplicar las capacidades, pero también hay aspectos motivacionales, de calidad y rapidez que se deben considerar. Así, permítele a cada equipo aumentar su capacidad de mejoramiento sistemático, usando medidas propias y estableciendo objetivos propios —como se describió en la Sección 3.3—, paralelos al crecimiento de tu equipo. Entrena a los individuos a través del proceso y procura que todos los equipos, en todos los niveles, estén comprometidos con el mejoramiento sistemático.

Para lograr que una nueva estructura de pulso funcione efectivamente, debes protegerla de eventos perturbadores. No permitas que esa reunión coincida con otras. Una buena solución es mantener cada mañana libre de cualquier cosa que no sea la reunión de pulso y el momento de observación. Con algo de planificación podrás asegurar tanto el aumento de un nivel a otro como la asistencia necesaria de los representantes de las funciones de apoyo. Si liberas suficiente tiempo, también puedes aspirar a que los directivos, incluyéndote, vayan y se ocupen directamente de las reuniones a fin de observar nuevas desviaciones, así como para apoyar la resolución de problemas. La Figura 25 ilustra los principios básicos de una agenda de reuniones semejante.

Hora	Lunes	Martes	Miércoles	Jueves	Viernes
8–10 a.m.	Reuniones de pulso en distintos niveles	Reuniones de pulso en distintos niveles	Reuniones de pulso en diferentes niveles	Reuniones de pulso en distintos niveles	Reuniones de pulso en distintos niveles
10–12 a.m.	Tiempo libre de reuniones Vaya y observe	Tiempo libre de reuniones Vaya y observe	Tiempo libre de reuniones Vaya y observe	Tiempo libre de reuniones Vaya y observe	Tiempo libre de reuniones Vaya y observe
1–3 p.m.					
3–5 p.m.					

Figura 25. Una estructura de reuniones
… que salvaguarde las reuniones de pulso, así como las ocasiones de ir y observar.

Con una disposición como la de la Figura 25, un directivo típicamente toma parte en dos reuniones de pulso de cumplimiento (generalmente de 10-15 minutos cada una) interconectadas entre las 8 y 10 de la mañana, una con su propio equipo y otra con el equipo directivo superior, que se realiza normalmente en un cuarto de hora o media hora después. El resto de la mañana puedes dedicarla a reuniones de pulso de mejoramiento, así como también a ver las causas de las desviaciones y las contribuciones laborales afuera en el área de trabajo.

A los gerentes que se enfrentan al cambio de reuniones convencionales a reuniones de pulso coordinadas frecuentemente les preocupa que el aumento del número de reuniones le restará mucho tiempo valioso al proceso de cumplimiento. No obstante, una vez que lo intentan, no toman mucho tiempo en convencerse de que lo opuesto es lo correcto. Rápidamente, muchas de las viejas reuniones pueden ser canceladas o acortadas drásticamente porque la mayoría de los problemas se resuelven antes, más rápido y mejor, gracias a la nueva estructura de reuniones de pulso.

He escuchado a muchos altos directivos dar testimonio de esto, y decir cosas como: «De hecho ha liberado mi tiempo. Antes, yo tenía una situación donde el teléfono estaba sonando todo el día y yo correteaba extinguiendo montones de incendios. Ahora nosotros podemos resolver la mayoría de las cosas en las reuniones matutinas».

Añadir más reuniones en lugar de usar las reuniones viejas que estás eliminando puede sonar como una mala idea a primera vista, pero no lo es si las nuevas son más cortas, están mejor diseñadas y sobre todo mejor coordinadas. Usa el tiempo liberado de las reuniones más largas y de los incendios extinguidos para aumentar la capacidad de todos y para resolver las causas principales de los problemas recurrentes. Eso liberará incluso más tiempo.

Reuniones de pulso de líderes

Las reuniones de pulso de líderes son reuniones periódicas que tienen la finalidad de acrecentar el liderazgo de cada directivo de tu equipo. Las reuniones giran en torno a las contribuciones de los líderes, tanto los actuales como los esperados. En este sentido, una reunión de pulso de líderes es similar a una típica reunión de pulso de cumplimiento. La última se enfoca en el estado de cumplimiento actual comparado con lo que se espera (el nivel de base), y en las acciones requeridas para manejar las desviaciones encontradas. La primera hace lo mismo, pero para el cumplimiento de las contribuciones del líder.

De esta manera, ambas consisten en cumplir lo que acordaste. El proceso básico es en consecuencia el mismo, eso es: (1) determinar las expectativas, el nivel de base, (2) visualizar las desviaciones y (3) hacer algo al respecto.

Tu estándar de liderazgo convenido es el nivel base que provee las expectativas de liderazgo lo suficientemente concretas para que puedas percibir las desviaciones. (1) Observar el juego y las técnicas de control visual para luego apoyar la visualización. (2) En las reuniones de pulso regulares decides qué acciones deben tomarse y haces un seguimiento de su ejecución (3).

Una manera de hacer que las expectativas y el progreso sean visibles es indicando la responsabilidad de cada directivo en un tablero. Ese tablero luego se convertirá en un punto central durante las reuniones regulares (por ejemplo, semanales) del equipo directivo. Las responsabilidades y acciones de todos desde la última reunión crean una base excelente para establecer buenas discusiones, mejoradas preferiblemente a través de la señalización con colores para los tipos de contribuciones y desviaciones.

Al utilizar reuniones de pulso de líderes periódicas podrás aumentar y mejorar poco a poco tu estándar de liderazgo común.

Si te quedas corto en puntos interesantes para una discusión entonces será el momento de hacer algún diagnóstico del liderazgo. Otra manera de asegurar que haya buenas discusiones es institucionalizando la perspectiva del juego de tus compañeros líderes. Inicia creando una lista de observaciones prácticas[67]

---

67. El mismo tipo de herramienta se puede utilizar para otros fines, como observar cómo se usan los principios o cómo se cumplen los niveles básicos de mantenimiento (en comparación con las llamadas auditorías 5S).

priorizando los comportamientos esperados en el líder, determinado por tu estándar de liderazgo. (Véase la Figura 26 que sirve de ejemplo).

Tipo de contribución del líder	Estándar de liderazgo para reuniones de pulso de liderazgo	Estado	Notas
Asegurar medios	¿Están aclaradas las expectativas de las contribuciones – con distintas acciones si faltan medios?	✓	Bueno… etc.
	¿Están registradas las desviaciones en la calidad, horario y en el SHE, y se está trabajando en ellas?	✓	Bueno… etc.
	¿Se ha creado una buena discusión – y está basada en hechos experimentados en el área de trabajo?	✗	Oportunidad para… etc.
Apoyar el aprendizaje	¿Está la necesidad común por habilidades diferentes visualizada tanto para el largo como el corto plazo? ¿Está actualizada y se usa adecuadamente?		
	¿Están las desviaciones naturalmente conectadas a los planes de desarrollo de habilidades individuales con un plan de seguimiento cuando sea necesario?	✗	Oportunidad para… etc.
	¿Se están usando y creando nuevas oportunidades para el aprendizaje?	✓	Bueno… etc.
Fortalecer la actitud	¿Están las discusiones basadas en el respeto y la preocupación por los demás?	✓	Bueno… etc.
	¿Se están usando y creando las oportunidades de retroalimentación, por ejemplo, al reconocer las contribuciones del nivel de base?		
	¿Están siendo empleados y visualizados claramente los objetivos a corto y largo plazo –y conectados a la creación de valor acordada para los interesados (+QTE)?		

Figura 26. Una lista de observaciones prácticas

La lista resalta las partes importantes del estándar de liderazgo subyacente y es un recordatorio de qué buscar cuando se observan las contribuciones del líder en una reunión de pulso.

El propósito de la lista es ayudar a cada líder en su equipo a observar a un colega o a un colaborador en una situación de liderazgo, y posteriormente darle una retroalimentación constructiva. Al leer la lista antes de observar el juego, recordarás lo que debes examinar. Ulteriormente, puedes apuntar lo que hayas visto en la lista (las dos columnas grises en la ilustración) antes de darle la retroalimentación (en privado) al colega o al líder colaborador que has estado observando. Al usarlo como un punto de inicio para una discusión constructiva probablemente comprenderás mejor su estilo de liderazgo, su potencial y oportunidades de mejora. También puedes llevar conclusiones generales sobre las que haya que poner atención o cuestiones que requieren seguimiento en la siguiente reunión de pulso de líderes.

El tablero que se usa en esta clase de reuniones debe mostrar claramente las expectativas, situaciones y acciones planificadas para diferentes tipos de contribuciones del líder (véase la Sección 3.2). Puede hacerse de distintas maneras, por ejemplo, usando la herramienta VP de proyectos (una variante de la planificación visual [Planificación Visual]), descrita en el apéndice A. Con un tablero del tipo VP puedes mostrar todas las actividades importantes que han sido planificadas para el futuro cercano, una fila por cada directivo. Además de los diferentes tipos de contribuciones relacionadas con cada líder y su equipo, puedes optar por escoger actividades próximas que sean compartidas, así como responsabilidades personales para lograr mejoras comunes, como aquellas que resulten de un diagnóstico de liderazgo, originado a partir de una desviación reciente.

9.3 Confianza y responsabilidad

El liderazgo de una organización es la suma de todos sus líderes y sus contribuciones. Todos son responsables de sus acciones, orientadas a mejorar como líderes. La persona en la cúspide, no obstante, tiene la mayor de las responsabilidades, así como la mayor influencia para desarrollar todas las capacidades de liderazgo de la organización.

Una organización realmente desastrosa, probablemente tuvo una dirección terrible por mucho tiempo. El dicho: «un pez se pudre desde la cabeza» tiene mucho de cierto.

Decir que las organizaciones sobresalientes tienen grandes líderes, también es cierto. Los líderes de nivel 5, encontrados por el equipo de investigación de Collins es evidencia de ello (*Empresas que sobresalen* de Jim Collins).

De la honestidad a la confianza

Un gran liderazgo surge a partir de la honestidad. La deshonestidad estropea el trabajo colaborativo. Un tipo de deshonestidad es pretender que lo imposible es posible. Esto es, desafortunadamente, muy común tanto en la política como en la gestión de empresas y organizaciones. Un ejemplo puede ser cuando la directiva de una organización obliga al líder de un proyecto a aceptar un presupuesto o agenda imposible. Si las personas involucradas en el proyecto saben por experiencia que los objetivos son completamente imposibles, perderán la motivación. La única forma de cambiar su percepción es con un mejoramiento drástico del MCA, por ejemplo, en las maneras de trabajar o las nuevas herramientas a utilizar. Si no, al ver que deben aceptar el punto de vista de la directiva y que sus protestas son ignoradas, podrían resignarse a la negación colectiva y esconder la situación real.[68]

---

68. Stefan Bükk presenta un ejemplo de este tipo de denegación cuando describe cómo un gerente de proyecto experimentado fue invadido por su comité directivo y se le ordenó acortar el tiempo estimado de ejecución del proyecto en un 30 %. El gerente sabía que el rechazo de su parte hubiera resultado en que el proyecto se transfiriera a una persona más joven y menos experimentada, lo que a su vez hubiera resultado en un tiempo de entrega aún más prolongado. Por lo tanto, decidió dejar de protestar y continuar. Bükk escribe: «El gerente del proyecto quedó atrapado en una situación imposible, y lo que es peor, la organización se convirtió en una organización mentirosa en lugar de una organización de aprendizaje. ¿Por qué? Bueno, la oportunidad de decir no a un proyecto imposible puede verse como una cadena de Andon, es decir, cuando el líder del proyecto dice NO, hay una señal que sube en la organización para generar apoyo y atención especial... Muchas compañías parecen haber cortado eso cadena y en su lugar se prestan a *"Gestión por mentiras"*».

La directiva toma el camino equivocado si promueve, por ejemplo, una cultura donde se espera que los líderes trabajen duro para reducir los presupuestos. Eso es un indicador de que ellos desconfían de su gente. Esto creará una negación de la realidad y una cultura deshonesta que se muestra, por ejemplo, cuando estos líderes establecen márgenes superiores dentro del presupuesto para poder contener el respectivo recorte proveniente de la directiva.

Claro está que la directiva y los comités directivos tienen la obligación de ajustar los presupuestos y las agendas, lo que incluye establecer objetivos desafiantes, pero esto nunca debe hacerse con base a la desconfianza.

Si crees que se han establecido márgenes superiores de recursos o tiempo, en el presupuesto o en las agendas, respectivamente, inicia preguntándote por qué consideras que ese es el caso. ¿Acaso las personas que realizan los estimados y las agendas tienen problemas de actitud? ¿O ellos carecen de las capacidades necesarias? En ambos casos necesitas resolver las deficiencias del MCA. Y si es cuestión de mala actitud, primero pregúntate si parte de tu propio comportamiento pudo haber desempeñado un papel importante para causarla.

Es lamentable, pero muy humano, la manera en que las personas caen fácilmente en el pensamiento de grupo (*groupthink* en inglés) y la desconfianza. La práctica de pensar o tomar decisiones como grupo desalienta la creatividad o la responsabilidad individual. Es por ello que debes tener el coraje necesario para combatirlo, no solo en los demás, sino también en ti mismo.

En otras palabras, trata de crear confianza, hacia arriba y hacia abajo a la vez. No te limites a rechazar rotundamente un honesto «es imposible» como respuesta cuando cuestiones a alguien. Responde preguntado y enseñando al mismo tiempo «¿Por qué es imposible? ¿Cómo podemos superar obstáculos o encontrar nuevas maneras de hacerlo posible?»[69]

Después de todo, elevar el objetivo a partir del nivel de base actual requiere por lo menos algunas mejoras del MCA.

Comienza contigo

Es indudable que el liderazgo y su desarrollo son importantes. También es innegable que todos los directivos son responsables de desarrollar sus propias capacidades de liderazgo. ¿Pero quién es responsable del liderazgo general en una gran organización? La respuesta sencilla es: todos los directivos que tengan a otros directivos o gerentes colaboradores a ellos. Por supuesto, es natural darle al departamento de Recursos Humanos un papel importante a desempeñar, pero las cosas buenas comienzan a suceder cuando el directivo de mayor nivel toma la iniciativa. Idealmente, todo el trayecto debería comenzar

---

69. Puede ser muy destructivo si un gerente ignora las advertencias con comentarios como, «¿Por qué estás siendo tan negativo?» O «solo hazlo, ¿qué tan difícil puede ser?» Si adoptas un enfoque tan desconfiado con las personas que expresan inquietudes con buena actitud, arriesga la oportunidad única de hacer ajustes y aprender de la situación. Pero lo que es peor, también corre el riesgo de perder la motivación general y el compromiso de las personas que producen los resultados.

desde la cima, dado que hace posible coordinar el desarrollo del liderazgo en términos de dirección y velocidad. Sin embargo, la regla básica, independientemente de cuán alto en la organización comienza tu transformación, es establecer el desarrollo del liderazgo para cada uno de los equipos de gestión, nivel por nivel, esto significa, que cada superior asuma la responsabilidad de su propio equipo de trabajo.

No te rindas si el desarrollo de tu liderazgo aún no está dirigido por tu propio jefe. Inicia en tu nivel. Tu ejemplo y tu interés es muy importante para los jefes y demás colaboradores que están bajo tu mando. Juntos pueden hacer una diferencia que será advertida y se esparcirá hacia otras partes de la organización.

10. El árbol de la colaboración: un marco para el liderazgo basado en la creación de valor

Nos ganamos la vida con lo que recibimos, vivimos de lo que damos
Winston Churchill

La afirmación de Churchill es muy relevante para el liderazgo. Dar es de vital importancia. La colaboración se sustenta en dar, a través de la creación de contribuciones laborales y *contribuciones del líder*. Dar en este contexto consiste en contribuir desinteresadamente, y además abre un camino para el crecimiento, para madurar como ser humano.

En este último capítulo voy a concentrarme en aclarar los fundamentos de *La escalera al liderazgo*. Vamos a hacer un resumen igualmente de tal forma que algunos conceptos importantes puedan ampliarse. La primera parte del capítulo trata de cómo el árbol de la colaboración puede ser usado como marco para un gran liderazgo, seguido por una explicación de cómo los cuidados tenaces, unidos a la valentía, son fundamentales para el desarrollo del liderazgo. El resto del capítulo lo dedicaremos a explicar el proceso de maduración como líder y como persona.[70] El capítulo incluye las siguientes partes:

- **El árbol de la colaboración como un marco**

- **Liderazgo basado en la creación de valor**

- **Dar y crecer**

- **Finalmente, tu escalera ante tu árbol**

---

70. La sección sobre la madurez, así como otras partes del capítulo, están inspiradas en gran medida por *Leadership: The Care and Growth Model (Liderazgo: El modelo de cuidados y de crecimiento)* de Etsko Schuitema.

10.1 El árbol de la colaboración como un marco

*Mi liderazgo es significativo solo cuando estoy encaminado
en la dirección correcta*
El autor

El liderazgo existe dentro de un contexto. En la vida laboral ese contexto es la colaboración que crea valor. El árbol de la colaboración del Capítulo 1 por lo tanto se convierte en un cimiento natural para el marco del liderazgo en el ámbito laboral.

El árbol de la colaboración

El árbol de la colaboración visualiza el contexto de la creación de valor en conjunto, y es en consecuencia el contexto para el liderazgo. Es en este árbol en donde la escalera al liderazgo descansa con estabilidad.

El árbol de la colaboración y la escalera al liderazgo, apoyados por el modelo de contribuciones del líder y las herramientas de los apéndices, crean un modelo holístico para el desarrollo del liderazgo, abarcando todo, desde valores y principios hasta un comportamiento concreto en distintas situaciones.

El árbol de la colaboración simboliza cómo mejorar la creación de valor para los cuatro *stakeholders* principales (partes interesadas), con base a las tres condiciones necesarias del MCA (*medios, capacidades y actitudes*). La Figura 27 muestra esto, resaltando la importancia especial de las contribuciones del líder y una base de valores fundamentales para el liderazgo.

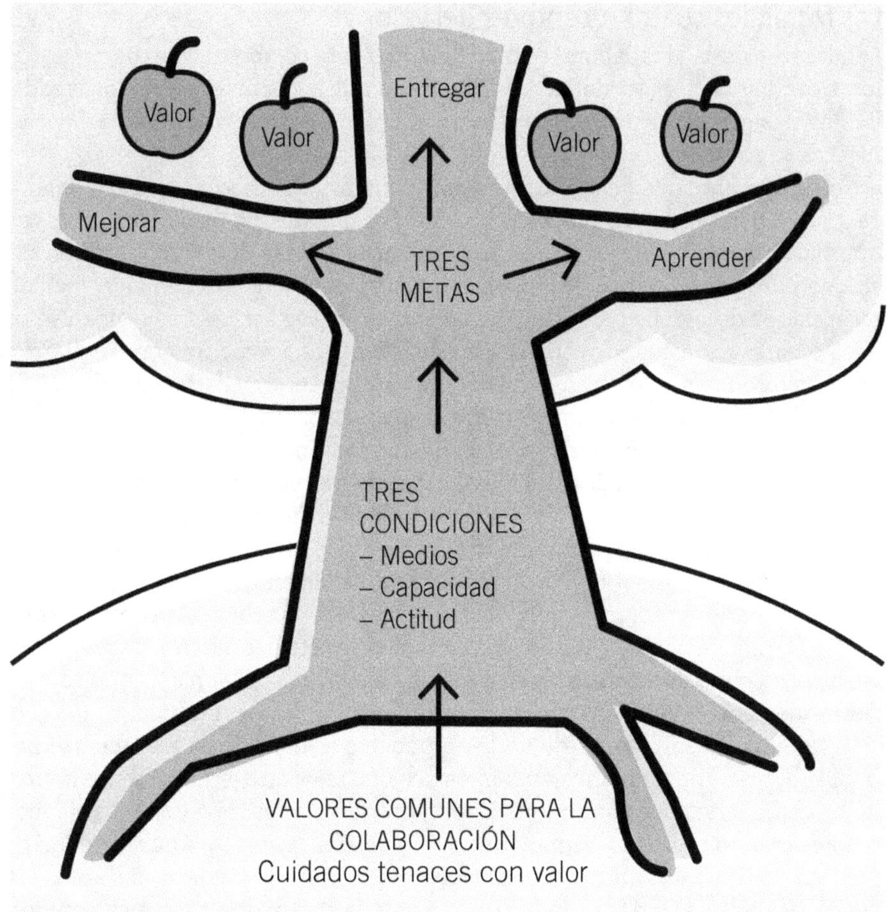

Figura 27. El árbol de la colaboración
… desde una perspectiva del liderazgo.

El árbol de la colaboración provee el marco para un liderazgo audaz basado en la creación de valor. La siguiente sección describe las cuatro partes del árbol, de arriba a abajo, desde el valor creado hasta los valores básicos requeridos.

Las frutas, los cuatro receptores del valor

El liderazgo en la vida laboral consiste en liderar la colaboración para crear valor. Normalmente hay cuatro grandes grupos de receptores del valor creado, llamados *stakeholders*, específicamente los compradores, colaboradores, accionistas y la sociedad.

Los compradores deben recibir los productos (bienes y/o servicios) de alta calidad, a tiempo y a un precio razonable. Los colaboradores son las personas que hacen contribuciones en los procesos generadores de valor, y reciben un valor en forma de salarios y seguridad. Afortunadamente también lo reciben en términos de desarrollo personal y reconocimiento. Los accionistas reciben valor de la organización cuando esta alcanza sus objetivos, frecuentemente en forma de un retorno legítimo de su inversión de capital. La sociedad recibe valor por medio de los impuestos y también a través de buenos productos, nuevos conocimientos y otras contribuciones a su bienestar común y sostenible.

Le darás un mayor significado y una base más amplia a tu liderazgo si logras darle el valor que merecen a los cuatro grupos de stakeholders que hemos mencionado. Ese propósito equilibrado no elimina todos los conflictos de interés, pero hace posible «hornear un pastel más grande para compartir». Al mismo tiempo, reduce el riesgo de que alguno de los stakeholders, debido a su descontento, quiera arruinar el valor de los demás. Ejemplos de esto podrían ser la pérdida de clientes, colaboradores trabajando a media capacidad o accionistas que causen cierres de operaciones para mover su capital a algún otro lugar.

También la entrega diaria de los productos a los clientes y el reparto periódico del retorno de la inversión a los accionistas es extremadamente importante, como líder debes hacer que el aprendizaje y el crecimiento de tus colaboradores sean tu prioridad número uno. Esto es sencillamente porque el liderazgo se basa en las relaciones con los individuos, y además porque la suma de las capacidades de todos le añade valor a toda la organización y crea valor para los cuatro grupos de stakeholders principales.

Las ramas y los tres objetivos

Creas valor cuando cumples, mejoras y aprendes. La creación de valor más obvia se hace en el proceso de cumplimiento, o sea, en los flujos de trabajo que dan como resultado los productos y servicios requeridos por los clientes de la organización. Los procesos de cumplimiento deben, como regla, crear un bien que sea más valioso que el costo de producirlo. El excedente resultante normalmente beneficia a todos los stakeholders, directa o indirectamente.[71] En consecuencia, la rama del árbol de la colaboración dedicada al cumplimiento, ilustra la creación de valor para los distintos stakeholders, o dicho de otra manera, nutre a las cuatro manzanas.

---

71. Por ejemplo, directamente a través de los dividendos que se pagan a los accionistas (después de que los colaboradores hayan obtenido su remuneración y la sociedad sus impuestos), o indirectamente mediante reinversiones que creen sostenibilidad, crecimiento y seguridad laboral.

A fin de garantizar la creación de valor sostenida a lo largo del tiempo, la colaboración necesita mejoras de productos, trabajo y estructuras de apoyo. Esta creación de valor se hace durante los procesos de mejora. Ello da a lugar a mejores productos y menos pérdidas durante la producción, lo que hace posible el progreso sostenido. Las mejoras sistemáticas adecuadas también suponen otros efectos, tales como una mayor velocidad y flexibilidad, una mejor área de trabajo, crecimiento personal aumentado y una huella ecológica más amplia. Por lo tanto, *la rama de mejorar* del árbol también ilustra la creación de valor para los cuatro grupos de *stakeholders*.

No obstante, la organización no es la única que se beneficia de una mejor colaboración. Todo aquel que contribuya al esfuerzo laboral debe ganar algo de él, por ejemplo, aprendiendo. El proceso de aprendizaje permite el crecimiento de varias maneras. Una de ellas es que aumenta tu capacidad individual de ejecutar las tareas de hoy y de mañana. Otra es el aumento de tu habilidad para contribuir con un excelente trabajo en equipo, así como de tu capacidad para aprender. La *rama de aprender* del árbol ilustra todas esas creaciones de valor que surgen a partir del aprendizaje individual. Mientras que cada persona gana directamente con esto, los demás *stakeholders* se beneficiarán indirectamente.

La responsabilidad de todos de cumplir y mejorar a veces se llama actividad dual. Yo afirmo que ese término debe extenderse a una actividad triple: todos tenemos tres obligaciones con la colaboración, lo que viene siendo contribuir con lo mejor de nosotros mismos en términos de cumplir, mejorar y aprender.

El tronco, las tres contribuciones del líder

El tronco del árbol de la colaboración representa las tres condiciones necesarias para la colaboración, MCA. El fortalecimiento es la contribución más importante que puedes hacer como líder: (1) Mejorando y asegurando los *medios*, los recursos y estructuras necesarias, (2) ofreciéndole retos y oportunidades de aprendizaje a cada persona para que aumente sus *capacidades* y (3) ayudando a los individuos a fortalecer su *actitud*, con base a los cuidados tenaces que tengas con ellos.

Podrías necesitar dedicar más tiempo a hacer contribuciones como líder. Y probablemente necesitas mejorar la manera en que las provees. Ocupa tu tiempo sabiamente y evita el desperdicio de tu liderazgo.

Las raíces, los valores básicos para un cuidado tenaz y con valentía

Una base de valores para una excelente colaboración está dada en gran medida por el respeto hacia todas las personas implicadas o afectadas por la colaboración. Pero también está definida por la voluntad de contribuir a un trabajo en equipo efectivo y armonioso.

La base de valores para un gran liderazgo puede resumirse en «cuidados tenaces y con valentía». Esa base consiste en actuar fuera de tu zona de confort (si es necesario) para conseguir un mayor bienestar general, incluyendo manifestaciones de atención y cuidado tanto afables como estrictas, así como también un trabajo en equipo respetuoso y eficiente.

Liderar a otros requiere de una buena actitud de tu parte, basado en un objetivo de liderazgo claro. Trata de visualizar tu propio propósito haciéndote las siguientes preguntas:

◆ **¿Es lo suficientemente fuerte mi voluntad para crear valor para todos los grupos de *stakeholders*?**

◆ **¿Realmente me importan las personas que me he propuesto liderar?**

◆ **¿Estoy preparado para actuar con un poco más de valentía diariamente, a fin de responder de manera adecuada a la situación desafiante a la que me enfrento?**

Las respuestas que des, si son honestas, te brindarán luz sobre tus propios valores, ellos son el punto de partida para tu siguiente paso hacia un liderazgo más audaz.

10.2 Liderazgo basado en valores

Si no está bien, no lo hagas.
Si no es verdad, no lo digas
Marcus Aurelius

Actuar con base a lo que es correcto y verdadero no siempre es sencillo.[72] En primer lugar debes comprender lo que requiere la situación particular, y en segundo lugar necesitas tener el valor para actuar en consecuencia.

---

72. Marco Aurelio probablemente lo hizo muy bien, puesto que fue considerado (especialmente por el filósofo Nicolás Maquiavelo) como uno de los cinco mejores emperadores que gobernaron el Imperio Romano, desde el año 96 hasta el año 180 d. C.

Todos nosotros internamente sabemos lo que está bien y lo que está mal, pero necesitamos ser sinceros con nosotros mismos respecto a eso. Entonces, para poder tener el valor de seguir esa brújula, necesitamos darnos a nosotros mismos el suficiente tiempo para reflexionar, para afianzar nuestra propia misión y nuestras propias tareas.

Poder, manipulación y honestidad

Tener poder es ser capaz de influenciar a otras personas. Liderar es hacerlo realmente. Así, el liderazgo se trata del uso del poder.

En la vida laboral, el poder de dirigir surge del poder gerencial formal dado por los superiores, y el poder de liderazgo es dado por *los colaboradores*, mediante su disposición a contribuir.

Como mencioné en la introducción, el liderazgo no solamente es cuestión de crear buenos resultados a través de las otras personas. No se trata de usar a los demás, obligándolos o manipulándolos, y mucho menos comprando su trabajo.

Manipular a alguien para que trabaje para tus propios intereses frecuentemente es la peor estrategia de gestión, sin duda esto creará resistencia una vez que se sepa. Tendemos a denunciar a las personas egoístas que tratan de engañarnos. Comprar la fuerza de trabajo puede ser mejor, porque al menos es algo que se hace abiertamente.

El liderazgo real, no obstante, consiste en favorecer la disposición de todos a contribuir con los objetivos mediante la colaboración. En otras palabras, el liderazgo real consiste en aumentar la actitud de todos para cumplir, mejorar y aprender, a fin de crear valor real para todos los *stakeholders*.

En contraste a comprar, el forzar o manipular a los colaboradores, el liderazgo real creará la buena voluntad de seguir al líder. Ese propósito estará creciendo cuando de forma transparente y honesta tú como líder dediques tu trabajo para lo que sea mejor a largo plazo para todos los *stakeholders* de la organización, incluyendo a los colaboradores individuales. A su vez, eso requiere que seas honesto contigo mismo sobre tu propia base de valores, y eso probablemente también necesite de muchos pasos pequeños en tu crecimiento personal.

Una base de valores para el liderazgo

Una base de valores se construye con valores. En este contexto, un valor es una concepción básica de cómo debe actuar una persona en una situación específica.

Los valores varían de persona a persona. Así, todos nosotros tenemos nuestra propia base de valores, que es más o menos compartida con las personas con las que trabajamos.[73]

Los valores dominantes en una organización, junto con las suposiciones básicas y el comportamiento repetitivo, eventualmente forman la cultura de la organización. El entendimiento básico de cómo debe actuar un líder en situaciones específicas es lo que forma la base de valores para el liderazgo. Tú puedes esclarecer y formular tu propia base de valores —y esto debe hacerlo en conjunto el equipo directivo.

Una base de valores para el liderazgo debe sintetizarse de una forma amplia, por ejemplo, de la siguiente manera: «cuidados tenaces y con valentía». Tu propio resumen forma la base para tu misión de liderazgo, es decir, lo que quieres lograr con tu liderazgo.[74]

Mientras más actualices tu base de valores para el liderazgo, más fácilmente llegará a convertirse en la brújula que guiará tu comportamiento en el día a día. También podrás verla como el ancla que provee la estabilidad para actuar consistentemente.

Una base de valores adecuada es fácil de seguir. Si está debidamente afianzada en ti, te ayuda a ser más audaz y actuar de acuerdo con ella, incluso en las ocasiones en que conlleve a tomar riesgos personales.

Una transformación de Lean exitosa requiere la combinación de una base de valores adecuada y un buen liderazgo. La gran cantidad de errores a la hora de conseguir efectos duraderos a partir del Lean está causada principalmente por una base de valores pobre y una falta de liderazgo. Peter Hines y otros en *Staying* Lean (Lean *persistente)* hacen referencia a un estudio de investigación sobre las principales razones por las que falla el Lean. Las razones principales encontradas fueron falta de visión y comunicación. Los autores concluyen que: «En efecto, el liderazgo mediocre se ha identificado como la razón de la poca sostenibilidad de los cambios de Lean».

---

73. Al formular una escala de valores común es importante recordar que esta solo puede ser una imagen cercana de la escala de valores de cada individuo. Formular una escala de valores compartida para una organización es una manera de señalar las directrices necesarias para un comportamiento apropiado convenido. Si es verdadera (es decir, que es ampliamente aceptada y seguida al menos por los directivos), puede usarse para mejorar las actitudes. Si es falsa (por ejemplo, formular una lista de comportamientos deseables en los demás y no ajustada con tu proceder) es hipócrita y desmotivadora. Tú y tus colegas deben ser modelos, viviendo los valores que propagas.

74. Tú eres libre de moldear tu propia misión como líder, exactamente como quieras. Una vez escuché a un gerente resumirlo así: «Mi liderazgo no se trata de mi éxito, ni siquiera está basado en el éxito de mi organización, mi liderazgo se basa en el éxito de las personas que me he propuesto dirigir».

La palabra «respeto» con frecuencia se usa, dentro y fuera del contexto del Lean, para describir el núcleo de una base de valores de colaboración exitosa. Una de mis dos citas favoritas de Richard Branson destaca lo siguiente: «El respeto es la manera de tratar a todas las personas, no solo aquellos a quienes quieres impresionar». La otra cita hace énfasis en otro asunto importante: «La felicidad es el ingrediente secreto para los negocios exitosos. Si usted tiene una empresa feliz, esta será invencible».

En comparación a lo que se ha escrito sobre las herramientas de Lean, es muy poco lo que se ha escrito sobre el liderazgo Lean.[75]

Jeffrey Liker, quien ha estado estudiando las razones tras el éxito de Toyota a lo largo de tantos años, es una excepción. Él ha destacado la necesidad de nuevos tipos de liderazgo y valores (comparando a las típicas compañías occidentales. Véase *El método Toyota* y *El método Toyota para el liderazgo* Lean). Él describe cómo el enfoque de Toyota sobre el liderazgo difiere del liderazgo occidental tradicional y cómo ellos crean a partir de una misión a largo plazo que incluye a la compañía y sus accionistas, los clientes, los colaboradores, así como también la sociedad en general. De acuerdo con Liker, los gerentes en Toyota aspiran a una creación de valor sostenible, especialmente para sus clientes.

Toyota ha resumido su base de valor en dos pilares: mejoramiento continuo y respeto por las personas. Estos son divididos en cinco partes:[76]

(1) Desafiarse a mantener una visión a largo plazo y confrontar todos los desafíos con la valentía y creatividad necesaria para cumplir la visión. (2) Mejoramiento continuo, dado que ningún proceso puede decirse que es perfecto. (3) Ir a la fuente para encontrar los datos y tomar decisiones correctas, formar consensos y lograr metas. (4) Toyota respeta a los demás, destina cada uno de sus esfuerzos a comprender a los demás, acepta la responsabilidad y hace lo mejor para crear confianza mutua. (5) El trabajo de equipo. Toyota estimula el crecimiento personal y profesional, comparte las oportunidades para el desarrollo y maximiza el desempeño del individuo y del equipo.

Estas descripciones de la escala de valores (y otras similares) deben ser válidas para todos los colaboradores. Pero deja una pregunta importante sin respuesta: ¿Cuáles son los valores más importantes para convertirse en un gran líder? Las respuestas pueden encontrarse describiendo cómo debe actuar un líder en distintos tipos de situaciones.

Entonces, examinemos el comportamiento esencial que debe asumir un líder.

---

75. He tratado de compensar esta falta de documentación discutiendo distintos aspectos de liderazgo Lean, con personas experimentadas de todo el mundo siempre que he podido. De este modo, conseguí nuevas perspectivas de varios expertos, como Jeffrey Liker, Tatsuhiko Yoshimura, Sumida Toshinobu, David Meier, Takayuki Shimizu, Gert Frick y Niklas Modig. Les agradezco a todos.

76. Según Toyota Material Handling Europa. Ellos escriben en su folleto interno, The Toyota Way *«El método Toyota»* que este «expresa las creencias y valores compartidas por todos nosotros», y está basado en «el valor que la compañía entrega a los consumidores, accionistas, asociados, socios comerciales y la comunidad global».

Comportamiento del líder

El comportamiento de liderazgo es cultura empresarial
Anónimo

Nuestra escala de valores define nuestro comportamiento, y nuestro comportamiento a su vez revela nuestra escala de valores.[77]

El liderazgo que eres capaz de poner en práctica depende de cómo perciben tus acciones tus colaboradores (los valores que demuestras, lo que dices y lo que haces), en otras palabras, cómo ellos ven y entienden tu comportamiento. Esto quiere decir que la única manera de desarrollar tu liderazgo irá de la mano de tu comportamiento.

La Tabla 2 muestra las medidas del liderazgo en forma de posiciones contrastantes. Úsalas para considerar, solo o con otros colegas, qué tipos de comportamiento son preferibles en ciertas situaciones concretas, y en dónde tienes la mayor oportunidad de mejorar.

---

77. Compara con la Figura 7 (en la Sección 3.3), que ilustra cómo la escala de valores, mediante principios, maneras de trabajar y herramientas, guía nuestras acciones.

Líder A		Líder B
… regularmente muestra preocupación por los ahorradores o depositarios	↔	… está completamente enfocado en lograr el próximo objetivo financiero
… se enfoca en el proceso (cómo se hacen las cosas y cómo puede hacerse mejor)	↔	… se enfoca en los objetivos y en los resultados dejando que otros se ocupen de los métodos
… toma riesgos personales para hacer lo que se requiere	↔	… no toma riesgos personales
… se preocupa por el crecimieto de cada subordinado	↔	… se preocupa por la impresión que da a los directivos superiores
… comparte una visión clara y expectativas bien definidas	↔	… está satisfecho con el estado actual y evita conflictos
… toma acciones en lo que es más importante	↔	… actúa en lo que es más urgente
… retrocede para discutir sobre las tareas comunes y objetivos, conectándolos a las contribuciones individuales	↔	… encuentra obvias las tareas y los objetivos
… hace visible las expectativas, contribuciones y las desviaciones con un pulso diario	↔	… revisa los resultados con una frecuencia mensual
… visualiza los problemas para encontrar causas principales (al igual que en su propio liderazgo)	↔	… trata de evitar problemas o culpar a alguien
… diseña una estructura de reuniones muy cortas y enfocadas	↔	… emplea reuniones largas con agendas extensas
… escucha con atención y ve a cada individuo	↔	… habla mucho y se dirige a todo el grupo
… está presente y ve el juego en el área de trabajo	↔	… principalmente usa las cifras e informes que están en su escritorio o en las salas de juntas
… busca entender las causas principales de forma sistemática	↔	… confía en la primera solución obvia
… propone retos y da abundante retroalimentación en base a las contribuciones	↔	… reta con objetivos y da la retroalimentación con cifras a través de informes mensuales
… propone desafíos y les exige cuentas a las personas	↔	… comete errores leves basado en excusas cuestionables
… involucra a las personas y hace preguntas	↔	… dirige y responde preguntas
… gestiona con marcos, es decir, con expectativas y con libertad	↔	… dirige a través de órdenes y reglas detalladas
… mejora continuamente las habilidades y aprendizaje, fortaleciendo el espíritu de equipo	↔	… deja que expertos de afuera se hagan cargo de las mejoras principales
… constituye espíritu de equipo, además de flujos de trabajo completos, independientemente de los límites organizacionales	↔	… se concentra únicamente en su función

Tabla 2. Ejemplos de comportamientos del líder para ser usado en discusiones constructivas

Una escala de valores altruista

Muchos hombres pasan toda su vida pescando,
sin saber que realmente no están tras ningún pez
Henry David Thoreau

Como líder, tu integridad y legitimidad están basadas en actuar realmente de acuerdo con tu escala de valores. Si no tienes la valentía para vivir con base a estos, estás parado en un cimiento sin solidez.

Al afianzar tu escala de valores obtienes el conocimiento de tu propio propósito. El afianzamiento te da un punto de referencia estable para las distintas decisiones que debes tomar en un día de trabajo normal.

Todos nosotros tenemos valores que son más o menos altruistas o desinteresados. Un valor desinteresado es una concepción básica de cómo deberías actuar en cierto tipo de situación, a sabiendas de que eso podría menoscabar tu interés personal.

Los valores desinteresados son prerrequisitos para una buena colaboración y en consecuencia para un gran liderazgo. Una persona que va a trabajar solo para obtener una gran paga, aportando un mínimo de esfuerzo, no es ni un buen colaborador ni un buen líder.

Una escala de valores común debe contener, en consecuencia, valores altruistas. Liderar mediante tales valores, fortalece tanto el sentido por el cual se trabaja como el espíritu de equipo.

El liderazgo y una escala de valores desinteresada se relacionan de dos maneras. En primer lugar, porque el buen liderazgo depende de la intención del líder de brindarles un aporte desinteresado a sus colaboradores (mediante sus contribuciones del líder). En segundo lugar, porque cada quien en el equipo debe ser guiado para aportar desinteresadamente al trabajo colaborativo (mediante sus contribuciones laborales).

Una escala de valores para el liderazgo se sintetiza en mostrar «cuidados tenaces y con valentía». Eso significa liderar desinteresadamente, para el bien de los *stakeholders* a largo plazo. Ocuparse de cada colaborador con manifestaciones afables y estrictas al mismo tiempo, y haciendo lo que cada situación requiera, cada vez con más audacia.

10.3 Dar y crecer

La meta es ser capaz de dar con gratitud
Autor

Cuando damos incondicionalmente, sin esperar algo a cambio, somos generosos en un sentido auténtico.

Sin embargo, el término dar puede significar muchas cosas. Eres generoso cuando das incondicionalmente parte de tu dinero o pertenencias, así como también cuando dedicas parte de tu tiempo ayudando a alguien o haciéndole otra clase de favores. Esa generosidad rara vez está asociada a tomar riesgos personales serios.

Los actos más generosos y desinteresados están relacionados con dar incondicionalmente y con valentía. Esto se traduce en que muestres la expresión más enérgica de generosidad dando lo que necesita alguien más, actuando valerosamente, como por ejemplo, decir o hacer algo incluso cuando enfrentas consecuencias personales negativas.

Dar con generosidad (ya sea que demande valor o no) beneficiará no solo al receptor, sino a quien da. Tienes argumentos para estar agradecido, tanto por tener algo que dar como también por tener la madurez de querer compartirlo, o dicho en pocas palabras: *crece con la meta de dar con gratitud.*[78]

La escalera de la madurez

La madurez personal normalmente se construye en pasos pequeños. Avanzas cada vez que das en vez de recibir. Siempre que estemos bien ubicados en el presente, tratando de comprender la situación sin sesgo y actuando generosamente, crecemos un poco. Esto aplica para mí, para ti y para tus colaboradores.

Madurar no es cuestión de hacerse blando o duro, sino más bien es cuestión de dar lo que la situación requiere, independientemente de si hay que actuar con dureza o suavidad, valerosamente o no. Conforme vayas madurando, serás menos egoísta, cobarde y avaro. Esto se ilustra a través de la escalera de la madurez en la Figura 28.

---

78. He basado esta afirmación, como la mayoría del contenido de esta sección, en mi interpretación de las enseñanzas de Etsko Schuitema. Lea más en sus libros Leadership: *The Care and Growth Model, Intent: Exploring the Core of Being Human* y *The Two Sandals: Intention, Attention and the Journey of Becoming Human.*

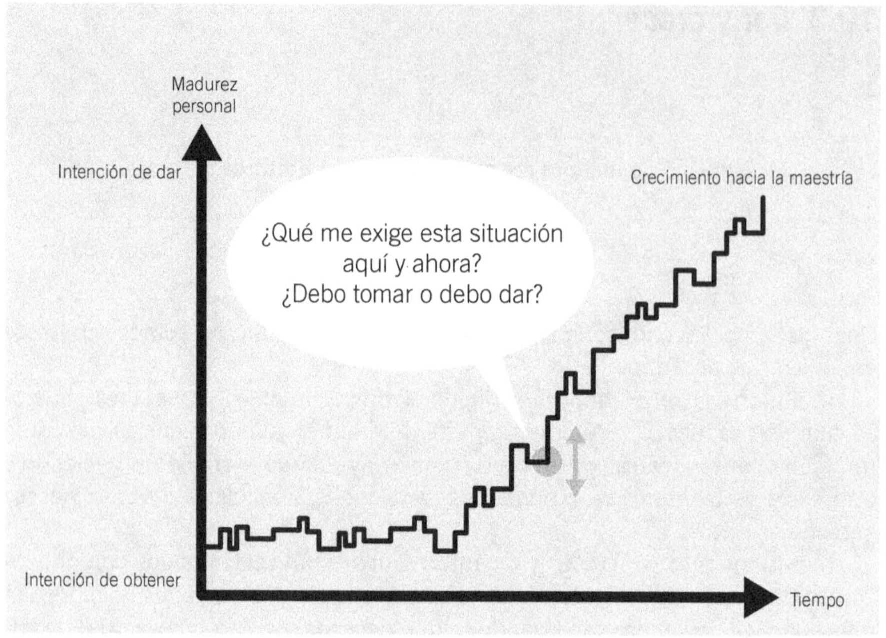

Figura 28. La escalera de la madurez
Creciendo como líder mediante actitudes cambiantes. (Basado en *Leadership: The Care and Growth Model* de Etsko Schuitema.)

Tú eres quien decides siempre cuando tienes las opciones de dar y recibir. Cuando tomas la decisión de dar, creces.

Tu maduración como persona está basada en los actos desinteresados, los cuales te permitirán subir las escaleras de la Figura 28. Los actos egoístas, por otro lado, la derribarán.

Mientras más te desarrolles (orientado a obtener mejores capacidades), te harás más auténtico y estarás menos enfocado en lo que crees que los demás deben darte. Te harás más responsable, examinando tus obligaciones y exigiendo con menos frecuencia tus derechos. Estarás impulsado en mayor medida por los valores y en menor medida por las necesidades, y mientras menos necesites de los demás, más independiente y poderoso serás. En pocas palabras, al dar con más frecuencia pasas de anhelar a contribuir. Pasas de ser una víctima del comportamiento de otros a convertirte en el maestro de las situaciones.

Las personas que maduran de esta manera poco a poco asumen una responsabilidad más completa por la colaboración. Ellos se quejarán menos y actuarán más, se harán menos dependientes y más influyentes. Esto no solo aplica para ti, sino para todos y cada uno de tus colaboradores.

Etsko Schuitema explica cómo funciona este proceso, el paso de la victimización a la maestría en *Liderazgo: el modelo de asistencia y crecimiento*:

En cualquier situación hay dos posibilidades. Una es lo que quieres obtener y la otra es lo correcto, lo que debes dar o aportar. Si persigues implacablemente la segunda posibilidad, transmutarás y seguirás transmutando. Hora tras hora, día tras día, semana tras semana, cambiarás y seguirás cambiando. No te reconocerás luego de una semana, y menos la semana después de esa. Asumirás la estatura y la condición del gigante que está enroscado dentro de ti como un resorte muy apretado. Te montarás en la montaña rusa que es tu vida. No te subestime a ti mismo.

Todos nosotros podemos crear el propósito de darle a nuestra escala de valores lo que cada situación requiere. Al tratar de vivir cada día dando lo mejor de nuestras capacidades, podemos, de forma progresiva, madurar hacia nuestro máximo potencial como seres humanos.

Formando a un líder
Las personas maduras dan más de lo que reciben, escuchan más de lo que hablan y pueden subordinar sus agendas a las de los demás. Esas personas manifiestan humildad, respeto y valentía.

La *escalera de la madurez*, con su mensaje de generosidad incondicional, tiene implicaciones importantes para todos, pero tiene una relevancia incluso mayor para una persona que quiere liderar. De hecho, desarrollarse como líder está fundamentado en establecer un ejemplo que demuestre el propósito de dar desinteresadamente lo que la situación requiere.

Un líder maduro será capaz de ayudar a los demás a madurar. Esto significa que los colaboradores probablemente seguirán el ejemplo del líder, uno de generosidad incondicional, aportando más.

Cuando todos están preparados para dar más de lo que piden a cambio, el equipo podrá hornear un pastel más grande. En otras palabras, las personas que están preparadas para dar más incondicionalmente forman un mejor equipo, con una mejor colaboración. De esta manera el equipo produce más valor para sus *stakeholders*.

Lo opuesto es que cuando un grupo de personas que quieren recibir más de lo que están preparados a dar, generará una espiral negativa de colaboración decadente. Asevero que la escalera de la madurez suministra tres conclusiones importantes desde una perspectiva del liderazgo:

1.   **Acepta el nivel de madurez presente y actúa a partir del aquí y el ahora.** Reconoce que tú y tus colaboradores son seres humanos que seguirán actuando de forma egoísta a veces. Pero no aceptes una mala disposición para crecer, ni la tuya ni la de alguien más. La culpa y la vergüenza rara vez forman una buena base para las mejoras, pero la renuencia a intentar es algo incluso peor. Cada pequeño paso que des tú o tus colaboradores, aquí y ahora, cuenta.

2.   **Establece un ejemplo, tu comportamiento inspira a tus seguidores.** Si tus colaboradores creen que trabajas principalmente para enriquecerte, ellos muy probablemente estén propensos a hacerlo también. Si ven que te atribuyes el crédito por el esfuerzo de ellos, comenzarán a oponerse a ti (aunque en la mayoría de los casos será en secreto) siempre que puedan. Y si piensan que eres bueno con ellos solo porque quieres obtener algo a cambio, seguramente imitarán parte de ese egoísmo.

No obstante, si ellos perciben que estás tratando de hacer una contribución para el bien de todos los *stakeholders*, incluyéndolos, probablemente seguirán tu ejemplo.

3.   **Observa y reconoce cuando tus colaboradores ascienden en la escalera.** Cada vez que tomas una decisión, asciendes o desciendes en la escalera de la madurez. Cada ocasión nos define. Cada acto egoísta es una oportunidad de crecimiento perdida. Etsko Schuitema lo describe así: «Cuando no actuamos correctamente, desperdiciamos la ocasión».

Es en el momento de la decisión cuando los colaboradores muestran su actitud, su intención de contribuir. Esta actitud se revela con lo que se dice, hace o expresa de alguna otra manera. El líder debe *ver el juego,* a fin de notar las contribuciones, fortalecer los medios y capacidades, así como entrenar a los individuos para que fortalezcan su actitud.

Es tu trabajo como líder ayudar a cada colaborador a ascender en la escalera y convertirse en un maestro, especialmente a aquellos que se atascaron como víctimas dependientes (lo que puede representarse como estar en la esquina inferior izquierda de la Figura 28).

Recuerda que la persona que toma decisiones de forma egoísta no es mala, solo inmadura. Al fomentar la cultura de dar y confrontar sus actos egoístas, la estás ayudando a crecer.

Un buen punto de inicio para tu madurez como líder es por tanto el propósito de dar, al hacer contribuciones cada vez mejores. Los líderes maduros cultivan actitudes, iniciando con la suya propia. Ese desafío es para toda vida.

Que haya una conexión entre la humildad desinteresada y un gran liderazgo es un hecho que el equipo de investigación de Jim Collins mostró en los estudios que lo llevaron a crear el libro *Good to Great (Empresas que sobresalen)*. El equipo encontró líderes que denominó nivel 5: modestos y con un bajo perfil, que crearon resultados duraderos. En contraste, en el nivel cuatro encontraron líderes con una personalidad encantadora, que alcanzaron el protagonismo, pero que solo pudieron crear resultados a corto plazo.

Collins enfatiza en que esto es lo contrario a lo que esperaban: «Nuestro descubrimiento del liderazgo de nivel 5 es contradictorio. De hecho, es contracultural. Las personas generalmente asumen que transformar las compañías para que pasen de ser buenas a sobresalientes requiere de líderes de talla enorme».

De esta manera, él continúa describiendo la humildad que caracteriza a los líderes de nivel 5: «De hecho, en todas nuestras entrevistas a esos ejecutivos, nos impactó la manera en la que hablaron de sí mismos, o más bien, de cómo no hablaron de sí mismos. Ellos hablaron sin parar de la compañía y de las contribuciones de otros ejecutivos, pero instintivamente desviaron la discusión de su propio rol. Cuando se les presionó a hablar de sí mismos, dijeron cosas como, "espero no sonar como un mandamás", o "no creo que pueda atribuirme mucho del crédito por lo que sucedió. Estuvimos dotados de unas personas maravillosas"… En cambio, los líderes de nivel 4 frecuentemente fallaron a la hora de constituir una compañía destinada al éxito duradero, después de todo, ¿qué mejor testamento para tu propia grandeza personal que la compañía se desmorone cuando te vayas?».[79]

Collins y su equipo de investigación también encontraron que los líderes de nivel 5 tienen confianza en su gente. Esto va muy bien con lo que Robert Levering enfatiza en *A Great Place to Work (Un gran sitio para trabajar)*. Su investigación de los sitios de trabajos efectivos y apreciados resalta la importancia de la confianza. Las personas estudiadas estaban menos enfocadas en la remuneración monetaria y más en construir puentes de confianza mutua entre sí.

Es más fácil dar incondicionalmente a los demás si va en ambos sentidos y es recíproco. Si el otro (especialmente si es el jefe de uno) recibe y usa las contribuciones de los colaboradores sin dar nada a cambio, la confianza desaparece. Y recuperar la confianza perdida requiere de un largo tiempo.

Los individuos maduros, en un ambiente de confianza, quieren transmitir el conocimiento y las experiencias, y cuidar lo que han recibido. Ellos dan con gratitud.

---

79. Del artículo Nivel 5 de liderazgo: *The Triumph of Humility and Fierce Resolve.*

Los líderes generosos crecerán y harán crecer a sus colaboradores, creando una cultura de equipo generosa. En consecuencia, un equipo con miembros generosos crea más valor para compartir. Etsko Schuitema expresa este efecto dual así: «La intención de servir a los demás evidencia excelencia, tanto personal como organizacional».

La conclusión de que dar es la base para la excelencia personal se confirma por las respuestas a la pregunta que los asesores de Schuitema han hecho varias veces: «¿A quién admira más?» La respuesta es usualmente una abuela o algún otro amigo cercano o pariente que ha demostrado humildad y la voluntad de servir. Nelson Mandela es la persona pública que se menciona con más frecuencia en las respuestas. Él demostró, en diversas ocasiones, humildad e interés hacia aquellos que lideró, en palabras y acciones. Una frase del discurso que dio cuando ganó las elecciones de 1994 es ejemplo de esto:

Yo me paro aquí ante ustedes lleno de un profundo orgullo y de alegría, orgullo de las personas ordinarias y humildes de este país (...) yo soy su sirviente; no me dirijo a ustedes como un líder, como alguien por encima de los demás. Somos un gran equipo (...) Y me paro ante ustedes, admirado por su valor, con un corazón repleto de amor por todos.

Aunque muchos de nosotros servimos en un contexto más limitado que Mandela, todos tenemos la oportunidad de ofrecer lo mejor de nosotros a las personas que nos rodean. Es la suma de todas esas contribuciones lo mejor que podemos hacer para cambiar el mundo.

10.4 Al fin tu escalera frente a tu árbol

Nuestro bienestar, en mayor medida, depende de las organizaciones grandes y pequeñas, públicas y privadas. Ellas dependen de un buen liderazgo en todos los niveles. *La escalera al liderazgo* es un modelo para alcanzar un gran liderazgo, basado en el árbol de la colaboración.

La Figura 29 muestra cómo la escalera se apoya establemente en el árbol, a fin de que la subas y le permitas al trabajo en equipo repartir los frutos que tienes el potencial de cultivar.

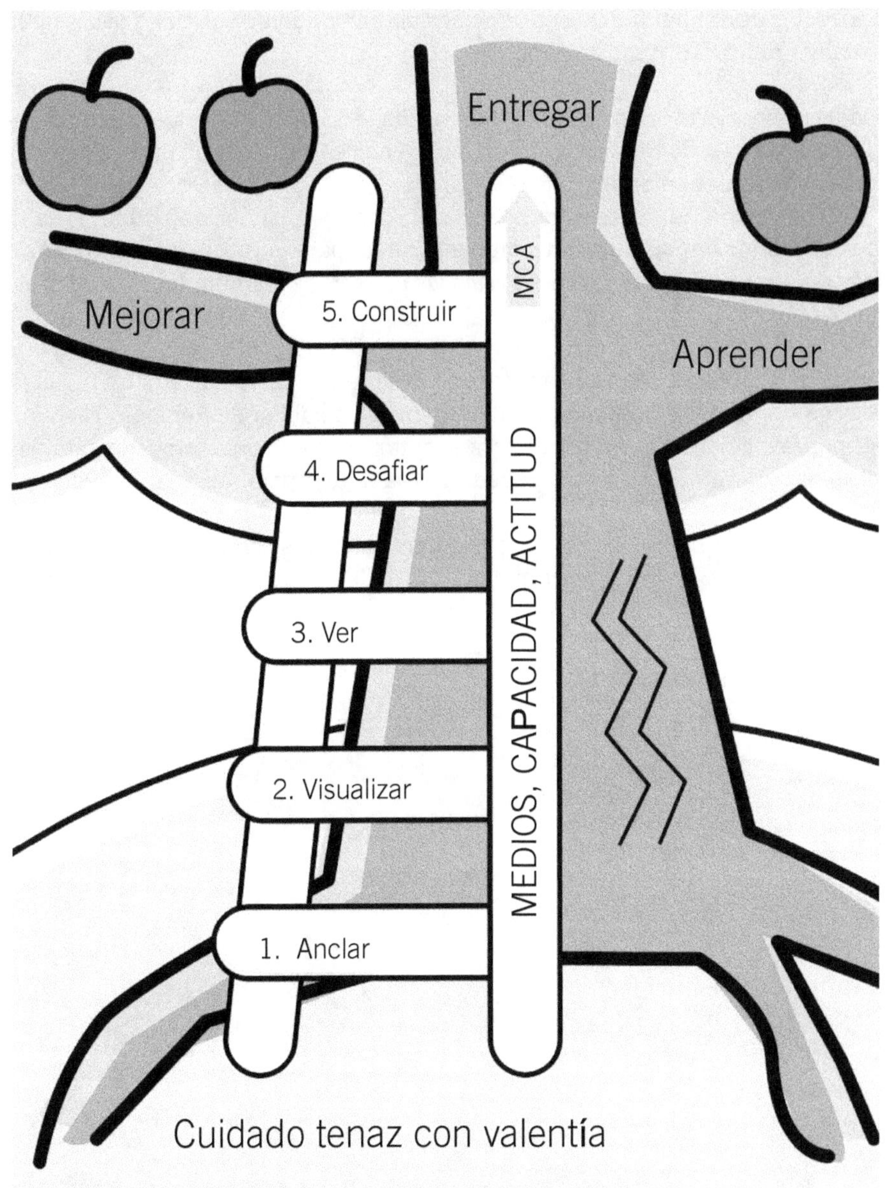

Figura 29. Alcanzando las frutas de una gran colaboración
La escalera al liderazgo apoyada en el árbol de la colaboración.

El árbol muestra por qué necesitamos colaborar y liderar. Los cinco pasos de la escalera muestran cómo hacerlo.

Nadie se convierte en un gran líder de la noche a la mañana. La escalera, auxiliada por la caja de herramientas en los apéndices, provee muchas oportunidades de las cuales aprender.

Escoge con qué deseas comenzar con base a tu situación actual. Resalta qué es lo más importante en tu propia escalera para el futuro cercano, o hazlo junto a otros colegas y creen su *estándar de liderazgo* común, inspirados en la escalera.

Practica tu audacia con cada asunto importante que requiera valor de tu parte. Escoge tus batallas y encuentra aliento en las palabras de Reinhold Niebuhr: «...por favor, dame la serenidad para aceptar las cosas que no puedo cambiar, el valor para cambiar las que sí puedo y la sabiduría para saber la diferencia».

No subestimes tu propio potencial, y mantente satisfecho con cada pequeño paso que des en la dirección correcta. ¡El mundo necesita tu mejor liderazgo!

Apéndices
Caja de herramientas para la escalera del líder

Los siguientes tres apéndices contienen herramientas que tienen el potencial de apoyarte en tu desarrollo de liderazgo. Son elegidos para apoyar los cinco pasos de la escalera al liderazgo. Juntos forman una caja de herramientas de liderazgo desde la cual puedes elegir la herramienta que necesitas y que es adecuada para el momento y para las tareas que necesitas manejar.

Una herramienta líder está conectada a un método de la misma manera que el método de corte depende de la sierra.

En las descripciones que siguen, a veces solo me enfoco en la herramienta porque los métodos de cómo usarla y aplicarla se entienden implícitamente. En otros casos, cuando las formas en que uno actúa o lo usa son fundamentales, me concentro en el método, identifico las posibles dificultades de comportamiento y doy consejos que ayudarán a aumentar la creación de valor.

Es un error común descartar una herramienta antes de que se explote todo su potencial. He visto buenas herramientas usadas a medias y algunas veces incluso para tareas para las que no estaban destinadas. Alguien describió esta tendencia como: «La persona que es buena con el martillo tiende a mirar todo como clavos».

Por lo tanto, intenta comprender realmente el propósito de cada herramienta y trata de comprender cómo usarlas mejor y más efectivamente. La mayoría de las herramientas que describo aquí, y no menos las reuniones de pulso con control visual, si se aplican correctamente, seguramente arrojarán resultados desde el principio. Sin embargo, demostrarán ser mucho más efectivos y poderosos a la hora de ofrecer más valor una vez que tú y tu equipo hayan practicado, aprendido y afinado su uso.

Personalmente, he visto y experimentado cómo las herramientas que he elegido describir aquí contribuyen a apoyar el liderazgo. La mayoría de ellas, sin embargo, también pueden ser usadas de manera muy efectiva por tus subordinados.

De esta manera, se convierten en herramientas no solo para el desarrollo del liderazgo, sino también para el crecimiento de los subordinados y, por supuesto, para mejorar la colaboración, según cuál de los tres objetivos (cumplir, mejorar o aprender) se centra en la herramienta.

Apéndice A
Herramientas del líder para entregar

Las herramientas descritas en este apéndice están diseñadas para ayudarte a ti y a tus colegas a desempeñar un mejor trabajo en tu labor como líder. Estas herramientas suministran apoyo en los cinco pasos principales de la escalera al liderazgo y además te ayudarán fácilmente a visualizar las desviaciones operacionales, actuar sobre ellas rápidamente y trabajar con un pulso bastante alto. Las herramientas están descritas bajo los siguientes títulos:

- **Reuniones de pulso con control visual.**
- **Control pulsado en la organización lineal.**
- **Control pulsado en proyectos.**
- **Intensificación y salas de pulso.**
- **Dirigiendo reuniones de pulso.**

A.1 Reuniones de pulso con control visual

Las técnicas de control visual tienen el gran potencial de mejorar tu liderazgo, haciendo que las relaciones y los datos importantes sean visibles para un mejor entendimiento dentro del equipo, ayudan a crear mejores discusiones sobretodo a la hora de tomar decisiones y lograr un mayor pulso.

Las reuniones de pulso con control visual ayudarán a tu liderazgo en dos niveles. Por un lado, al establecer un control visual creas valor a partir del liderazgo compartido, haciendo más claro el propósito, a información necesaria y las relaciones a visualizar. Por otro lado, creas un valor repetitivo cada vez que llevas a cabo la reunión de pulso, creando una discusión constructiva fundamentada en datos continuamente actualizados.

No te enfoques demasiado en tratar de diseñar la visualización perfecta desde un principio. Haz un borrador, ponlo a prueba y mejóralo continuamente.

Haz una conexión clara entre el diseño de los elementos visuales en el tablero y el propósito de la reunión. Comparte la responsabilidad entre los miembros del equipo al momento de actualizar los datos, antes y durante la reunión.

Tablero de trabajo o computadora

Tú eliges si quieres visualizar los datos en una computadora o en un tablero de trabajo. Un tablero de trabajo es un espacio físico (un pizarrón blanco, papel marrón o algo similar) en el cual todo el equipo puede escribir y pegar notas. Usar un tablero blanco, hecho de metal, también posibilita el uso de símbolos con imanes y sujetadores de documentos.

A veces una computadora es la mejor solución, por ejemplo, si el equipo trabaja en diferentes ubicaciones o si las reuniones requieren grandes cantidades de información. No obstante, sé precavido a la hora de escoger el programa de computación adecuado para la visualización, ya que podrías arriesgarte a que las personas no participen por completo por problemas de acceso o simplemente porque no entienden claramente la información u otros aspectos relacionados.

Siempre cerciórate de que el diseño de tu información sea simple y entendible para todos. Además, trata de procurar que los datos permanezcan visibles entre reuniones y que todos puedan añadir nueva información, problemas y acciones, antes y durante las reuniones.

Es debido básicamente a estas razones que un tablero de trabajo físico en la pared muchas veces es la mejor alternativa. Un tablero con estas cualidades aumentará tu habilidad para que todos te entiendan y te permitirá crear una interacción dinámica en las reuniones donde todos tengan una participación activa.

Tablero de trabajo o exhibición

El término «tablero de trabajo» en sí mismo sugiere que debe usarse para trabajar. Desafortunadamente, a veces las personas malinterpretan la esencia del control visual convirtiendo el tablero más en una exhibición de arte que en una herramienta que realmente contribuya al trabajo que desea hacerse. Estos tableros están por lo general repletos de documentos impresos con muchos gráficos atractivos a la vista pero que rara vez están actualizados y pocas veces son realmente útiles para crear buenas acciones y discusiones.

Un tablero de trabajo que funciona es dinámico y está vivo. Cada miembro del equipo es responsable del proceso de actualizar los datos y las acciones mostradas en él, con la frecuencia apropiada y acordada según el propósito de las reuniones. Un tablero de este tipo no debe verse tan detallado y atractivo como una exhibición. Por ejemplo, podría estar lleno de notas escritas a mano y ser muchísimo más efectivo. De esta manera, enfoca tus energías en crear tableros de trabajo dinámicos en vez de exhibiciones agradables a la vista.

Un sistema de señales

Los tableros para las reuniones de pulso de cumplimento con frecuencia están basados en un sistema de señales con colores indicando qué asuntos requieren atención. Un indicador gris significa que no hay necesidad de nuevas acciones, el negro indica que hay una necesidad inmediata de hacer algo que vaya más allá de lo que es normal o de lo que se ha planificado.

El significado de cada color debe definirse en relación con el nivel de base (véase la Sección 4.3). Por tanto, el gris quiere decir que estamos manteniendo nuestro nivel de base, mientras que el negro significa que hemos encontrado una desviación que requiere atención urgente. También puedes usar otros colores, por ejemplo, indicadores gris claro para resaltar posibles riesgos de problemas futuros o para mostrar que se está trabajando sobre una señal negra previa a través de un plan de acción a fin convertirla en una señal gris.

Una definición genérica de un sistema de señales de tres colores para reuniones de pulso de cumplimiento podría decir lo siguiente:

● NEGRO = ¡ACTÚA!
Un problema o desviación que requiere acción inmediatamente.

● GRIS CLARO = VIGILA
Riesgo de que ocurra un problema o existe un problema con un plan de acción definido y realista.

● GRIS = OK
Estamos manteniendo nuestro nivel de base.

También puedes sustituir estos colores por los propios de un semáfaro, así el negro sería rojo, el gris claro el color amarillo y finalmente el gris sería verde.

Una reunión de pulso de cumplimiento debe concentrarse en los indicadores negros, lo que significa tomar y visualizar los problemas a fin de iniciar acciones correctivas de inmediato. Las discusiones sobre la solución que sean más largas deben remitirse a una reunión especial, a fin de que las reuniones de pulso sean siempre cortas.

Por ende, motiva a los participantes a traer ideas de soluciones a las reuniones y dirígelas de manera que todos los indicadores negros puedan manejarse rápidamente, dejando algo de tiempo para revisar los riesgos y los planes de acción (indicadores gris claro).

Es importante que seas capaz de llevar los indicadores negros que no puedas resolver al siguiente nivel en la organización (o a una función de apoyo experta, si es apropiado). No obstante, elige hacerlo solo con los asuntos para los cuales requieres asistencia, y complementa esto informando al siguiente nivel de otros asuntos que ellos necesiten conocer.

Las reuniones de pulso de cumplimiento requieren niveles de base claros. Para lograr un balance entre distintos objetivos es recomendable usar medidas de nivel de base que se complementen entre sí, como lo son el + CTE descrito en la Sección 3.3. Recuerda ser específico al definir cada medida del nivel de base. En la Tabla 3 se muestra un ejemplo específico de esto, con un sistema de señales de tres colores con cuatro ICD complementarios.

Perspectiva	Indicador KPI	Gris = nivel de base	Gris claro	Negro
+ (SHE y aprendizaje)	Número de posibles incidentes o signos de estrés/ mala salud	No hay posibilidades o signos de estrés/ mala salud	Posibles accidentes o signos de estrés/ mala salud leves	Accidentes o signos claros de estrés/mala salud
Q (calidad)	Número de observaciones	0	≥ 1 con intervención(es) en las causas principales indicada(s)	≥ 1 sin intervención(es) en las causas principales indicada(s)
T (tiempo)	Posición actual en relación a la agenda	A tiempo	Retrasado con un plan de recuperación en ejecución	Retrasado sin un plan de recuperación realista
E (eficiencia)	Posición actual en relación al presupuesto estimado	Ajustada al presupuesto	Por encima del presupuesto con un plan de recuperación en ejecución	Por encima del presupuesto sin un plan de recuperación realista

Tabla 3. Ejemplos de definiciones de colores en un tablero de pulso

Si únicamente hay indicadores negros, con frecuencia es un síntoma grave de bajo rendimiento que indican contribuciones de trabajo insuficientes, causadas por falta de *medios, habilidades y/o actitudes*. No obstante, la razón podría ser que los niveles de base, definidos, por ejemplo, como agenda y presupuesto, están establecidos en un nivel absurdamente alto o muy difícil de alcanzar.

Que haya solo indicadores grises es también causante de preocupación. Indica expectativas bajas sin ningún desafío importante, niveles de base que están establecidos con valores muy bajos y son fáciles de alcanzar. Esto, en cambio puede ser un indicador de una cultura en la cual las personas están satisfechas con el *status quo*, o incluso peor, una cultura deshonesta en la cual las señales rojas son vistas como algo malo.

Usa el SSE (*Safety, Health and Environment* o en español: seguridad, salud y entorno) y la perspectiva de aprendizaje sabiamente. Bajo ese epígrafe puedes configurar los ICD de manera que puedan medir accidentes próximos, ausentismo, la carga de trabajo de cada persona, así como también las mejoras ejecutadas y las oportunidades de aprendizaje. Como un complemento subjetivo puedes posicionar un *medidor de espíritu* en el que cada individuo pueda marcar su ánimo en ese momento (por ejemplo, con el símbolo de una cara feliz o una triste). Si se usa de la manera correcta, ese medidor les da a todos la oportunidad de explicar circunstancias personales, tales como problemas o estrés, lo cual crea la oportunidad de formar un apoyo más general.

Reuniones de pulso con diferentes configuraciones

El trabajo puede hacerse más o menos repetitivo por naturaleza. La producción de bienes y servicios, así como las tareas administrativas y de apoyo, son frecuentemente repetitivas. Estos tipos de trabajo usualmente se llevan a cabo en una organización lineal, esto es, en organizaciones jerárquicas permanentes. El trabajo por proyectos (una asignación única con sus propios objetivos de resultados, presupuesto y fecha de culminación) no obstante, requiere de una organización de proyectos temporal que afiance las distintas habilidades necesarias, por un tiempo limitado, a fin de cumplir los objetivos específicos del proyecto.

No obstante, todas las organizaciones necesitan ser capaces de manejar, tanto las tareas repetitivas como las únicas. Toma, por ejemplo, una compañía industrial con distintos departamentos funcionales. En la producción, recursos humanos, finanzas y departamentos de compras, el trabajo repetitivo normalmente es dominante. No obstante, el trabajo de proyectos también es necesario, por ejemplo, para los proyectos de investigación, mejoramiento e inversión. Contrariamente, en el departamento de desarrollo de productos, por ejemplo, con frecuencia sucede lo contrario, y el trabajo de proyectos es la forma de trabajo dominante. Pero esto no significa que ellos no puedan ejecutar algún trabajo repetitivo; de hecho, se ejecuta una gran cantidad de trabajo repetitivo en ese departamento, tanto dentro como fuera del ámbito de los proyectos.

Otros tipos de organizaciones (tales como hospitales, escuelas, municipalidades, restaurantes...) deben ser capaces de manejar tanto el trabajo repetitivo (en la organización lineal permanente) como el trabajo único (en una organización de proyectos temporal).

Las herramientas para el control visual y pulsado difieren dependiendo de si el trabajo es predominantemente repetitivo o único. Comenzaré describiendo las herramientas para el primero (control pulsado en las organizaciones lineales) antes de abarcar el segundo (control pulsado en proyectos).

A.2 Control pulsado en una organización lineal

El trabajo repetitivo puede, en gran medida, ser preparado y estandarizado. Un ejemplo de esto es la producción de automóviles. De varias maneras, la industria automovilística ha sido precursora en el uso de herramientas visuales para el control operacional. En sus líneas de producción en cadena, ellos visualizan niveles de base distintos, a fin de ver con prontitud desviaciones de lo que se espera (a veces llamado el estado normal o estándar).

La señalización temprana de las desviaciones se complementa con el llamado Sistema Andon, con el cual el trabajador puede obtener apoyo instantáneo fácilmente de un coordinador de equipo para resolver un problema, y si es necesario, de la línea completa de producción para obtener más ayuda.

La idea fundamental es evitar el ocultamiento de los problemas, y más bien sacarlos a relucir de manera que puedan ser corregidos inmediatamente, así como también para suministrar la mayor ayuda posible a la persona que cumple el trabajo de creación de valor.

Paralelas a la visualización y la rápida resolución de las desviaciones en la línea de producción, las reuniones de pulso repetitivo se mantienen para informar sobre las condiciones y determinar las acciones necesarias para aprender y resolver problemas recurrentes. Scania, por ejemplo, lleva a cabo esas reuniones de pulso (entre el superior inmediato y los coordinadores del equipo) cada dos horas, para abordar las desviaciones operacionales e incidentes que hayan ocurrido en ese tiempo.

Otras organizaciones privadas y públicas se han inspirado del control operacional visual que actualmente está tan extendido en la industria automotriz y han comenzado a implementar herramientas similares. Las reuniones de pulso que se llevan a cabo todos los días normalmente son llamadas «reuniones de control diarias» o sencillamente «diarias».

Las reuniones diarias de control visual tienen el propósito de hacer visibles las desviaciones operacionales antes de que se conviertan en problemas más graves. Una desviación importante podría presentarse si el equipo falló en cumplir las fechas límite establecidas en una agenda de cumplimiento.[80] La agenda de cumplimiento es uno de los muchos niveles de base que son muy fáciles de preparar con precisión para el trabajo repetitivo, a diferencia del trabajo único. Además, la eficiencia propuesta y las maneras de trabajo pueden ser más fáciles de ajustar cuando el trabajo ha sido hecho varias veces antes. No obstante, independientemente de la recurrencia, las medidas respetadas en las reuniones diarias pueden dividirse de acuerdo con la perspectiva del + CTE[81] (véase la Sección 3.3), incluso si los detalles de los tableros visuales pudieran verse diferentes en las reuniones de pulso de proyectos, comparados con el control diario en el trabajo repetitivo.

Un tablero de trabajo para el control diario puede formarse en torno a una plantilla de desviaciones, con un campo por cada día (en una semana o en un mes). Cada mañana tú informas si una medida o indicador en específico tiene una desviación o no, completando el campo correspondiente. Una manera de hacerlo es añadiendo un valor actual al lado del esperado, como se muestra en la Figura 30.

Alternativamente, puedes usar una plantilla para cada indicador, cada una con 31 campos, una por cada día del mes.[82] Al añadirle un color al campo correspondiente hoy en día, en todas las planillas, cada mañana, puedes señalar si va por buen camino (gris), o si tienes una desviación de la cual ocuparte (negro).

---

80. Las entregas que se esperan de un trabajo repetitivo, con frecuencia son prescritas por un sistema de computadores, como un sistema ERP, pero también pueden generarse manualmente, por ejemplo, con el llamado sistema Kanban, usando tarjetas para señalar la necesidad de información, material o trabajo. En muchas compañías de servicios, las entregas esperadas se establecen directamente a partir del ingreso de clientes. Aquí el nivel de base para las entregas se decide en función del tiempo máximo de espera al que se aspira para cada cliente.

81. Es común medir los ICD para las perspectivas de +, Q y T, y también es común medir con menos frecuencia los ICD financieros, por ejemplo, semanalmente.

82. Algunas organizaciones usan cuatros plantillas distintas, cada una con 31 campos, con los campos organizados de manera que formen una «+», una «Q», una «T» y una «E» respectivamente.

CUADRO DE DESVIACIONES
Valor esperado/valor actual (desviación negativa = negro-resaltado)

INDICADOR		Lunes	Martes	Miércoles	Jueves	Viernes
+	Incidentes	0/0	0/0	0/0	0/1	0/
Q	% de precisión	100/100	100/100	100/**95**	100/100	100/
T	Entregas a tiempo	20/20	20/20	20/**19**	22/23	22/
T	Tiempo de entrega más largo (h)	11/9	11/7	11/8	11/6	9/
E	Gastos ($)	5/5	5/**8**	5/5	5/3	5/

Figura 30. Un tipo de tablero de trabajo para el control diario
… actualizado luego de una reunión un jueves en la mañana.

Los números de la izquierda en cada recuadro de la Figura 30 muestran los niveles de base, los valores esperados, para cinco medidas de ICD diferentes por día, y se escriben en el tablero antes del inicio de la semana.

Cada mañana, cada cifra del nivel de base se complementa llenando el estatus actual, después de la barra al lado derecho. Si el valor actual está dentro del rango aceptable, se escribe con tinta gris. Si está por fuera de lo que se espera, se escribe en negra resaltada. Cada cifra que esté en negro resaltado del lado derecho debería ser motivo suficiente para hacerse una o varias preguntas, seguidas de una decisión sobre la acción necesaria que se debe tomar para que el equipo retorne al desempeño del nivel de base.

Después de cada semana, las cifras grises y negras del lado derecho son eliminadas, y si el nivel de base necesita ser ajustado —a fin de hacerlo más realista o más desafiante—, las otras cifras de la izquierda se modifican según lo deseado.

El ejemplo de la Figura 30 muestra que no se cumplió el presupuesto de gastos el martes. El miércoles el equipo falló en alcanzar la calidad y los objetivos de puntualidad en el cumplimiento. En la última reunión (jueves en la mañana), se reportó un incidente de seguridad. Nótese el aumento del nivel de base de la producción de 20 a 22 por día y las nuevas expectativas (válidas a partir del viernes) en el plazo, disminuyendo el tiempo de entrega máximo a 9 horas.

Las reuniones matutinas cortas necesitan enfocarse en nuevos problemas (indicadores negros), y en las correcciones rápidas respectivas. Las acciones correctivas que se tomen deben figurar en una lista de acción, junto con el nombre de la persona responsable y la fecha de culminación esperada. Normalmente, el propósito de estas acciones rápidas debe ser alcanzar nuevamente el nivel de base al día siguiente, o al menos en el futuro cercano. Es inteligente reservar la lista de acciones rápidas para tareas que pueden manejarse dentro de un plazo de tiempo establecido, por ejemplo, dos días. Si un ajuste rápido necesita complementarse con una solución orientada a la causa principal, puedes remitir esa tarea a la siguiente reunión de pulso de mejoramiento. En esa reunión, puedes usar herramientas de PDCA para la resolución sistemática de problemas como se describe en el Apéndice B.

Una reunión de control diario normalmente inicia mirando en retrospectiva qué sucedió desde la última reunión, seguida por una visión de lo que se espera para el día siguiente, incluyendo algún desafío especial que requiera ser abordado. Así, la visualización de las desviaciones de ayer debe complementarse con una exposición del estado actual de la disponibilidad de personal, equipamiento, material, entre otros.

A.3 Control pulsado en proyectos

Las reuniones de pulso para proyectos comparten muchas similitudes con las reuniones de pulso para la organización lineal. Ambas están basadas en reuniones cortas y frecuentes que se enfocan en corregir las desviaciones operacionales rápidamente, a fin de cumplir a tiempo. Ellas también están apoyadas con técnicas de control visual, por ejemplo, con una pizarra blanca con indicadores de colores, y junto a ello una lista de acciones rápidas.

La diferencia principal es que las reuniones de pulso de proyectos se concentran en las actividades únicas que deben iniciarse, coordinarse o finalizarse en el futuro cercano (cosas que frecuentemente son obvias en el trabajo repetitivo). Esto normalmente requiere que la planificación y la ejecución del trabajo se realicen con mayor agilidad.

Los investigadores han encontrado que el uso del control pulsado en proyectos, asistido por métodos de control visual tienen muchos efectos positivos. Los usuarios normalmente reportan mayor productividad y menos estrés. Los informes también muestran otros beneficios, como una calidad mejorada y puntualidad en el proceso de cumplimiento, menos burocracia y una detección de problemas más veloz. Quizá los efectos más importantes, no obstante, son mayor dedicación y una mejor colaboración. Los investigadores concluyen que el uso de las técnicas visuales fortalece la comunicación, aumentando la interacción cara a cara y suministrando información más relevante sin arriesgarse a que ocurra una sobrecarga de esta.[83]

Puedes crear un control pulsado en proyectos de diferentes maneras. Una de ellas es el scrum, que comprende un excelente conjunto de principios y herramientas para la gestión de proyectos, que demanda adaptabilidad a posibles cambios de necesidades y requerimientos. Otro modo es el método VP de proyectos, el cual analizaremos en la siguiente sección.

Método VP de proyectos

El método VP de proyectos (o también llamado VP84) es una variante del método Visual Planning (planificación visual en español). Es un buen método para liderar donde las actividades únicas necesitan ser divididas y coordinadas entre individuos. Ese trabajo puede incluir cualquier cosa, desde proyectos grandes (como el desarrollo operacional o de productos) hasta reuniones del equipo directivo (por ejemplo, visualizar las contribuciones del líder en las reuniones de pulso de líderes, como se describió en la Sección 9.2).

Este método tiene fortalezas y debilidades en comparación al *scrum*.[85] Una de las mayores fortalezas del *Visual Planning* o VP es que suministra una perspectiva de todo el proyecto (cuando sea posible definir el proyecto en una fase temprana). La mayor ventaja del *scrum* es que proporciona apoyo para conseguir un enfoque adaptativo del control de proyectos, cuando los requisitos y otros aportes probablemente varíen durante su realización.

Es posible, sin embargo, compensar las flaquezas del VP en esta área adoptando soluciones del scrum, tales como introducir ciclos de planificación (iteraciones) que desemboquen en sesiones de reflexión, en las que el equipo pueda detenerse para realizar demostraciones, obtener un mejor aprendizaje y hacer los ajustes.

El VP se basa en el principio de que todos contribuyen tanto en la coordinación como en la ejecución del trabajo conjunto. Se supone que todos los miembros

---

83. Mientras estudiaban el control visual de proyectos en tres grupos industriales, Alfredsson y Söderberg (ver la disertación de Ludvig Lindlöf titulada *Visual Management: on Communication in Product Development Organizations* from 2014, en español: Gestión visual de la *comunicación en las organizaciones desarrolladoras de productos* del año 2014) encontraron que las mayores ventajas que se obtuvieron fueron una mayor comunicación y un entendimiento más holístico, así como también una participación incrementada y un mayor enfoque en los resultados. Ellos también encontraron otros efectos positivos, tales como una mejor priorización de las tareas, mayor estabilidad de la carga de trabajo entre los individuos, mayor participación y un incremento del consenso alrededor de los asuntos críticos.
84. Los orígenes del VP pueden encontrarse en un método llamado KI-VP, acrónimo de Planificación Visual de Innovación de Conocimiento, perteneciente a la compañía japonesa JMAC. Es fácil ver que el tablero es usado para planificar. No obstante, también se usa para aprender. De este modo, no es solo una herramienta de planificación, una versión simplificada del Proyecto Microsoft, para crear discusiones constructivas, respuestas veloces y reprogramaciones rápidas, sino también para crear mejoras y oportunidades de aprendizaje.
85. El VP le da un apoyo visible al desglose de los objetivos de un proyecto en actividades con plazos establecidos, pero también permite dar una visión clara de la carga de trabajo de cada persona. Esto puede ayudar a crear discusiones constructivas en el equipo sobre cómo el trabajo y las cargas puedan mantenerse niveladas en cada individuo. El scrum, por otro lado, suministra un conjunto de conceptos muy útiles. Por ejemplo, el responsable de la creación de un producto que incluye la visión que pueda tener el cliente en el proyecto, y el maestro del scrum, que coordina el trabajo del equipo con base a una cartera de tareas. El scrum ofrece un pulso diario e iterativo (normalmente de 2-4 semanas). En proyectos complejos, quizá sea necesario un tercer nivel de pulso, con aumentos que consisten en una cantidad de iteraciones, a fin de coordinar los distintos equipos de scrum para poder lograr una meta común.

del equipo deben estar activos en el tablero de trabajo, haciendo uso de las notas *post-it*, representando las tareas que deben desempeñar, puesto que aceptaron esa responsabilidad.

Para comenzar a usar el VP, necesitas un tablero, algunas notas post-it de diferentes colores, y un muro vacío para el tablero. Un tablero de trabajo se elabora preferiblemente combinando pliegos de papel grandes. Una plantilla VP es una matriz con columnas que representan períodos de tiempo y en las filas se representan las distintas personas o equipos. Una plantilla semejante puede adaptarse a distintos horizontes de planificación como se muestra en la Figura 31.

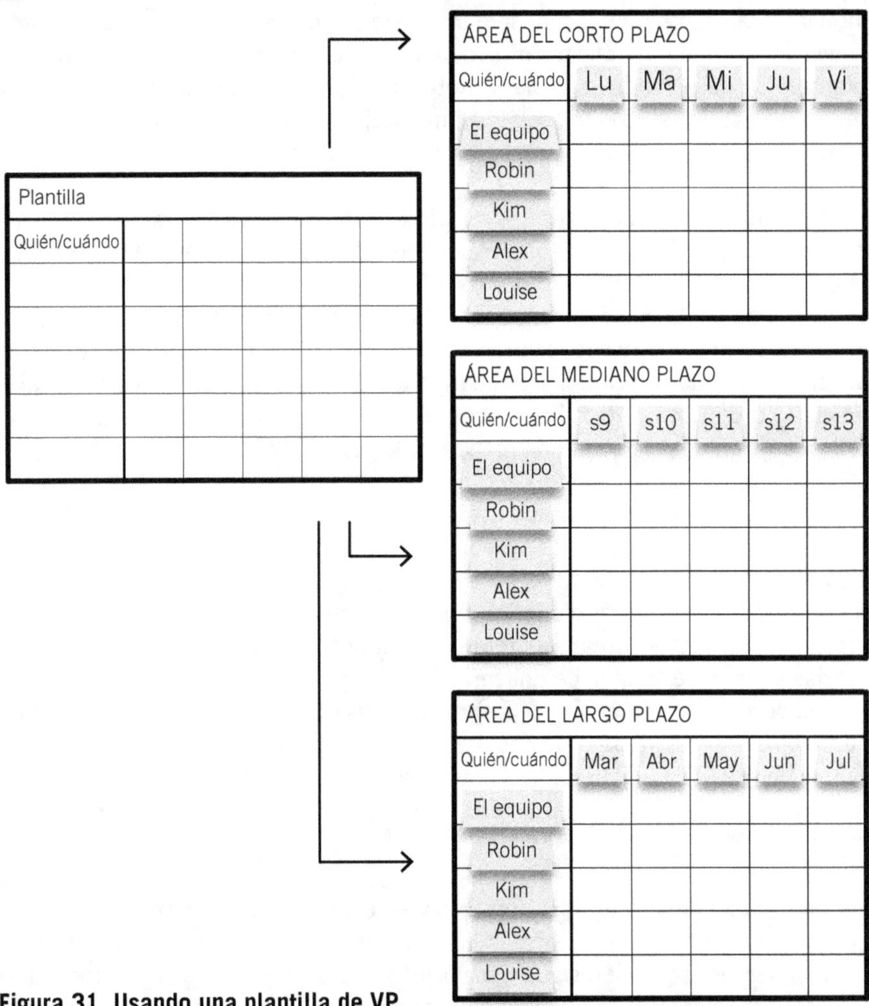

Figura 31. Usando una plantilla de VP.
Tres matrices con tres horizontes distintos de planificación creados a partir de la misma plantilla. En la primera matriz se utilizan días, en la segunda semanas y en la última meses.

Coloca un número apropiado de plantillas de papel en el muro (o pantalla plegable) y ajusta los diferentes horizontes de planificación. La matriz de largo plazo se ocupará de dar una perspectiva general de todo el proyecto con enfoque en el resultado final esperado y las metas más importantes en el camino hacia el objetivo. El propósito de la matriz de corto plazo es suministrar un plan detallado *de qué hará cada persona* en los días por venir.

En un proyecto largo de varios meses puede que haya la necesidad de usar matrices de tres horizontes, por ejemplo, divididas en (1) *una zona a corto plazo* con una planificación diaria para las próximas dos semanas, (2) *una zona destinada al mediano plazo* con planificación semanal para 1-2 meses y (3) *una zona dirigida al largo plazo* con una planificación mensual hasta el final del proyecto. Al usar una plantilla de base genérica y añadir notas *post-it* en la línea de tiempo, como se muestra en la Figura 31, es posible definir y ajustar la extensión de las zonas de acuerdo con las necesidades específicas del proyecto.

Luego de definir los plazos de las matrices de los tableros de trabajo es el momento de hacer visibles los nombres de todos los miembros del equipo mediante notas *post-it* en la columna de la izquierda, mostrando la línea que le pertenece a cada quién. La fila de encima, bajo la línea de tiempo, debe reservarse para actividades comunes y sus resultados. El resto de las filas normalmente podrán asignarlas a cada individuo, pero cuando los subproyectos necesiten ejecutarse en cierto orden de prioridad entonces los tableros usados para niveles superiores mostrarán cuál es el equipo responsable por cada fila.

Cuando las matrices ya han sido marcadas con notas para los plazos de tiempo (fila superior) y notas para las responsabilidades (columna izquierda), el VP estará listo para su uso. Ahora necesitas notas *post-it* pequeñas y de distintos colores. Las notas azules (por ejemplo) representarán lo que debe lograrse, ósea los resultados. Las notas amarillas representarán cómo deberá lograrse, por ejemplo, las actividades que deben hacerse.

Al desglosar el objetivo y el(los) resultado(s) final(es) del proyecto en subresultados y en actividades, puedes darte cuenta de uno de los beneficios importantes del VP el cual está en que la participación conjunta de todos los miembros del equipo y en la comprensión de lo que se debe hacerse y cómo deberá hacerse.

Inicia escribiendo la meta del proyecto y el(los) resultado(s) correspondiente(s) en la(s) nota(s) azul(es). Colócalas en la columna de tiempo que corresponda cuando sea necesario. Prosigue desglosándola en subresultados y coloca cada una de estas notas azules en la columna de tiempo que indique cuándo debe estar lista, y en la fila que representa quién es el principal responsable de su cumplimiento. Finalmente, cada nota azul debe segregarse en las actividades que necesitan llevarse a cabo. De esta forma una nota azul podrá generar desde una hasta docenas de notas amarillas a la izquierda de la azul, distribuidas en las filas correspondientes a la responsabilidad de las personas involucradas.

Evita la trampa común de desglosar solo las partes conocidas del proyecto en notas amarillas con agendas detalladas. Enfócate más bien en las partes desconocidas del proyecto y en las que puedan generar mayores riesgos. Tómate el tiempo necesario para entender cómo abordar los riesgos, las incertidumbres y otros problemas posibles en la ejecución del proyecto a fin de encontrar posibles contramedidas lo más temprano.[86] Traduce tus nuevos conocimientos en notas amarillas adicionales que describan las actividades complementarias que son necesarias para alcanzar el objetivo. El tablero VP resultante incluirá notas de actividades, no solo para las etapas que añadan valor al proyecto, sino también para que el equipo pueda aprender mediante la experimentación y eliminar obstáculos para reducir posibles riesgos.

Cada individuo será responsable de su propia fila en el tablero. Esta regla es fundamental para el VP porque es la base para el compromiso y la responsabilidad de todos. Significa que nadie debe añadir una nueva nota en la fila de otra persona, o mover una nota existente sin un consentimiento claro de parte de la persona involucrada. En consecuencia, no solamente las personas son responsables de cada nota amarilla y azul en su fila, sino también de asegurar que su carga de trabajo total (representada por todas las notas amarillas en sus respectivas filas) sea posible de manejar. Aceptar una nota amarilla se traduce en comprometerse con una contribución de trabajo.

En las reuniones cortas que se hacen diariamente, todos los miembros del equipo informan brevemente de desviaciones que hayan ocurrido desde la última reunión, cosas que afecten a los demás o bien al siguiente resultado. Las solicitudes de ayuda y otros asuntos que deban abordarse también deben presentarse en la reunión.

Las actividades que se hayan finalizado de acuerdo con el plan y que no requieran ser abordadas en la reunión, deben marcarse con una «X» antes de que inicie la reunión.

---

86. Existen diferentes enfoques para encontrar riesgos, incertidumbres, obstáculos y lagunas de conocimiento para aprender y decidir sobre las acciones adecuadas, como los métodos de desglose de Lichtenberg (basado en el principio sucesivo), Kata y Emisión. Es posible visualizar tanto los riesgos como los obstáculos que podrían evitar que el equipo llegue a un entregable (una nota azul) y luego definir la secuencia de actividades de contramedida como notas amarillas que se pueden colocar en el tablero VP, junto con las partes de el proyecto que ya ha sido planeado. Aproveche la oportunidad para hacer análisis de factores de éxito, problemas y contramedidas con el equipo junto con el desglose normal de los objetivos del proyecto y los resultados.

Las notas azules y amarillas de entregas y actividades se complementan con otros tres tipos de notas, cada una con un significado y color único (véase la Tabla 4).

Color	Significado	Para escribir la nota
GRIS CLARO	Mejorable	1. Qué debe ser mejorado 2. Nombre del responsable 3. Fecha de vencimiento
AMARILLO	Actividad	1. Lo que se debe hacer 2. Nombre del responsable 3. Fecha de vencimiento 4- Tiempo de ejecución esperado/real
NARANJA	Ausencia	1. Motivo de la ausencia 2. Nombre 3. Fecha esperada de regreso
VERDE	Dependencia de entrada	1. Lo que se necesita de los demás 2. Responsable de la entrega (externa) 3. Responsable de monitorear en nuestro equipo 4. Responsable (en nuestro equipo) de monitorear
NARRÓN	Asunto	1. Problema, riesgo u obstáculo 2. Nombre del emisor 3. Fecha cuando se observa

Tabla 4. Un estándar común de colores para el VP de proyectos

Las notas de ausencia (naranja) y de dependencia de aportes (verde) son colocadas por cada miembro del equipo en su propia fila. Los problemas (notas rojas) se colocan, en cambio, en una zona separada, ya sea en la reunión o entre reuniones, siempre que se encuentre una inquietud mayor.

Es necesario hacer un punto especial en la agenda de la reunión, en el cual se discutan estas notas de problemas. Esas discusiones normalmente tienen como resultado que alguien tome la responsabilidad de ejecutar o sugerir una contramedida, lo que se manifiesta mediante una nota amarilla correspondiente puesta en su fila.

El área donde se pegarán las notas rojas debe estar de manera adyacente a las matrices, preferiblemente en un lugar donde pueda publicarse otra información requerida, por ejemplo, reglas de la reunión y una bandeja de entrada donde se muestren nuevas tareas o resultados por alcanzar.

Será siempre posible ir más allá con este método de proyectos junto con tu equipo. Al complementar las reuniones cortas diarias con las largas, por ejemplo, una vez a la semana, se crearán oportunidades de aprendizaje en el momento en que las desviaciones en aspectos como, por ejemplo, calidad y tiempo sean discutidas.

Si deseas crear una buena base para este último propósito, será una buena idea el estar al tanto del tiempo propuesto y del tiempo que actualmente se gastará en cada nota de activación. Las notas que indiquen diferencias entre el tiempo estimado y el actual podrán crear la base para buenas discusiones en la reunión semanal. Además, una nota amarilla que haya sido pospuesta (marcada con un punto cada vez que haya sido aplazada) también es una buena base para una discusión sobre las causas fundamentales, en la próxima reunión semanal.

Gráficas de césped

Un *gráfico de césped* puede usarse para complementar el tablero de VP o para reemplazarlo. Utilízalo cuando necesites visualizar la planificación con más detalle del que puede proveer el tablero de tipo VP, por ejemplo, cuando hay muchas actividades cortas para cada persona, o varios subproyectos que necesitan ser controlados y coordinados.

El nombre del gráfico es una metáfora del césped, el cual necesita atención cuando cambia de color. En este caso los elementos que requieren atención cambiarán de gris oscuro a gris claro. Al colorear las celdas del gráfico con tres colores (gris, gris claro o negro) puedes, en tiempo real, elaborar una imagen muy visual sobre qué requiere atención.

Cada miembro del equipo tiene una responsabilidad, y es mantener una o más filas actualizadas con los indicadores de color correspondientes. Cada celda en la fila se corresponde con una tarea en un proceso laboral, como proporcionar algo a un cliente, o finalizar un paso en el proceso de la adquisición de cierto número de referencia de un producto. Cuando una persona tiene muchas tareas por día (por ejemplo, en relación con una gran cantidad de clientes o de números de referencia) el gráfico se convierte en una mejor herramienta que el tablero de VP.

Empieza a crear el gráfico de césped definiendo el proceso. Esto significa enumerar la secuencia de actividades necesarias para cada objeto (por ejemplo, cada cliente atendido o cada número de referencia manejado) y nombrar cada columna de acuerdo con cada actividad. El siguiente paso es denominar las filas en el gráfico con los nombres de las personas responsables, como se muestra en la Figura 32, o con los objetos que deben manejarse (por ejemplo, clientes o números de referencia) como se indica en la Figura 33.

Una vez que eso está hecho, puedes comenzar a usar el gráfico en las reuniones de pulso. Para cada actividad que haya sido completada, el equipo responsable colorea en gris la celda correspondiente antes de que inicie la reunión. En el caso de que una actividad llegara a presentar riesgos para la calidad, la ejecución o los compromisos de costes, y ella careciera de un plan de recuperación, esta actividad deberá marcarse en gris oscuro. En el caso que sea tarde, pero haya un plan de recuperación, la celda deberá colorearse en gris claro.

El proyecto de reorganización

Acción Responsable	Analizar	Actualizar	Revisar	Documentar	Comunicar
Robin	GRIS	GRIS	GRIS CLARO		
Kim	GRIS CLARO	GRIS	GRIS		
Alex	GRIS	GRIS	GRIS		
Louise	GRIS	GRIS CLARO	NEGRO		
Equipo B	GRIS	GRIS	GRIS		

Figura 32. Un tipo de gráfica de césped
… mostrando la situación por cada persona responsable de la acción.

El ejemplo que se muestra en la Figura 32 describe el proceso y la situación en un proyecto de reorganización. La «línea ahora» en el gráfico (indicada en color gris claro de manera vertical, entre la columna revisar y documentar) muestra que, en la reunión de seguimiento más reciente, había tres actividades que ya estaban listas. Se informó de dos desviaciones: Robin descubrió un problema con el plan de recuperación, mientras que Louise informó sobre un problema sin un plan viable, en otras palabras: un llamado de apoyo.

Tareas de adquisición de Chris en el proyecto X

Objeto: Número de referencia	Borrador de la especificación	Revisar la especificación	Especificación aprobada	La especificación llegó al proveedor	Respuestas confirmadas	Respuestas del proveedor	Respuestas evaluadas
1	VERDE	VERDE	VERDE	VERDE	VERDE		
2	VERDE	VERDE	VERDE	VERDE	VERDE	VERDE	
3	VERDE	VERDE	VERDE	VERDE	VERDE	VERDE	
4	VERDE	VERDE	VERDE	VERDE	VERDE	AMARILLO	
5	VERDE	VERDE	VERDE	VERDE	VERDE	VERDE	
6	VERDE	VERDE	VERDE	VERDE	VERDE		
7	VERDE	VERDE	VERDE	VERDE	VERDE		
8	VERDE	VERDE	VERDE	VERDE	VERDE		
9	VERDE	VERDE	VERDE	VERDE	VERDE		
10	VERDE	VERDE	AMARILLO	ROJO	AMARILLO		
11	VERDE	VERDE	VERDE	VERDE	VERDE		
12	VERDE	VERDE	VERDE	VERDE	VERDE		
13	VERDE	VERDE	VERDE	VERDE	VERDE	VERDE	
14	VERDE	VERDE	VERDE	VERDE	VERDE	AMARILLO	
15	VERDE	VERDE	VERDE	VERDE	VERDE	VERDE	
16	VERDE	VERDE	VERDE	VERDE	VERDE		
17	VERDE	VERDE	VERDE	VERDE	VERDE		
18	VERDE	VERDE	VERDE	VERDE	VERDE	VERDE	
19	VERDE	VERDE	VERDE	VERDE	VERDE	VERDE	
20	VERDE	VERDE	VERDE	VERDE	VERDE		
21	VERDE	AMARILLO	VERDE	VERDE	VERDE	VERDE	

Figura 33. Otro tipo de gráfica de césped

…mostrando la situación por cada objetivo (en este caso números de referencia) y de los pasos en el proceso. Para este caso utilice los colores propios del semáforo que visualmente pueden resultar de más impacto, si tienes las tintas para indicar estos colores.

La Figura 33 muestra otro ejemplo de un gráfico de césped, donde el gráfico entero está dedicado a los compromisos o actividades de una persona. Esta imagen muestra el trabajo de Chris el cual fue encargado de ejecutar acciones relacionadas con números de referencia muy distintos.

Un gráfico de césped, como otras buenas herramientas para las reuniones de pulso, ofrece una manera muy visual de representar tanto las expectativas como la situación actual, enfatizando en las desviaciones que requieren atención y apoyo adicional. Si estas herramientas fueran usadas de una forma correcta, podrán ser convertidas en argumentos poderosos para crear buenas discusiones constructivas que generen consenso sobre las acciones que cada cual deberá ejecutar en el proyecto.

El *gráfico de césped* es de gran ayuda cuando se manejan un gran número de actividades y permite dar una imagen clara y general. Cuando el césped se torna amarillo es porque este necesita atención adicional (compara esto con regar un césped en la vida real). La excelente y resumida vista que este tipo de grafico suministra puede ser de una gran ayuda en las reuniones de pulso y hará que las reuniones puedan ser cortas, frecuentes y productivas.

Reuniones de pulso matriciales

En una organización matricial[87] es necesario otro tipo de reunión, las llamadas reuniones de pulso matriciales.

Un tablero de trabajo para una *reunión de pulso matricial* busca ofrecer el panorama necesario para que exista coordinación en un ambiente multiproyectos, lo que incluye asegurar recursos extras para un proyecto o designar un proyecto como más prioritario que otro.

Este tipo de reuniones tienen el objetivo de sincronizar el trabajo en el portafolio de proyectos de la organización, implicando a las personas correctas (tanto los superiores inmediatos como los líderes de proyecto) en torno a los datos correctos, y con la frecuencia adecuada (el pulso), y con la ambición de crear discusiones fructíferas. Al manipular todos los proyectos durante una reunión corta será siempre posible obtener una imagen completa que permita tomar las decisiones apropiadas con respecto a refuerzos, reasignaciones y a la priorización de habilidades, equipamientos, entre otras cosas.

Si se manejan de una manera óptima, con reuniones efectivas (normalmente de menos de media hora) y con el pulso adecuado (normalmente una vez a la semana), las reuniones de pulso matriciales pueden llegar a ser la base para un control multiproyecto.

En un tablero de pulso matricial todos los proyectos están catalogados a lo largo de un eje y todos los departamentos uno junto al otro. Tú también puedes agregar información del estado del proyecto en paralelo con los departamentos. En la Figura 34, esto puede hacerse añadiendo cuatro columnas que refieran al estado, una por cada una de las perspectivas del + CTE.

---

87. En tal organización, varios proyectos dependen de miembros del equipo que están asignados en distintos departamentos en una línea organizacional.

| Proyecto | Estado del proyecto | | | | Capacidad ofrecida por la organización lineal | | | |
| | + SHE | Q Calidad | T Entrega a tiempo | E Costes | Departamento | | | |
					1 Marie	2 Jaime	3 Rokhi	4 Martin
A Charlie	■	▲	●	■	●	■	■	■
B Virginia	■	■	●	■	■	■	■	■
C Ali	●	●	●	●	■	▲	■	■
D Signe	■	■	■	■	■	■	■	■
E Wilhelm	■	■	■	■	■	●	■	■
F Gustav	■	■	■	●	■	●	■	■

■ = OK (está de acuerdo con el nivelde base)

● = Existe un plan de recuperación/se están tomando medidas para retomar al nivel de base

▲ = Una desviación que no posee un plan de recuperación

Figura 34. Un ejemplo de una reunión de pulso matricial

... mostrando el estatus de proyecto respecto a cada ICD y la dependencia departamental.

Todos los líderes de proyecto deben tener sus filas actualizadas antes de la reunión de pulso matricial, la cual típicamente tiene lugar los lunes en la mañana. Para hacerlo correctamente necesitan haber discutido las desviaciones actuales con los superiores inmediatos involucrados, de manera que, con algo de suerte, tengan el mismo entendimiento tanto de la desviación como del plan de recuperación.

En el ejemplo mostrado en la Figura 34, el proyecto A tiene un problema con las fechas límite de las reuniones, como muestra el indicador redondo (●) en la celda de intersección entre la fila del proyecto A y la columna T. El líder para el proyecto A, Charlie, ha estado en contacto con el gerente del Departamento 1, Marie, antes de la reunión, y han optado por un plan de recuperación realista. Es por esto que Charlie ha escogido un indicador redondo (●) para la columna T así como también para la columna del Departamento 1.

El proyecto A también tiene un problema de calidad, pero el equipo encargado aún no ha tenido tiempo para analizar el problema y escoger una contramedida adecuada (posiblemente con ayuda de la normativa). Así, Charlie ha puesto un indicador triangular (▲) en la celda de intersección entre la fila del proyecto A y la columna Q.

Las reuniones de pulso matricial deben hacerse cortas y efectivas. De este modo, los indicadores triangulares (▲) deben ser el centro de atención. Una reunión inicia con cada líder de proyecto explicando su fila y describiendo nuevos indicadores triangulares (▲), así como también nuevos riesgos y circunstancias que afectarán a los demás. Después de ello, es el turno de los superiores directos, quienes darán rápidamente sus puntos de vista sobre nuevos problemas [indicadores triangulares (▲)], riesgos y el estado de los planes/acciones de recuperación [(indicadores redondos (●)].

Todas estas presentaciones cortas te dan a ti (y a los demás) numerosas oportunidades para dar retroalimentación rápida, incluso si es solo un «¡Bien hecho!» para animar las buenas actitudes continuas, o simplemente como una opinión de las contribuciones de trabajo relacionadas con los principios y valores acordados, o como un consejo de qué otras cosas deben hacerse.

Pero reitero, mantén las reuniones cortas. Estimula las discusiones entre superiores directos y líderes de proyecto para clasificar problemas y soluciones antes de la reunión. Si tienes que acortar una discusión interesante, termina la discusión en una sesión separada de la reunión de pulso. Esto es incluso más importante si la discusión solo involucra un pequeño número de las personas presentes, o si los aportes de las personas que no están presentes son necesarios.

A.4 Intensificación y salas de pulso

Las reuniones de pulso individuales tienen el potencial de crear muchos efectos positivos, pero cuando se combinan es que se vuelven realmente poderosas.

Esta combinación puede hacerse mediante la comunicación entre reuniones (por ejemplo, para prever una intensificación rápida de los problemas) y mediante la unión de distintos tipos de tableros de trabajo en un salón de pulso común.

Comunicación entre las reuniones de pulso

Puedes acelerar la comunicación entre funciones y niveles jerárquicos simultáneamente mediante la conexión de reuniones de pulso.

Las reuniones de pulso conectadas ofrecen la oportunidad de atrapar todas las desviaciones en ese el nivel de trabajo y transferir las que sean difíciles o arriesgadas a otras reuniones de pulso. De esta manera, una desviación puede alcanzar el equipo receptor adecuado en una o dos horas. El receptor apropiado de una desviación es la persona o equipo que tiene la capacidad de hacer un ajuste rápido para volver al nivel de base. Algunas desvia-ciones también deben remitirse a una reunión de pulso de mejoramiento a fin de encontrar la causa principal y resolver el problema para bien. Eso significa que el problema puede acabar en otro equipo que posea la habilidad de resolución de problemas, o en un gerente que tenga la autoridad para solicitar ayuda externa.

Es importante tratar de detectar los «brotes de los problemas». Estos son signos de desviaciones que no han causado aún problemas serios.

Con base en un sistema de señalización con colores, que sea compartido y entendido por todos los equipos, las desviaciones pueden detectarse en etapas tempranas y pueden transferirse rápidamente al receptor adecuado en cualquier nivel. Esto reducirá significativamente la necesidad de extinguir incendios. Usa tu retroalimentación para elogiar el comportamiento activo que ayude a cambiar la mentalidad de la organización, y pasar de la extinción de incendios a la prevención de problemas. Permitir que se deleguen muchas cosas al nivel superior puede ahogar a cualquier equipo directivo. También evita que el nivel inferior tome la responsabilidad de manejar problemas que pueden resolver o que pueden aprender a resolver. Así, procura que cada problema sea resuelto en el menor nivel posible. Provee entrenamiento y órdenes de manera que puedas delegar aún más decisiones.

Salones de pulso

Un *salón de pulso* es un lugar en donde colocas varios tableros de control visual para perfeccionar la motivación, el entendimiento y la efectividad, a través de la visualización del sistema, de los objetivos, estados y acciones.[88]

Un salón de pulso usado correctamente reduce el «pensamiento departamental aislado», creando buenas discusiones sobre temas importantes que se extienden más allá de los límites funcionales. Los diferentes tableros de trabajo deberían complementarse entre sí para apoyar los debates holísticos basados en hechos, a fin de *cumplir, mejorar y aprender.*

Los tableros de trabajo, con información constantemente actualizada sobre la situación y las acciones, constituyen el núcleo de un salón de pulso. Cada tablero tiene un propósito distinto. Un tipo de tablero está dirigido hacia los cumplimientos, el seguimiento de los objetivos, el progreso hasta la fecha, los problemas de + CTE y las contramedidas de efecto rápido que sean necesarias. Un tablero de cumplimiento tal, necesita complementarse con tableros de pulso de mejoramiento, enfocados en resolver las causas principales de los problemas. Los tableros de pulso estratégicos son un tercer tipo de tablero. Su propósito es desafiar el nivel de base presente y elevarlo a un nuevo nivel que constituya un desafío. Un cuarto tipo está orientado a visualizar los niveles de habilidad actuales respecto a los deseados, a fin de coordinar y aumentar las habilidades de los miembros del equipo. Juntos, estos cuatro tipos de tableros de trabajo apoyan las tres metas de la colaboración: entregar, mejorar y aprender.

La *información del equipo* que necesitas fijar en el salón puede ser, por ejemplo, una presentación de los miembros del equipo, las reglas acordadas y las últimas noticias.

La *información de las metas* que debes tener en el salón de pulso puede variar, desde extractos (o imágenes) de la misión y la visión, pasando por valores clave

---

88. Las salas de pulso a veces se llaman Obeya, que proviene de la palabra japonesa «habitación grande» o «sala de guerra».

de desempeño, objetivos a corto y largo plazo, hasta estudios de segmentación de clientes o los requerimientos propios de los accionistas.

La *información del sistema* que necesitas debe incluir organigramas con las responsabilidades de cada departamento, la descripción de los roles con responsabilidades de cada rol/persona, principios de colaboración, diagramas de procesos, así como también descripciones de las mejores maneras de trabajar acordadas.

La razón para hacer visibles los diferentes tipos de tableros de trabajo y los tipos de información expuestos arriba en el mismo salón, es integrar a las personas y tareas de manera sistemática y pulsada. Las personas no son dependientes únicamente entre sí al momento de colaborar, sino que las tareas son también dependientes de otras tareas. Toma, por ejemplo, la tarea de mejorar, la que puede originarse a partir de la tarea de captar y resolver desviaciones. La tarea de (re)planificar, de forma similar, depende de la actualización frecuente de las posiciones actuales y los objetivos. Al visualizar los hechos en el mismo salón, creas la base para mejores discusiones y, en última instancia, mejores decisio-nes y mayor motivación.

Takashi Tanaka expresa bien este propósito: «Todas las reuniones de pulso vinculan los esfuerzos de todos los colaboradores en una sola red».

A.5 Dirigiendo reuniones de pulso

He enumerado abajo las cosas más importantes para tener en cuenta al momento de dirigir las reuniones de pulso de cumplimiento. Estas son válidas independientemente de si decides dirigir la reunión o dejar que un miembro del equipo lo haga.

Para tener presente:

En un equipo pequeño necesitas preparar algunas cosas antes de la primera reunión de pulso a fin de ser capaz de crear discusiones constructivas:

◆ **Discute y documéntate del propósito de la reunión.**

◆ **Elige a los participantes con base al propósito.**

◆ **Discute y documenta la agenda y las normas del equipo.**

◆ **Discute y documéntate con los datos necesarios y quién será responsable de llevarlos a la reunión.**

◆ **Diseña una versión inicial (borrador) de un tablero de trabajo que facilite la comprensión del propósito de la reunión y de los datos relacionados.**

No te excedas. Es mejor comenzar con algo y luego ir haciendo ajustes mientras se adquiere más experiencia, que parar todo el proceso queriendo perfeccionar todos los puntos expuestos anteriormente.

Para poder mantener las reuniones cortas y efectivas, garantizando una participación activa de todos los involucrados, es recomendable que durante la reunión todos estén de pie. Fija las normas esenciales, así como el propósito de la reunión y la agenda, en un área cercana al tablero. La Figura 35 tiene un ejemplo de esto.

Figura 35. Recordatorio de reuniones de pulso
...con el objetivo, la agenda y las reglas para una reunión de pulso de cumplimiento.

Antes de toda reunión, el líder necesita revisar que:

- Todos hayan hecho las actualizaciones correspondientes de los datos en el tablero.
- Que se hayan señalado las nuevas tareas, problemas e ideas.

Durante la reunión el líder debe:

- Mantener la reunión corta, conservando la disciplina en lo correspondiente a la agenda y las reglas.
- Iniciar buenas discusiones acerca de las desviaciones (nuevos indicadores negros).
- Interrumpir discusiones largas y terminarlas luego, si es necesario.
- Invitar a todos a participar y dar su punto de vista respecto a las acciones y oportunidades de mejoramiento, así como interrumpir (cuando sea necesario) a los participantes que actúen de forma dominante.
- Involucrar a todas las personas para que sean parte de las decisiones tomadas, mediante las participaciones y haciendo notas que lo corroboren.
- Discutir/repetir conclusiones que sean ambiguas hasta que se aclaren y todos las entiendan.
- Recordarles a los participantes mantener el nivel de detalle lo suficientemente preciso para detectar brotes de algún problema en estadios tempranos y coordinar el trabajo de la mejor manera.
- Realizar preguntas de seguimiento sobre los detalles para encontrar causas y brechas de conocimiento.
- Dar el ejemplo manteniendo una actitud de respeto, franqueza y atención.
- Dar el ejemplo escuchando, buscando hechos y oportunidades, siendo breve y claro, así como también reconociendo buenas contribuciones de trabajo.
- Confrontar demostraciones obvias y deliberadas de mala actitud, como por ejemplo, faltas de respeto a los demás.

Después de cada reunión, el líder necesita:

- Ir y ver las causas principales de las desviaciones que se reporten (preferiblemente justo después de finalizada la reunión).
- Reflexionar sobre qué puede mejorarse antes de la siguiente reunión.

Involucra a todos para que hablen

Involucra a todas las personas para que participen y tengan una ocasión pa-ra hablar. Aprendemos tanto escuchando como hablando. El hecho de plantear nuevas ideas y perspectivas no solamente es beneficioso para el equipo, sino que también es bueno para los individuos que hablan, porque haciéndolo aprenden traducir sus ideas y pensamientos a palabras habladas.

Los investigadores Johnson y Johnson de la Universidad de Michigan han encontrado, por ejemplo, que la compresión es perfeccionada cuando los pensamientos y las ideas se redactan en forma de palabras. Esto es porque organizamos la información de una manera distinta cuando necesitamos expresársela a alguien más, en comparación a cuando tratamos de comprenderla internamente. Esta reestructuración de la información antes de hablar puede generar conocimientos valiosos. Invita a los miembros de tu equipo a intentarlo.

Asimismo, impulsa a todos para que pregunten y disientan. Una perspectiva unilateral normalmente conlleva a malas decisiones. Hay algo de cierto en el dicho que reza que las nuevas perspectivas no pueden aparecer en una mente que ya está formada. Por consiguiente, evita ser tú quien emita las posturas de seguridad total, y evita que los demás también lo hagan, especialmente los miembros dominantes del equipo. Impulsa a las personas calladas a que emitan sus puntos de vista y vean los desacuerdos como un punto de inicio para las buenas discusiones. No obstante, no permitas que las discusiones continúen luego de que se haya tomado una decisión bien fundada.[89]

Perseverancia y celebraciones

Las reuniones de pulso de cumplimiento están orientadas a detectar y corregir desviaciones día tras día, año tras año. Requiere que seas consistente y persistente. No dejes pasar una desviación solo porque es viernes por la tarde. Si tienes poca energía, permite que alguien más te ayude a mantener un enfoque consistente y positivo a la hora de mantener el nivel de base que has preparado. Procura que el número de indicadores negros no sea muy alto o muy bajo. El número correcto de desviaciones, retos e ideas es energizante. Muchas lo desgastarán. Mantén el pulso de mejoramiento balanceado, de manera que no se convierta en algo que genere mucho estrés negativo.

El cuidado tenaz significa combinar las expectativas claras con una auténtica preocupación por todos. Tu trabajo como líder es encontrar el balance ideal entre carga de trabajo y desafíos de cada quién, a fin de que todos den lo mejor de sí mismos, y al mismo tiempo disfruten del trabajo.

---

89. Una buena discusión, basada en el debate y la escucha respetuosa conlleva a una mejor decisión, pero no necesariamente una decisión que sea un compromiso. Una vez escuché a un gerente de Toyota hablar de esto citando a su CEO, Katsuaki Watanabe: «Elige una pelea amistosa, de otro modo podrá terminar en un compromiso».

Las cargas de trabajo individuales que sean realistas, combinadas con el espíritu de trabajo, el valor y el apoyo, preparan el terreno para la perseverancia y la sostenibilidad.

Tú puedes animar a las personas de muchas formas. Una de ellas es celebrando los objetivos alcanzados, por ejemplo, que el objetivo X del proyecto se logró, que los clientes han quedado satisfechos completamente por Y días, o que el número de las ideas de mejoramiento logradas llegó a Z. La celebración puede ser invitar al equipo a un almuerzo o a una excursión a otra organización.

Coloca un *diagrama de celebración* en el muro que muestre los objetivos y la situación actual. La Figura 36 muestra un ejemplo de ese diagrama donde cada nota azul se corresponde con una tarea finalizada. Hay una tarea más que debe cumplirse antes de alcanzar el primer objetivo (de 12 entregas) a celebrarse.

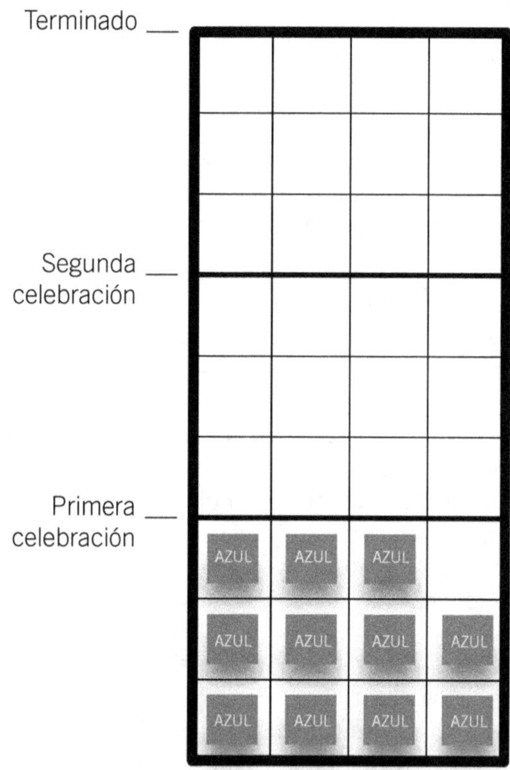

Figura 36. Un ejemplo de un diagrama de celebración
… faltando una entrega para la primera celebración.

Apéndice B
Herramientas del líder para mejorar

Las herramientas descritas en este apéndice están diseñadas para ayudarte a ti y a tus colegas a lograr mejores avances. Ellas suministran apoyo para los cinco pasos de La escalera al liderazgo, y la mayoría están enfocadas en la consecución de las metas, encontrar causas fundamentales y construir mejoras sistemáticas con base en el PDCA. Las herramientas comprenden los siguientes títulos:

- Herramientas de priorización.
- Herramientas para liderar mediante objetivos.
- Herramientas de PDCA.
- Análisis de causas fundamentales.
- Diagnósticos de liderazgo.

B.1 Herramientas de priorización

Tu diario

Tu diario es la herramienta más simple y poderosa que tienes. Utilízalo para priorizar tu tiempo para hacer *contribuciones de líder*. Sé muy cuidadoso al momento de reservar tiempo para:

♦ *Ver el juego* **y las contribuciones laborales de todos.**

♦ *Ir y buscar* **las causas principales de las desviaciones, tanto positivas como negativas.**

♦ *Reflexiona* **sobre tus nuevas experiencias desde una perspectiva tanto de colaboración como de liderazgo.**

Trata de hacer tu propia *agenda diaria de contribuciones de líder* con un momento de observación justo después de cada reunión de pulso de cumplimiento. Complementa esto con espacios destinados a ver el juego y a reflexionar. Protege tu agenda de las tareas concurrentes que puedan parecer urgentes, pero que son menos importantes.

Estudio de las contribuciones de líder

Necesitas ser consciente de tus contribuciones como líder, el porcentaje de tu tiempo que puedes emplear en ellas y los efectos que tienen en las contribuciones laborales de tu equipo. A partir de este análisis tú decides si necesitas invertir más tiempo para hacer contribuciones como líder y aumentar sus efectos.

Una buena manera de comenzar es determinar la manera en la que empleas tu tiempo durante una semana laboral común. Esta es una manera sencilla de llevar a cabo el *estudio de las contribuciones de líder*:

♦ **Reserva 15 minutos para una reflexión al final de cada día sobre la semana venidera, con un extra de 15 minutos adicionales el día viernes en la tarde.**

♦ **Al final de cada día, asigna uno de los siguientes seis códigos a cada tarea que hayas hecho durante ese día: (1) Contribuciones del líder para asegurar o mejorar** los *medios*, **(2) contribuciones del líder para asegurar o mejorar** las *capacidades*, **(3) contribuciones del líder para asegurar o mejorar las** *actitudes*, **(4) dirección, (5) misceláneas u otras, (6) desperdicio. Apunta el tiempo empleado en cada actividad. Toma las decisiones que consideres conveniente, por ejemplo, acortar una reunión larga y asignar diferentes códigos de tarea a las distintas partes de una reunión. Añade comentarios acerca de tu percepción de la calidad/efectividad de las contribuciones del líder que has hecho.**

♦ **Al final de la semana:** agrega el tiempo empleado en cada una de las seis categorías y transfiere la suma total de las categorías en un gráfico de barras.

Estudia la altura de las barras junto con los comentarios que has estado escribiendo durante la semana. Reflexiona sobre qué mejoras a largo plazo puedes hacer y decide qué deberías hacer de forma distinta en la siguiente semana.

Lleva a cabo los estudios de contribuciones de líder regularmente y a solas. Pero también, a partir de tus propios análisis, trata de involucrar a tus colegas, reuniéndolos y haciendo que discutan las conclusiones entre todos.

Estudio de las contribuciones laborales

Un *estudio de las contribuciones laborales* se enfoca en cómo contribuyen tus colaboradores en el proceso de cumplimiento, mejoramiento y aprendizaje. Una manera sencilla de hacer el estudio es basándose en la Tabla 5.

Tiempo de inicio	Tarea /actividad	Código de color	Ideas para mejorar los medios, las capacidades y actitudes	Comentarios

Tabla 5.[90] Para el estudio de las contribuciones laborales

---

90. En un entorno de trabajo muy repetitivo, es aconsejable cambiar el título «Tarea/actividad» por «perturbación/problema».

Entrégale la plantilla a uno o a dos de los miembros de tu equipo y pídeles que la llenen al otro día, guiados por estas instrucciones:

Durante el día

♦ **Apunta el tiempo y la tarea en las dos columnas de la izquierda cada vez que se inicie una nueva actividad. Distingue entre las actividades principales y las otras actividades necesarias para preparar y revisar las actividades principales.**

Al final del día

♦ **En la tercera columna clasifica con color cada tarea, tomando como criterio el nivel de valor estimado que se añadió visto desde la perspectiva del cliente:[91]**

1. Tarea que efectivamente le añadió valor al cliente (VERDE OSCURO).

2. Tarea que solo añadió valor parcialmente (VERDE CLARO).

3. Tarea destinada a preparar o finalizar actividad(es) que añadirá(n) valor (AMARILLO).

4. Controles de calidad y revisión (NARANJA).

5. Desperdicio de tiempo (ROJO).

♦ **Haz tus sugerencias de mejoras en la cuarta columna. Todas las tareas, excepto las que estén coloreadas de verde oscuro, tienen el potencial de mejorar. Recuerda que eliminar las actividades que no son necesarias es un tipo de mejora. Cuestiona los tiempos de espera, las interrupciones, los obstáculos y los conflictos. Trata de relacionar todos estos problemas con posibles mejoras de medios, capacidades y/o actitudes. Sugiere posibles soluciones o experimentos.**

♦ **Usa la quinta columna para hacer observaciones. Coloca una «F» para las tareas Fáciles de mejorar. Coloca una «D» para las tareas que son importantes pero difíciles de mejorar. Coloca un signo de interrogación «?» cuando las acciones necesarias no están claras.**

Pídeles a los miembros del equipo que han realizado el estudio que te lo presenten a ti y al resto del equipo. Discutan los descubrimientos y decidan qué cosas priorizar, usando la matriz de selección de ideas descrita más adelante en esta sección. Usa las herramientas de PDCA (descritas en la próxima sección) para fomentar la implementación de las medidas acordadas.

---

91. Normalmente esto se hace tomando una perspectiva actual del cliente. Sin embargo, las tareas con el objetivo de mejorar y aprender para el futuro se pueden distinguir utilizando un color separado, p. azul, complementando el verde.

Frecuentemente es una buena idea complementar este tipo de estudio de contribuciones de trabajo con un análisis más profundo de los medios y las capacidades necesarias para ejecutar cada tarea de la mejor manera posible.

Usa una *matriz de aptitud,* en la cual las habilidades y capacidades necesarias sean trazadas en cada individuo, a fin de visualizar tanto el estado como la situación. La matriz se convierte en la base para los planes de entrenamiento individual y las discusiones de desarrollo como se describe posteriormente en este apéndice.

Usa una *lista de medios* a fin de visualizar todos los medios necesarios para realizar las distintas tareas y hacer un buen trabajo, incluyendo herramientas, descripciones laborales y otros documentos de apoyo, aplicaciones de computación y soporte de expertos disponibles. Luego de enumerar el conjunto ideal de medios requeridos para la tarea específica, revisa la lista y clasifica cada ítem de acuerdo con estas opciones: (1) es adecuado o (2) tiene fallas o puede mejorarse. De igual forma:(3) se está usando de la mejor manera, (4) no se está usando o puede usarse mejor.

Si encuentras que no se está cumpliendo con las mejores maneras de trabajar, pregunta ¿Por qué?, ¿es un asunto de falta de entrenamiento o de falta de actitud?, ¿es cuestión que el personal de base está desactualizado —no cubre con los estándares o el *know-how* para trabajar o son muy limitados?, ¿se debe a cambios de personal o circunstancias eventuales? En cualquier evento, aborda la causa principal y encuentra contramedidas adecuadas, usando las herramientas de la siguiente sección.

Matrices para la creación de buenas discusiones y decisiones

Las matrices muy simples pueden proveer una base excelente para estimular buenas discusiones. Al escoger dos variables de una decisión, interesantes y contrastantes, y comparando la situación actual, puedes fomentar el debate, el aprendizaje y la acción.

El objetivo principal es tomar una buena decisión, en otras palabras, seleccionar la mejor alternativa. Es por eso que yo las llamo *matrices de selección.* Aquí describiré cuatro ejemplos de pares de variables contrastantes, pero puedes crear las tuyas propias dependiendo de los retos a los que te enfrentes.

Los cuatro tipos de herramientas representados aquí son: (1) *la matriz de selección de ideas,* empleada para escoger ideas tomando como criterio dos variables, efecto y *esfuerzo de implementación,* (2) la matriz de selección de estrategias, usada para escoger estrategias tomando como criterio las variables importancia y posición de mercado relativa, (3) el *principio de Eisenhower,* usado para escoger con base en las variables importancia y urgencia aparente, y (4) la matriz de *prioridad de riesgos* usada para seleccionar acciones que mitiguen los riesgos, con base en las variables de *probabilidad y efecto.*

Matrices de selección de ideas

Una *matriz de selección de ideas* selecciona las ideas con base en distintos niveles de efecto y de esfuerzo de implementación. La matriz se convierte en una excelente ayuda para crear buenas discusiones en tu equipo, a fin de tomar las ideas, desviaciones o retos que necesitas abordar luego.

El *efecto* de implementar una idea puede estimarse de diferentes maneras, como el retorno financiero a corto plazo o, más ampliamente, en cómo afecta a todos los aspectos del + CTE. Sugiero que uses la última, pero compleméntala con un estimado financiero detallado cuando sea necesario. De esta manera, la escala irá de «gran incidencia en el + CTE» a «poco impacto en el + CTE».

El *esfuerzo de implementación* también puede ser juzgado de diferentes maneras, por ejemplo, de forma más concreta, como el estimado de horas multiplicado por el costo por horas; o de forma más amplia, como la inclusión de personas que posean las capacidades necesarias para implementar la idea. Resumo este razonamiento a través de la escala que va de lo «fácil y económico» a lo «difícil y costoso».

Estas dos variantes crean una matriz que se muestra en el ejemplo de la Figura 37.

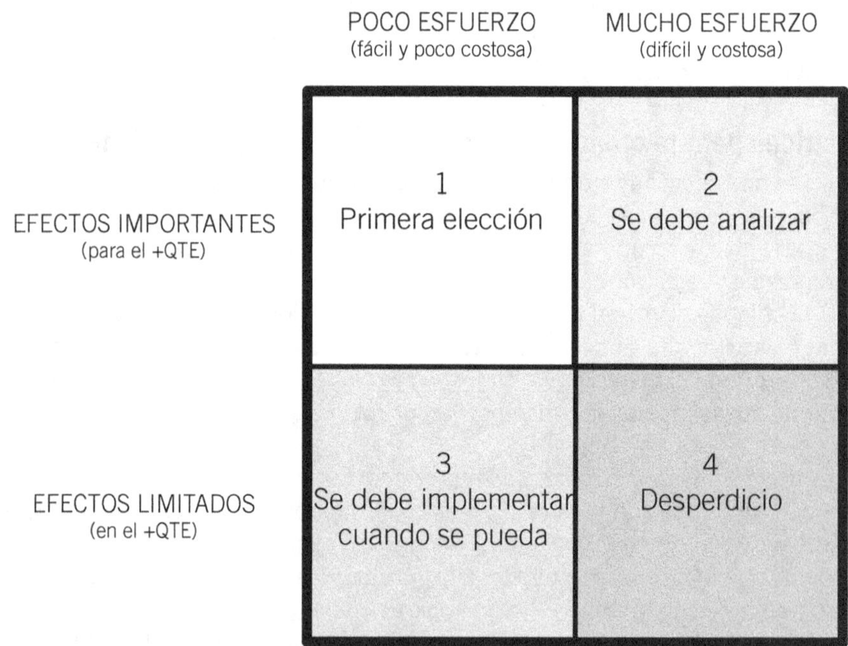

Figura 37. Una matriz de selección de ideas
…para priorizar tareas.

Fomenta la participación de todos al momento de identificar ideas, desviaciones y desafíos. Entre las reuniones de pulso a todos se les debe pedir escribir notas *post-it* y ponerlas en una canasta para la reunión de pulso de mejoramiento. En la reunión, las notas son tomadas de la cesta una a la vez. Los efectos de una nota y el esfuerzo de implementación requerido son discutidos antes de que la nota sea puesta en el espacio acordado en la matriz.

Una nota ubicada en el cuadrante 1 (la posición superior izquierda de la matriz) tiene la mayor prioridad, tiene un efecto potencialmente grande en el +, C, T o E y un bajo costo de implementación estimado (lo que incluye a las personas capaces que estén disponibles). Si la nota describe una acción concreta sin efectos secundarios negativos puede considerarse «una fruta que cuelga al alcance» y debe implementarse de inmediato. Puede ser imposible estimar el esfuerzo de la implementación de una nota si describe una solución vaga a un problema importante. En estas situaciones, si el aporte que puede dar a la resolución del problema se cree que será significativo, debe elegirse esa nota, no para ser implementada de una vez, sino para posteriormente hacer una investigación más profunda de las mejores soluciones siguiendo las herramientas del PDCA (por ejemplo, la A3 descrita en la Sección B3).

Una nota puesta en el cuadrante 2 necesita estimaciones y cálculos adicionales antes de que pueda ser aprobada, ya sea porque aumente los costos y/o requiera el manejo de competencias de escaso dominio. Estas notas son las únicas que requieren estimados de financiación adecuados.

Las notas en el cuadrante 3 no son muy importantes debido a su limitado efecto en el + CTE, pero, por otro lado, requieren poco dinero y esfuerzo para ser implementadas. De esta manera, decide aplicarlas apenas tengas disponible el tiempo necesario.

Las notas en el cuadrante 4 no deben implementarse. Asegúrate que la persona que sugirió algo que acabe en la esquina inferior derecha de la matriz comprenda por qué el efecto es muy pequeño en comparación al esfuerzo. Si lo haces, obtendrás una ventaja adicional de la matriz de selección de ideas, en concreto, que una persona que pudo haber estado quejándose por meses con la frase «¿por qué no solo hacemos esto?», pueda dejar de hacerlo y avanzar.

La selección de ideas provee una herramienta para priorizar, pero también te dará la oportunidad de aumentar la participación y la motivación.

Excepto en los casos donde estés a cargo de un equipo muy disfuncional, donde están muy extendidos los problemas de actitud, ¡confía en tu equipo! Si se ha puesto una nota en el cuadrante 1, hay que ocuparse de ella en el futuro cercano, sin la necesidad de tanto papeleo inútil solicitando la financiación de unas pocas horas o recursos, solo hazlo. Sé efusivo y generoso al transmitir la interpretación del efecto si una nota es puesta entre los cuadrantes 1 y 3, tendrá un efecto positivo en la motivación, además de los bajos costos que implica su implementación, incluso si los otros efectos de la idea son limitados.

Decide cuando realizarás las estimaciones y cálculos formales, para lo cual necesitarás añadir una línea vertical al cuadrante 2 de la matriz. Las notas puestas a la derecha de esa línea necesitarán un estimado financiero para hacerse, mientras aquellas que están a la izquierda pueden ejecutarse tan pronto como las personas capaces de hacerlo tengan el tiempo disponible.

Inicia el uso de la matriz para impulsar tu trabajo de mejoramiento continuo. Te ayudará a controlar la afluencia a las reuniones de pulso de mejoramiento, como se describió en la sección 7.4, Figura 19. También es un excelente complemento las herramientas de PDCA (por ejemplo, el tablero de mejoramiento) descritas en la próxima sección.

Matrices de selección de estrategias

Una *matriz de selección de estrategias* apoya la selección de estrategias de mejoramiento con base a los distintos niveles de importancia estratégica y la posición relativa en el mercado. La matriz apoya la estimulación de buenas discusiones a fin de escoger la estrategia de mejoramiento a adoptar.

La *importancia estratégica* puede definirse de distintas maneras, pero está conectada comúnmente a lo que los clientes consideran importante. Así, una escala sugerida inicia con «importante (para nuestros consumidores)» y termina con «menos importante (para nuestros consumidores)».

La *posición relativa* en el mercado está definida naturalmente en términos de una comparación al desempeño actual (y el estimado en el futuro) de la competencia. De este modo, la escala en el otro eje va de «estamos atrás (de nuestros competidores)» a «estamos adelante (de nuestros competidores)».

Estas dos escalas crean una matriz como se muestra en la Figura 38.

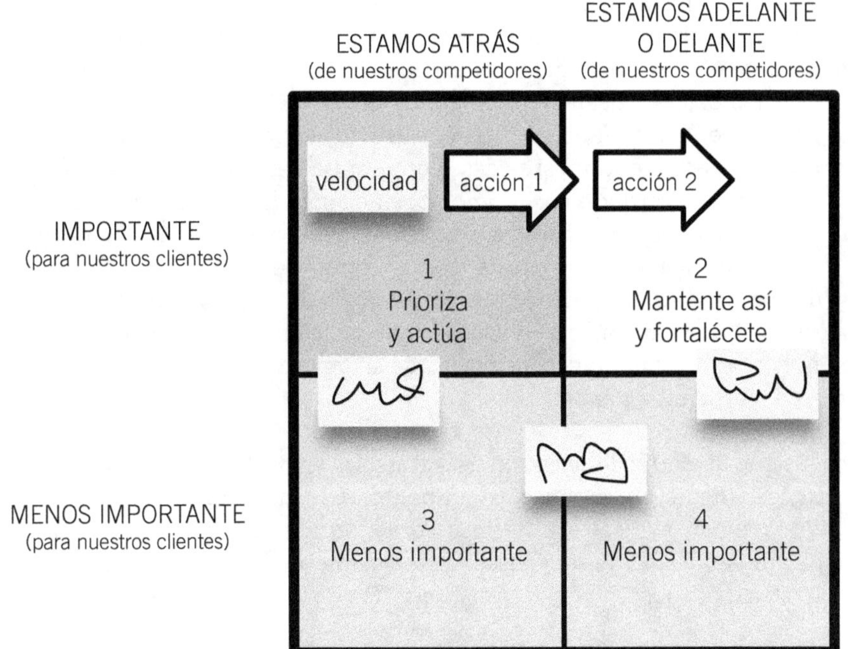

Figura 38. Una matriz de selección de estrategias
… para desarrollar estrategias.

La matriz de selección de estrategias hace que tus fortalezas y debilidades sean muy visibles en relación a lo que es necesario. Úsala para discutir cuál manera sería, estratégicamente hablando, la mejor para avanzar, y también para dar lugar a análisis sobre qué valoran más los clientes, así como también cómo actúan los competidores actualmente y cuál sería el desempeño presumible de estos en el futuro. La investigación de mercado es una parte importante de la preparación. Sin datos fiables basados en el análisis del ambiente, la discusión parecerá más una mera suposición que una argumentación inteligente y objetiva.

Al usar la matriz, necesitas seleccionar las personas correctas alrededor de ella, aportando hechos y perspectivas de distintas áreas. Comienza recolectando datos y opiniones acerca de qué áreas consideran más importantes los compradores actuales y futuros. Escribe las áreas en notas *post-it*. Toma una nota a la vez y ubícala en la matriz, luego de comparar tu desempeño actual con el de tus competidores. Luego de posicionar todas las notas, comienza a enfocarte en cómo mejorar aquellas que están en el cuadrante 1 y cómo mejorar las posiciones del cuadrante 2.

En el ejemplo mostrado en la Figura 38, se han identificado cuatro áreas y se han puesto en la matriz. La nota «velocidad» ha sido considerada como la más importante por los consumidores (ubicada en la parte superior de la matriz). Al mismo tiempo, se considera un área muy débil en comparación al desempeño de los competidores (al ubicarla en el extremo izquierdo de la matriz). De este modo, es la opción natural si se desea escoger una estrategia de mejoramiento. La pregunta se convierte en: ¿Cómo podemos mejorar la velocidad de entrega de nuestros bienes y servicios respecto a nuestra competencia en el largo plazo?

La conclusión de la respuesta a esa pregunta se traduce en una estrategia de dos pasos, ilustrada en la figura con dos flechas. El plan llamado «acción 1» adecuará el desempeño con respecto al de los competidores, mientras que el plan «acción 2» aumentará la velocidad de la organización de manera que supere la de los mejores competidores.

Puesto que la matriz de selección de estrategias apoya la identificación de áreas estratégicamente importantes, es un punto de inicio natural para la formulación de metas y tácticas estratégicas. Por lo tanto, esta herramienta es un gran complemento a aquellas que se usan para *liderar mediante objetivos* (LBO, *Leading by Objetives,* por sus siglas en inglés), descritas en la siguiente sección.

El principio de Eisenhower

Yo tengo dos clases de problemas: los urgentes y los importantes.
Los urgentes no son importantes y los importantes nunca son urgentes
Dr. J. Roscoe Miller

En 1954, el expresidente de Estados Unidos, Dwight D, Eisenhower citó al Dr. Miller, presidente de la Universidad del Noroeste, en un discurso a la Segunda Asamblea del Consejo Mundial de Iglesias. La cita de arriba ha sido referida posteriormente como el *principio de urgencia/importancia de Eisenhower.*

Este principio se conforma con base en dos variables, urgencia e importancia, cuyo objetivo es facilitar la toma de decisiones. Además de lo que fue descrito con anterioridad para la selección de ideas y estrategias, estas variables pueden usarse para la discriminación de tareas.

El principio de Eisenhower puede traducirse en una matriz en la cual lo «aparentemente muy urgente» y lo «aparentemente no urgente» forman los extremos en un eje, y lo «importante» y lo «irrelevante» en otro. No obstante, el principio también puede transformarse en una sencilla lista de prioridad que te ayude a eliminar parte del estrés generado por los plazos de tiempo:

1. **Importante y aparentemente muy urgente.**

2. **Importante, pero aparentemente menos urgente.**

3. **Irrelevante, pero aparentemente muy urgente.**

4. **Irrelevante y aparentemente no urgente.**

El hecho más interesante del principio de Eisenhower es que tenemos una tendencia natural a darles más importancia a las tareas que entran en la tercera categoría que las que están en la segunda. Como líder debes ser consciente de esto y evitarlo estrictamente.

Tiene relevancia para las tareas realizadas por tu equipo, pero también para tus propias tareas. La razón de ser de esto es que gran parte de tus contribuciones como líder se ubicarán en el número 2 y no hay que permitir que sean infravaloradas por las tareas de la categoría 3, menos importantes. Si seguimos otorgándole preferencia a lo menos importante, terminaremos sin nada de tiempo para las contribuciones como líderes importantes.

Esto se trata de ser efectivo como líder, no solamente ser eficiente.

La razón por la que tendemos a priorizar lo aparentemente muy urgente, incluso cuando no es importante, es porque las demandas vienen de otras personas (por lo general de arriba) y las consecuencias de no manejar esa situación pueden ser inmediatas y desagradables. En otras palabras, con frecuencia debes ser valiente y decirles no a las tareas de categoría 3, a fin de realizar más de las tareas de la categoría 2.

Por lo tanto, planifica tus tareas con base en la importancia, no en relación con qué tan urgente puedan parecer. Ponte a prueba a ti mismo de vez en cuando. Asígnale el número adecuado, del 1 al 4 de acuerdo con la lista de prioridades expuesta, a cada tarea que hayas hecho durante el día. Pregúntate a ti mismo: ¿He sido capaz de liberar suficiente tiempo para emplear más tiempo de calidad en las contribuciones como líder? ¿Realmente estoy eligiendo actividades de tipo 2 antes que las de tipo 3? ¿Puedo hacer más para delegar o eliminar las actividades de tipos 3 y 4? ¿Necesito eliminar los elementos estresantes liberando algo de tiempo en mi diario, para ocuparme de las actividades de tipo 1 que entran en el corto plazo, o incluso, puedo reducir proactivamente la incidencia de actividades de tipo 1 innecesarias?

Tú también puedes formar el hábito de clasificar cada nueva tarea potencial con un número entre 1 y 4 apenas tengas conocimiento de ello. Así, el principio de Eisenhower te ayuda a escoger rápidamente las tareas más importantes, las que tienen importancia a largo plazo, y evitar o delegar las otras.

Reflexiona regularmente acerca de tus decisiones y prioridades. Hazlo solo y con tus colegas a fin de aprender juntos.

Matrices de priorización de riesgo

La cuarta herramienta de dos variables que quiero recalcar aquí también consiste en la selección de tareas, pero esta vez con relación a riesgos y oportunidades. Una matriz de priorización de riesgos apoya la selección de tareas, a fin de mitigar los riesgos y promover oportunidades con base a distintos niveles de probabilidad y efecto. Esta matriz se convierte en un apoyo excelente para estimular buenas discusiones acerca de las cosas que conviene hacer, dada la probabilidad estimada y los efectos de algo que esté sucediendo.

La matriz de priorización de riesgos puede dibujarse como una matriz de dos por dos, lo que crea cuatro cuadrantes. El eje de probabilidad de esa matriz debe consistir en los indicadores «muy improbable» y «muy probable», mientras que los dos indicadores del eje de efectos pueden nombrarse como «efectos insignificantes» y «efectos revolucionarios».

Usa la matriz de priorización de riesgos para hacer una evaluación del entorno a fin de tomar acciones de acuerdo con los eventos externos o internos, sean positivos o negativos, que puedan encontrarse. Complementa los datos con una sesión de lluvia de ideas, para luego crear varias notas *post-it*, cada una con un acontecimiento posible que podría afectar la colaboración si se llegase a materializar. Toma una nota a la vez y discute la probabilidad de que ocurra y el posible efecto que tendría si sucediera. Coloca la nota en el sitio correspondiente de la matriz.

Las notas que acaban en el cuadrante con altas posibilidades y grandes efectos deben abordarse primero. Si una de esas notas implica un efecto negativo (un riesgo) necesitas preguntarte: ¿Qué debemos hacer para estar más preparados en caso de que esto llegase a suceder?

Si la nota implica un efecto positivo (una oportunidad) necesitas preguntarte: ¿Qué necesitamos hacer a fin de darle lugar a esto? La lista de respuestas resultante puede proveer aportes valiosos para tu siguiente reunión de pulso.

B.2 Herramientas para liderar mediante objetivos

Tanto la matriz de priorización de riesgos como la matriz de selección de estrategias pueden ofrecerte muy buenos aportes para formular metas apropiadas. No obstante, hay algunas otras herramientas que puedes usar para aumentar tu éxito como el *Liderazgo mediante objetivos* (LBO) como se describió en la Sección 3.3. Explicaré cinco de ellas, específicamente, las descripciones de procesos LBO, la técnica ITA, diagramas de metas, mapas estratégicos y reuniones de pulso estratégicas.

Descripciones de procesos LBO

Una buena *descripción de procesos de LBO* visualiza los aspectos holísticos del mismo y, además, sirve como un recordatorio de detalles importantes que se olvidan con facilidad.

Mediante el uso de diagramas puedes facilitar la comprensión del proceso. Una descripción de procesos LBO completa permite visualizar las actividades importantes que son necesarias, a fin de pasar del análisis ambiental y la formulación de metas estratégicas, hasta la implementación conjunta y convenida, y los objetivos concretos para cada equipo e individuo.

Tu descripción de procesos LBO debe incluir las siete actividades principales (o subprocesos) presentados en la Sección 3.3, que incluyan la descripción de *cómo* lo propones:

- **Recolectar información del entorno del mercado, por ejemplo, de las tendencias de las expectativas de los consumidores y del desempeño de los competidores.**

- **Constituye un conjunto balanceado de indicadores de desempeño (ICD), por ejemplo, mediante el uso de + CTE.**

- **Desglosa los objetivos a largo plazo en objetivos acordados y concretos, nivel por nivel.**

- **Trabaja regularmente en la medición de las brechas y encuentra e implementa actividades a fin de lograr los objetivos en todos los equipos.**

Una descripción de procesos LBO (como en todas las descripciones de procesos) puede trazarse usando diferentes formatos, por ejemplo, en la forma de un diagrama, como se describió en la Sección 7.1.

Recuerda que un documento que represente un proceso no tiene valor por sí mismo. Es cuando lo utilizas para recordar aspectos importantes y para mejorar el flujo de actividades que va a crear valor a través de las buenas discusiones, el aprendizaje y las mejores decisiones. Usa las siguientes herramientas para ayudarte con eso.

Técnica ITA

La técnica ITA (acrónimo de Individuals-To-All, en español «a todos los individuos») es una manera muy simple de involucrar a las personas en la reproducción de un mensaje o para que respondan una pregunta. El objetivo es crear una buena discusión en la cual todos participen. Todo inicia dejando que cada uno, de forma individual, reflexione respecto a un mensaje, pregunta o asunto. Continúa con una o dos etapas de discusión antes de terminar con un resumen y con conclusiones.

La razón para iniciar con una reflexión individual es que obliga a todas las personas a formular sus propias perspectivas antes de escuchar a los demás. Para ayudar a las personas más introvertidas a que emitan sus puntos de vista, puedes dejar que todos hablen en grupos pequeños antes de llevar la discusión a un grupo más grande. Como resultado, es más probable que obtengas una discusión más balanceada, con menos dominación ejercida por unos cuantos individuos habladores.

La técnica ITA consiste en seis pasos:

1. **El facilitador (por ejemplo, tú como el líder) explica los objetivos (crea una buena discusión, aumenta el entendimiento y decide las acciones) y las tareas de todos (toma apuntes de las opiniones y preguntas, y luego contribuye a la discusión).**

2. **Alguien (por ejemplo, el líder) presenta un mensaje o una pregunta.**

3. **A todos se les dan unos pocos minutos para reflexionar y apuntar sus comentarios u opiniones.**

4. **Los comentarios y las preguntas se discuten y se resumen en grupos pequeños.**

5. **Cada grupo presenta sus conclusiones a los demás.**

6. **El facilitador dirige una discusión y resume las acciones y conclusiones importantes.**

Este método funciona con grupos muy grandes. En un grupo muy pequeño o en un grupo grande donde todos se sienten cómodos expresando sus opiniones sinceras puedes saltarte los pasos 4 y 5.

Es posible usar la técnica ITA en diferentes situaciones. Puedes prepararte con meticulosidad para usarla en un asunto muy importante, invitando a un grupo grande para la ocasión específica. No obstante, también puedes usar la técnica espontáneamente en una reunión (mediante el uso de los pasos 2, 3 y 6) siempre que veas la necesidad de involucrar a las personas en una discusión.

Si quieres que todos entiendan la razón detrás de una decisión alrededor de un cambio importante, que afecte seriamente a gran parte de las personas, puedes usar la técnica ITA para reproducir tu mensaje. Siendo abierto con los datos y abriéndote a las preguntas y opiniones, incrementarás el entendimiento de todas las personas respecto a las razones y la lógica que existe en ella, incluyendo la tuya propia. Eso puede originar ajustes en la decisión.

No obstante, la técnica ITA encaja mejor en situaciones donde la decisión no se ha tomado aún. Usándola con sabiduría puedes llegar a obtener muchas perspectivas sobre un asunto en particular o un problema que pueda implicar algún tipo de riesgo.[92]

En el proceso LBO existen muchas preguntas (por ejemplo, aquellas relacionadas con las causas y los efectos) que puedes probar discutir por medio de esta técnica. También puedes usar la técnica ITA para trabajar las metas organizacionales (es decir, habiendo comprendido las metas globales de la organización, desglosarlas en objetivos concretos) mediante la pregunta: ¿cómo traducimos estas metas globales en objetivos que estén en nuestro nivel de operación?

Diagramas de metas

Un diagrama de metas es una herramienta para visualizar y entender las conexiones y las relaciones causales entre los objetivos. Esto puede ser la base para buenas discusiones respecto a lo que se debe hacer a fin de alcanzarlos.

Las relaciones medios/metas se asemejan a las relaciones causa/efecto descritas en la Sección 5.3. No obstante, las primeras se crean usando repetidamente preguntas explicativas iniciando con la posición deseada, en vez de preguntas de tipo «por qué» que inicien con un problema.

Inicia a partir de un objetivo a largo plazo que sea muy importante y realiza las preguntas explicativas. Estas respuestas te darán un conjunto de subobjetivos que constituyen los medios para alcanzar el objetivo principal. Continúa realizando preguntas explicativas a partir de cada subobjetivo para construir una red de objetivos, siendo algunos de ellos los medios para alcanzar otros objetivos (véase la Figura 39).

---

92. Tres preguntas relacionadas con el análisis de riesgos son: «¿Qué riesgos podemos prever?», «¿Cuáles son las consecuencias más graves y más probables de cada riesgo?» Y «¿Qué podemos hacer para mitigar los riesgos?». Realiza cada pregunta a través de la secuencia ITA, y obtendrás muchas perspectivas sobre riesgos, consecuencias y soluciones. La matriz de prioridad de riesgo de la sección anterior se puede usar para ilustrar las respuestas a la segunda pregunta.

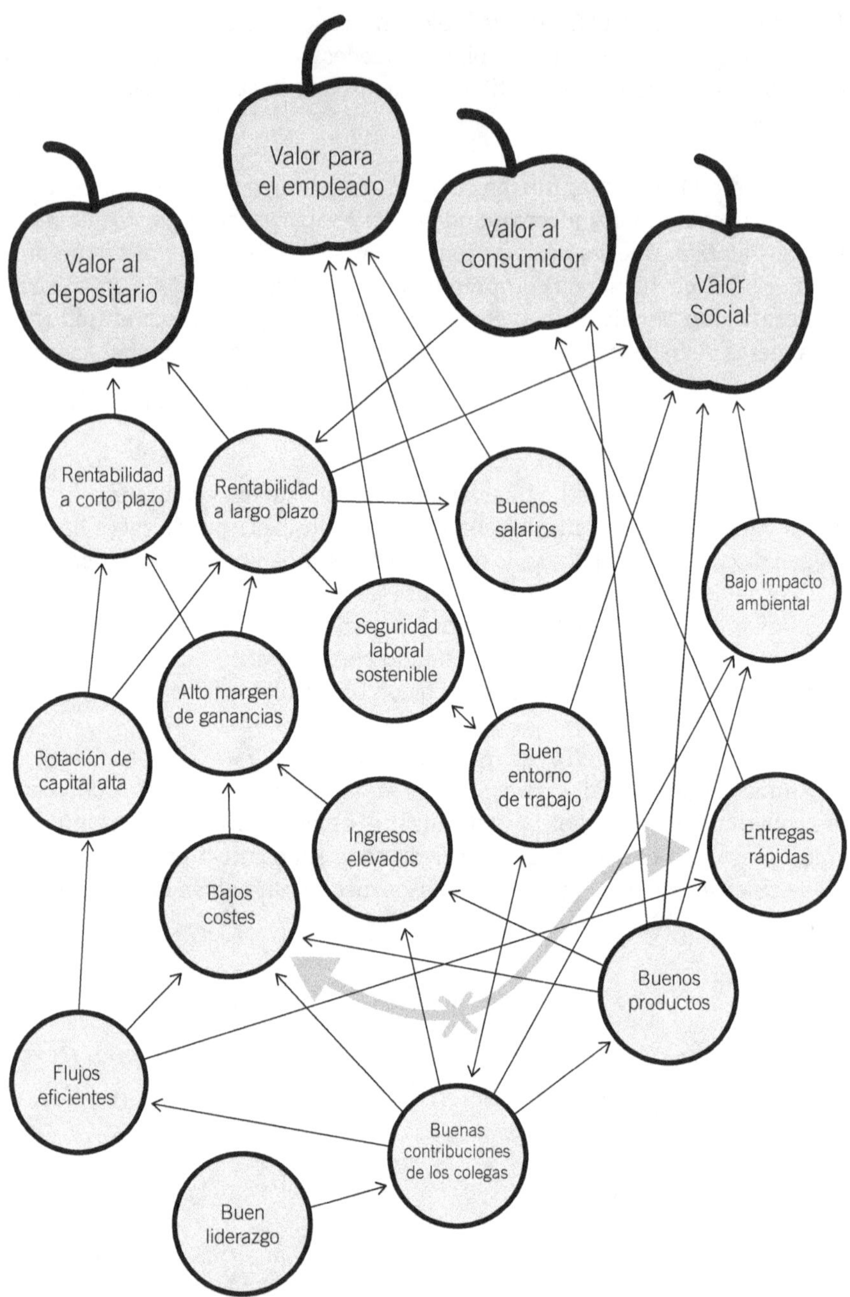

Figura 39. Un ejemplo de un diagrama de metas
…mostrando relaciones causa/efecto.

La ilustración muestra un diagrama de metas que inicia con los objetivos globales, es decir, la creación de valor para los accionistas, los colaboradores, los clientes y la sociedad. Cada flecha negra en la ilustración debe leerse como «se necesitan para». Las direcciones de las flechas no siempre son obvias, y pueden usarse como un tópico para buenas discusiones.

La flecha gris claro con una cruz ilustra un conflicto de intereses percibido entre los dos objetivos referentes a costes bajos y entregas rápidas.[93]

Si se presenta un conflicto es muy importante debatirlo con preguntas como ¿realmente hay un conflicto?, y si lo hay, ¿cómo podemos alcanzar el mejor acuerdo?

No es necesario iniciar el diagrama de objetivos desde la creación de valor en la parte superior. Si inicias a partir de uno de los subobjetivos, por ejemplo, cumplimiento rápido, puedes usar las preguntas explicativas para alcanzar acciones y objetivos muy concretos a corto plazo.

De esta manera, el diagrama de objetivos puede ser una buena herramienta, no solo para aumentar el entendimiento de todos los relacionados y los conflictos entre los objetivos, sino también para tener discusiones muy concretas de cómo alcanzar los distintos objetivos. Además, el diagrama también puede originar un debate de cómo debería configurarse el mejor conjunto de indicadores (por ejemplo, los indicadores claves de rendimiento (ICD) divididos en forma de + CTE). Relacionando tu situación actual con aquellas sugeridas en el gráfico, puedes decidirte por un conjunto de indicadores (ICD) complementarios sin sobreponerlos entre sí.

Mapas estratégicos

Un *mapa estratégico* es una ilustración para visualizar cómo las acciones estratégicas decididas en las áreas claves dentro de la organización conducen hacia la visión deseada. Véase la Figura 40 para un ejemplo de esto.

---

93. Existen maneras (por ejemplo, mediante el uso de las herramientas de Lean) de lograr velocidad y economía.

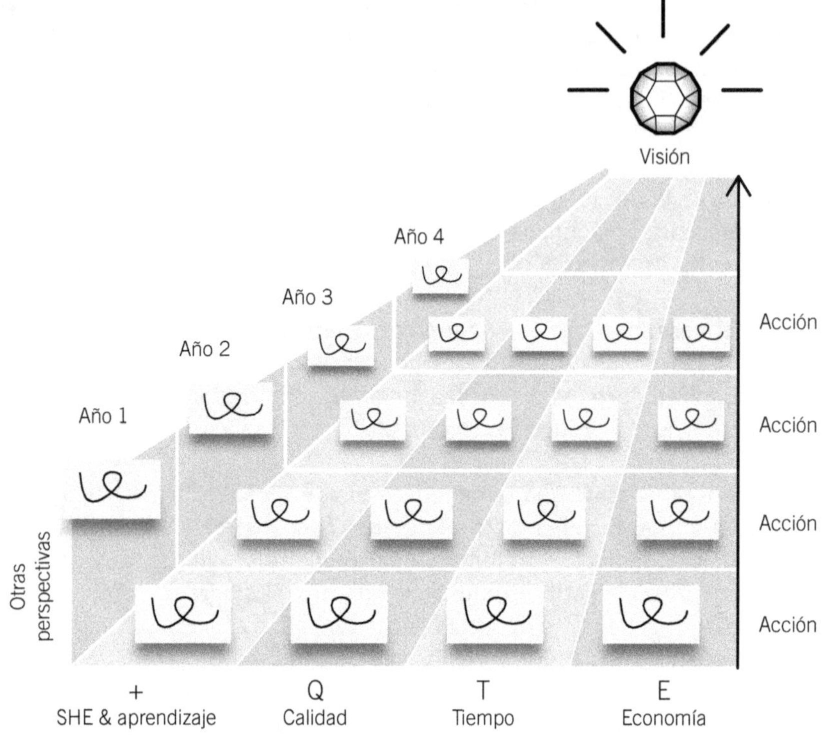

Figura 40. Un mapa estratégico

…mostrando una acción importante para alcanzar la visión.

Reuniones de pulso estratégicas

En las *reuniones de pulso estratégicas* conviertes los objetivos en acciones, a través de la visualización estratégica. Se corresponde con las últimas dos actividades del proceso del Liderazgo mediante objetivos (LBO), donde el PDCA se usa para planear y ejecutar acciones para alcanzar los objetivos, como se describió en la Sección 3.3.

Con la ayuda del control visual puedes hacer que los niveles deseados y el desempeño actual, a partir de los indicadores y el estatus de las actividades iniciadas, estén muy claros. Esa claridad hace posible la creación de reuniones más efectivas e incrementa el pulso.

Un tablero de trabajo para las reuniones de pulso estratégicas debe tener tus metas estratégicas junto con tu desempeño actual en comparación con los objetivos a corto plazo, complementado con una lista de acciones que muestre el estado actual de la ejecución. Debería ser muy fácil ver las tendencias y las lagunas en el desempeño (con indicadores de colores). Asimismo, debería ser fácil ver hacia dónde se desvían las actividades de mejoramiento.

Complementa el tablero con documentos de apoyo que describan, por ejemplo, la misión, visión, principios y un mapa estratégico.

Usando el control visual puedes aumentar la velocidad del pulso. No obstante, muchas organizaciones ejecutan este tipo de prácticas de mejoramiento impulsado por los desafíos, con una frecuencia tan baja que apenas puede llamarse pulso.

En las instalaciones de radares de la compañía Saab, en Gotemburgo, decidieron introducir un pulso estratégico semanal. Ellos se propusieron la meta de crear «un trabajo continuo para alcanzar las metas estratégicas y en donde todos se sintieran responsables y participes». El método estaba basado en los objetivos anuales (con las mediciones y los objetivos propuestos) que fueron elegidos usando las cuatro perspectivas del + CTE. El equipo de gestión comenzó a reunirse una vez a la semana por 15-30 minutos, parándose en frente de un tablero de trabajo. Cada reunión estaba dedicada a una perspectiva, lo que significa que las cuatro perspectivas (+ CTE) se cubrieron luego de cuatro semanas.

Este método de estrategias pulsadas puede resumirse así:

- **La reunión inicia en el tablero de trabajo con una corta discusión del desempeño registrado en las últimas cuatro semanas respecto a las perspectivas de esta semana, dándole especial atención a los ICD (indicadores claves de rendimiento) con marcas rojas. El plan de las últimas cuatro semanas es abordado y las notas de actividad correspondientes se eliminan del plan mensual.**

- **A partir de las metas anuales se derivan nuevos objetivos mensuales, tomando en cuenta el desempeño del mes pasado. Los nuevos objetivos después se traducen en nuevas actividades, posiblemente complementadas con aportes de nuevas ideas recopiladas en un buzón.**

- **Cada acción se anota en una nota *post-it* con un color específico para cada perspectiva (a fin de hacer visible el balance + CTE), que se asigna a un miembro responsable del equipo directivo, a quien se le da una fecha de culminación para cumplir dicha acción.**

- **Cada nota es colocada en el tablero de planificaciones a corto plazo (parecido al tablero de tipo VP descrito en el Apéndice A, con un plazo de un mes) en la intersección entre la fila perteneciente a la persona responsable y la columna que representa la semana límite del mes próximo.**

- **Ya hacia el fin de la reunión, los participantes revisan que el balance entre las perspectivas + CTE se mantenga y que todos los miembros del equipo se hayan hecho responsables de al menos una nueva acción.**

Las reuniones de pulso estratégicas pueden ayudarte a cambiar tus acciones y pasar de ser más reactivo a ser más proactivo, y pasar de una mentalidad en la que sencillamente se extingan incendios a otra que esté más impulsada por los desafíos.

B.3 Herramientas de PDCA

Los siete pasos del PDCA, descritos en la Sección 7.4, son muy importantes para el mejoramiento continuo. El siguiente par de herramientas te ayudarán no solo a recordarlos todos, sino también a ponerlas en práctica.

La primera es el *tablero de mejoramiento*, el cual suministra una estructura para mantener en marcha muchas tareas de mejoramiento. La otra es la A3 para el mejoramiento sistemático, que te ayuda manejar una tarea meticulosa y exhaustivamente.

Tableros de mejoramiento

El propósito de un *tablero de mejoramiento* es ayudar el trabajo de PDCA para la mayoría de las actividades de mejoramiento. Las actividades muy pequeñas y obvias (las correcciones rápidas que frecuentemente puedan hacerse en el día a día) pueden manejarse por fuera del tablero en una «lista de acción rápida» puesta a su lado. Los asuntos realmente grandes necesitan ser manejados por un equipo A3 (con una nota de referencia en el tablero), o si son incluso más complicados, mediante un proyecto de mejoramiento.

El tablero suministra una visión general de cuán lejos en la rueda PDCA se ha avanzado una tarea, desde el buzón, pasando por los siete pasos del PDCA, hasta que se complete la verificación de una solución.

Cada tarea se escribe en una nota *post-it*. A veces una sola nota tiene mucha información sobre la tarea (por ejemplo, titulares preimpresos para los nombres, fechas límite, condiciones del objetivo...) y otras veces sirve solo como una referencia de un *solucionador de problemas de tipo A3* que expresa el resumen del PDCA.

La nota primero se coloca en el buzón, (véase la Figura 41), mientras se espera por la próxima reunión de pulso de mejoramiento. En la reunión, cada tarea será priorizada en la matriz de selección de ideas antes de seguir con los otros seis pasos del PDCA.

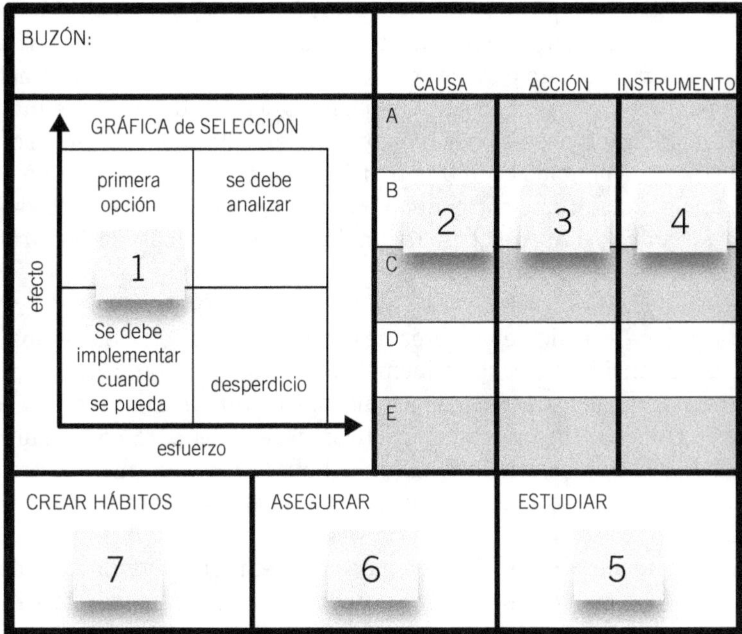

Figura 41. Un tablero de mejoramiento

...favoreciendo el mejoramiento continúo mediante el PDCA. Cada nota describe una tarea y pasa del buzón a las distintas posiciones, de la 1 a la 7 (correspondientes a los siete pasos del PDCA de acuerdo con la Sección 7.4).

Al dirigir una reunión de pulso de mejoramiento debes iniciar con las tareas que hayan progresado más. Esto se traduce en que empieces a ver si alguna de las notas del paso 7 está lista para ser desplazada, luego ve al paso 6 y así sucesivamente hasta que alcances las notas en la columna para un análisis de causas fundamentales (paso 2). Cuando eso esté hecho, toma nuevas notas del buzón y priorízalas, junto con aquellas que ya estén en la matriz de selección de ideas (paso 1).

Las A3 para el mejoramiento sistemático

Una A3 recibe ese nombre porque es un texto escrito en una lámina de papel de tamaño A3, de igual manera también se puede escribir en una hoja tamaño carta. Uno de los propósitos de esta técnica es apoyar el mejoramiento continuo. Esta técnica también recibe el nombre de solucionadora de problemas A3. Una plantilla de una A3 deberá resumir cada uno de los siete pasos del PDCA. No solo te guía durante el PDCA, sino que también te obliga a resumir los asuntos clave del proceso de solución de problemas. De este modo, la técnica A3 es una herramienta muy poderosa para entrenar a tus subordinados de manera que mejoren sus habilidades para realizar mejoras continuas.

Incluso si la hoja solo provee un resumen de los pasos, contiene más información de la asignación que la nota *post-it* del tablero de mejoramiento. Así, es una buena idea usar el tablero para obtener una visión general de todas las actividades más pequeñas y usar el A3 para manejar los detalles de una tarea mayor. No obstante, algunas organizaciones han optado por saltarse el tablero y solo usar hojas A3, complementadas con una matriz de selección de ideas y una lista de acción rápida. Otros, como el gigante de productos médicos Astra Zeneca, introdujeron variantes del A3, una para un análisis muy rápido de las desviaciones y otro para un análisis más riguroso.

Necesitas asignarle a alguien la tarea de coordinar la elaboración de una nueva A3 apenas se considere la causa principal de un problema como importante y no como obvia. Esta persona se hace responsable de formar un nuevo equipo (que asegure el conocimiento y las perspectivas necesarias para contribuir con el análisis), de resumir las conclusiones en la hoja A3 y de informar los progresos, por ejemplo, en reuniones de pulso de mejoramiento semanales.

Una plantilla de una A3 que funcione para resolver problemas[94] incluye desde la identificación del problema y las contramedidas elegidas, hasta el aprendizaje dado por la contingencia. Típicamente contiene los siguientes aspectos:

- **Nombre del problema y del proceso afectado.**

- **Nombre de la persona responsable (de la resolución del problema) y la fecha de inicio.**

- **Descripción del problema real, relacionándolo a un objetivo determinado (por ejemplo, el nivel de base actual) y los indicadores de éxito para la solución del problema.**

- **Correcciones rápidas que tomar para la contención inmediata.**

- **Análisis de las causas principales, escogiendo la causa más importante que deba tratarse.**

- **Plan de implementación para aplicar las contramedidas elegidas de acuerdo con la causa seleccionada.**

- **Registro de fechas para hacer seguimiento de las acciones correctivas y verificarlas.**

- **Resultados y aprendizaje.**

---

94. La «resolución de problemas» aquí significa llevar el rendimiento a un nivel base definido o acordado. Una plantilla para mejoras impulsadas por desafíos, es decir, elevar el nivel base a una nueva condición objetivo desafiante, contendrá campos muy similares (ya que los objetivos son similares a encontrar una solución para cerrar un espacio). Sin embargo, usaría una terminología diferente, p. ej., «desafío con obstáculos» en lugar de «problema real con causas», «nueva condición objetivo» en lugar de «nivel base presente» y «plan de mejora/experimento» en lugar de «contramedida de causa raíz».

No anotes rutinariamente el primer síntoma o la causa aparente de un problema. En cambio, analiza cuál es realmente ese problema, toma como referencia un nivel de base que ya haya sido definido anteriormente o un nuevo objetivo deseado.

Una vez que estés satisfecho porque llegaste al núcleo del problema, escribe un resumen en la hoja A3, describiendo dónde se descubrió el síntoma y cuál se considera que es el problema real.

Ten cuidado con el análisis de las causas principales y evita las suposiciones que no tienen ningún fundamento. Usa los 5 *«por qué»* y pon en entredicho las respuestas (véase la próxima sección). En la parte de atrás de la hoja A3, puedes incluir el bosquejo de un diagrama de espina de pez para facilitar el análisis de las causas principales.

Recuerda divulgar el aprendizaje obtenido de cada A3 finalizado y también recuerda identificar a los miembros del equipo que hayan hecho buenas contribuciones. Véase la Sección 7.4 para más información sobre los siete pasos del PDCA.

Usada en la forma correcta, la técnica A3 es una excelente ayuda para proponer e implementar mejoras y para aprender. No obstante, ninguna herramienta en el mundo podrá remplazar la voluntad genuina de mejorar.

La falta de actitud no puede compensarse con una estructura, pero ¡puede combatirse con ella!

Mejoramiento continuo

El término mejoramiento continuo significa tomar cada paso de la rueda del PDCA uno a la vez, en un tiempo de secuencia predeterminado y dejando entrar nuevas actividades en el mismo pulso. Necesitas adaptar el tiempo de la secuencia y el número de tareas simultáneas a la capacidad de mejora del equipo. Un tiempo de secuencia semanal coordinado con reuniones de pulso de mejoramiento semanales, es probablemente una buena forma de comenzar.

El tablero de mejoramiento de la Figura 41 puede usarse para el mejoramiento secuenciado, usando las cinco filas (marcadas desde la A hasta la E) como carriles que limiten el número de actividades que se pueden realizar simultáneamente. Si necesitas comenzar con discreción, puedes incluso cerrar algunos canales, por ejemplo, usar tres canales y permitir solo una nota por cada carril. Poco a poco puedes irlos abriendo, y posiblemente llegarás al punto en el que tu equipo tenga la habilidad y capacidad de mantener los cinco carriles abiertos. Este método permite que haya una nota en cada celda, resultando en 15 tareas simultáneas en la parte superior derecha del tablero (en los pasos 2-4 del PDCA, que va del análisis de causas principales a la implementación).

Es una buena idea dejar que las tareas simples con soluciones obvias se implementen de una vez. Puedes hacerlo creando un carril rápido en el tablero, pero una solución alternativa es gestionar estas tareas separadamente en una lista de acción rápida.

Falta de tiempo o falta de ideas

Recuerda que es posible controlar el flujo de tareas que van al *Tablero de mejoramiento* como se muestra en la Figura 19, de la Sección 7.4. Puedes establecer tanto tus niveles de base como tus niveles deseados (como se mostró en la Figura 10) a fin de que un número apropiado de notas nuevas (con desviaciones, desafíos o ideas) sean recopiladas en el buzón del tablero. Con el pasar del tiempo y conforme vayas construyendo tu capacidad de mejoramiento continuo, puedes aumentar tanto tu nivel de base como el nivel que te has propuesto, para poder igualar el flujo con tus capacidades.

Sucede muy a menudo que los tableros de mejoramiento están vacíos de notas. Esto sucede por varias razones, la peor de ellas es la falta de voluntad para mejorar, especialmente de parte de los directivos. Otras dos explicaciones, sin embargo, parecen predominar (al menos oficialmente), y son específicamente falta de tiempo o falta de ideas.

La falta de tiempo es una excusa muy común para no mejorar. Es necesario invertir tiempo en una estructura que posibilite orientar una dirección, coordinar trabajo, aprovechar oportunidades y resolver problemas. No tomarse ese tiempo puede ocasionar problemas graves (véase la Figura 42).

Muchos directivos argumentan que, a fin de lograr los objetivos financieros, el tiempo de trabajo debe ser dirigido exclusivamente a la entrega. Emplear el tiempo de trabajo en aprender y mejorar es visto como un desperdicio. A largo plazo, no obstante, es completamente lo contrario, e invertir en el mejoramiento continuo puede fácilmente llegar a ser la diferencia entre el éxito y el fracaso.

Aprendiendo y mejorando continuamente puedes liberar tiempo que se podría usar en la creación de más mejoras y, en última instancia, en expandir el negocio. Para poder crear esa espiral positiva, debes comenzar en algún lugar. No obstante, como en muchas inversiones comenzará con una caída en el flujo de efectivo antes de obtener un retorno.

En otras palabras, la falta de tiempo muy bien podría ser una excusa relevante para un período limitado de tiempo, pero a largo plazo no es una razón aceptable para negar la asignación de tiempo a las mejoras.

Figura 42. Ponerse en marcha con el mejoramiento continuo

Arriba se observan esfuerzos disfuncionales. La falta de liderazgo y el rechazo de ideas de mejoramiento (la brújula, el cubo y el megáfono), han arruinado la colaboración.

Abajo, un trabajo en equipo excelente. La implementación de tres ideas ha dado como resultado un barco más ligero (usando el cubo), un remado coordinado (mediante el uso del megáfono) y un curso orientado (usando la brújula).

En este sentido, la falta de ideas es frecuentemente una mala excusa para no mejorar. Si realmente quieres ser mejor siempre habrá formas, o como escribe Jeffrey Liker en *The Toyota Way to* Lean *Leadership* (*El método Toyota para el liderazgo* Lean): «No importa cuántas mejoras se hayan hecho, aun así, todo proceso está repleto de desperdicios y lleno de oportunidades de mejorar». Si existe una verdadera voluntad para mejorar, hay montones de maneras de estimular la generación de ideas. En la mayoría de los casos esto se hace creando buenas discusiones. Trata de inmiscuir a todo el equipo y de incorporar a las personas de afuera, las cuales pueden aportar nuevas perspectivas.

Hay varias maneras de dar lugar a buenas discusiones. Puedes, por ejemplo, centrarlas alrededor de: (1) desviaciones y retos descubiertos en reuniones de pulso de mejoramiento y en reuniones de pulso estratégicas, (2) lecciones aprendidas y sesiones de reflexión, (3) indicadores y diálogos con los clientes, (4) análisis de riesgo y (5) auditorías internas y externas o autoevaluaciones.

Otro poderoso generador de ideas de mejoramiento es el análisis de flujo de trabajo.

Análisis de flujo de trabajo simple

El *análisis de flujo de trabajo,* o de *flujo de valores,* es una gran fuente de ideas de mejoramiento. Un análisis de este tipo inicia con la visualización del flujo de trabajo y termina con una lista priorizada de actividades de mejoramiento. Involucra a las personas representando todo el proceso que se está examinando. Ejecuta el estudio mediante buenas discusiones sobre las situaciones actuales y las futuras. Las preguntas fundamentales son: ¿Cómo se está llevando a cabo hoy la creación de valor? ¿Dónde están los problemas, el desperdicio y los cuellos de botella?, y ¿qué necesitamos para mejorar y cómo?

Hay varias herramientas de análisis de flujos de trabajo (WFA, en inglés), pero la mayoría de ellas comparten el mismo método básico:

1. *Trazar* **el flujo real en el estado actual.**

2. *Analizar* **el estado actual de la creación de valor en las áreas a mejorar.**

3. *Decidir y priorizar* **las acciones necesarias para alcanzar el estado deseado en el futuro.**

A continuación, describo una manera muy sencilla de ejecutar un *flujo de trabajo* (WFA), que llamo *flujo de trabajo simple* (simple WFA). Puede usarse con muy poca antelación, y completarse en menos de medio día si el proceso que estás estudiando tiene un tamaño razonable.

1. *Preparar*

    ◆ Invita a personas que representen todo el flujo que quieres analizar. Inicia preparando un salón con una gran pizarra blanca o una lámina de papel marrón, notas *post-it* de cinco colores distintos y lapiceros.[95]

2. *Trazar el flujo real actual*

    ◆ Inicia con un bosquejo básico del flujo y detalle de las partes que tienen más problemas/imprecisiones.

    ◆ Usa notas amarillas para actividades, azules para entregas y verdes para aportes externos necesarios.

---

95. Si eliges un pedazo grande de papel marrón pegado a la pared, tienes la ventaja de poder volver a enrollarlo y guardarlo para continuar el trabajo. Por supuesto, también puedes dibujar el flujo en una aplicación informática, pero ten cuidado de no perder la visibilidad y la interacción que proporciona la configuración de la nota post-it.

- Inicia a partir de la derecha colocando las notas azules, referentes a los resultados (el valor entregado a partir del proceso). Continúa añadiendo las notas principales con las actividades principales, de derecha a izquierda, hasta que llegues a la primera actividad y lo que la inició.

- Haz los ajustes necesarios de manera que el flujo (desde su origen, pasando por las actividades, hasta las entregas) se haga claro y entendible.

- Complementa el flujo añadiendo notas amarillas y verdes. Añade flechas entre las actividades para aclarar el orden.

- Marca con una X las actividades que incluyen decisiones críticas.

3. **Analiza el estado actual de la creación de valor para las áreas de mejora.**

- Recuérdales a los asistentes la importancia de la franqueza y un enfoque de no culpar a nadie en la creación de buenas discusiones.

- Incluye a todos los participantes en la validación de los mapas durante el proceso de resumen del flujo.

- Incluye a todos en la identificación de las partes del proceso que implique las mayores alteraciones en el flujo, por ejemplo, los cuellos de botella o los problemas de calidad, y las partes que involucren desperdicios, lo que es, actividades que no añaden valor. Escribe todas las alteraciones y otras formas de desperdicio en notas anaranjadas y colócalas en las partes del mapa donde ocurran.

4. **Decide y prioriza las acciones necesarias para alcanzar el estado futuro deseado.**

- Decide una acción preliminar apropiada para cada nota anaranjada. Escribe la acción en una nota blanca y añádela a la nota naranja correspondiente.

- Cuando todas las notas anaranjadas hayan sido controladas, retrocede y examina la imagen completa con el flujo, los problemas y las acciones propuestas. Realiza la pregunta: ¿Es más fácil rediseñar totalmente el proceso que realizar las acciones sugeridas?

- Si la respuesta es «sí» invita a los asistentes a una reunión de rediseño en la cual puedes iniciar con un papel en blanco, a fin de crear los mejores procedimientos situacionales en el futuro. El método para una reunión así es similar en el sentido que inicia con las entregas deseadas (considerando las necesidades reales de los clientes) y es también trazado de derecha a izquierda. Al final, el efecto y el esfuerzo requerido para crear un nuevo proceso debe compararse a la resolución de los problemas en el flujo de trabajo existente (las notas anaranjadas y blancas en el mapa de la sesión previa).

♦ Si la respuesta es «no», es momento de priorizar las acciones, ya sea directamente en una matriz de selección de ideas o refiriendo todas las tareas a la siguiente reunión de pulso de cumplimiento, colocando cada nota anaranjada (con su anexo blanco) en el buzón del tablero de mejoramiento. Usando el tablero aseguras el manejo adecuado del PDCA desde la verificación del problema real hasta la verificación de la solución implementada.

Si el alcance del análisis y del número de personas involucradas son limitados, puedes ejecutar un *flujo de trabajo* (WFA) simple en unas pocas horas. Hay más métodos ambiciosos que toman un tiempo considerablemente mayor. Ellos vienen en distintas versiones y con diferentes nombres, por ejemplo, el evento Kaizen o el taller de mejoramiento rápido. Esto con frecuencia abarca más que el mapeo y el análisis, como la formulación de visiones y la realización concreta de las correcciones rápidas que se puedan lograr en el tiempo asignado (normalmente 3-5 días).

B.4 Análisis de causas principales

Lo visible es causado a menudo por lo invisible. En la Sección 5.3 hice énfasis en la importancia de desvelar las verdaderas causas de los fracasos y de los éxitos. No comprender estas razones que verdaderamente están tras la calidad de la colaboración es una amenaza a tu liderazgo.

Para encontrar una causa raíz, tienes que iniciar con algo visible. Incluso un problema que aparentemente es minúsculo puede usarse para revelar una causa raíz muy grave.

El análisis de causas principales es el trabajo de encontrar el origen de una desviación, partiendo con lo que es visible. Hay varias herramientas que favorecen esta clase de trabajo.

Diagramas de espina de pescado

Un *diagrama de espina de pescado o diagrama de Ishikawa* te ayuda a encontrar e ilustrar una red de razones.[96] Se llama así porque las relaciones causa/efecto se ilustran como el esqueleto de un pez: el efecto que se está estudiando (normalmente un problema recurrente) es la espina vertebral o principal y los diferentes niveles de causas son las espinas laterales que llevan a ella, como se muestra en la Figura 43.[97]

---

96. Encontrar una relación causa efecto puede ser algo sencillo o una tarea imposible. De acuerdo con el marco de trabajo Cynefin, los sistemas pueden ser simples, complicados, complejos o caóticos. En los sistemas simples las relaciones son obvias y puedes desarrollar una mejor técnica. Los sistemas caóticos son virtualmente imposibles de ver. Cuando las relaciones entre sistemas son complejas o complicadas, no es recomendable extraer relaciones causa/efecto sin recolectar suficientes datos. Los riesgos espina pez se convierten en espoletas, producto de los prejuicios y las expectativas exageradas que se hacen de simples relaciones.

97. Una alternativa menos visual, pero más fácil de editar que un gráfico es hacer el desglose desde los efectos hasta las causas, en un documento de texto con un inciso extra por cada nivel de respuestas a una pregunta explicativa.

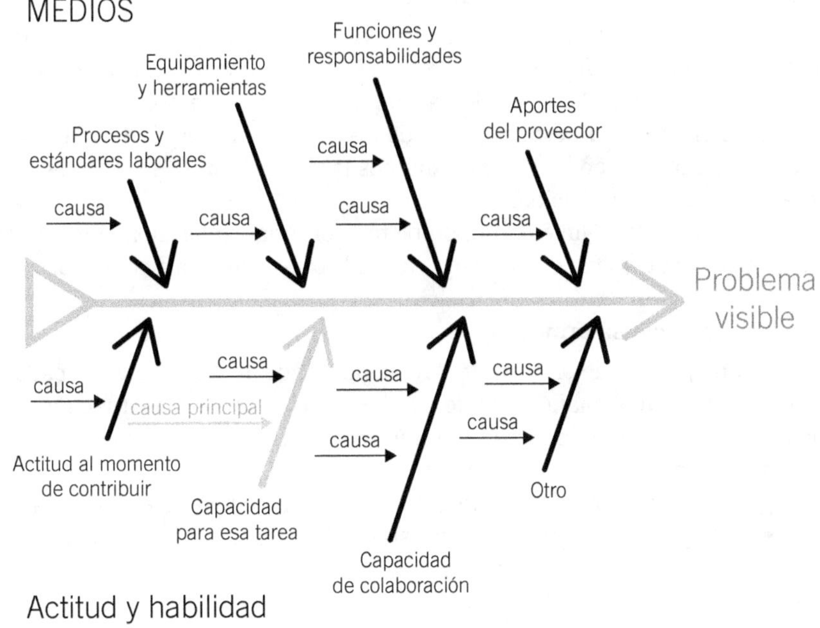

Figura 43. Una plantilla de un diagrama de espina de pescado
...mostrando relaciones causa y efecto a partir de un efecto visible, mediante ocho grandes áreas de causas (divididas entre el MCA), hasta una(s) causa(s) principal(es).

El método asociado con el diagrama te guía desde el problema visible (o efecto positivo inesperado) hasta las causas que llevan a él. Con preguntas explicativas consecutivas naciendo del problema, mediante ramas primarias (áreas de causa), excavas cada vez más profundo hasta que consigues una (o más) causa(s) principal(es) que tiene(n) el impacto más grande en el efecto visible que se está estudiando.

Si todas las personas clave con visión del trabajo están involucradas en el análisis, eso aumenta tu capacidad de ir más allá de lo obvio y encontrar la causa principal que es lo fundamental. A fin de no olvidar ningún aspecto importante es recomendable introducir áreas de causas principales que cubran las tres condiciones para la colaboración, MCA. «*Medios* o equipamiento y herramientas, *Capacidad* para delegar y *Actitud* para contribuir» son ejemplos de áreas de causas principales que pueden explicar resultados buenos o mediocres. Estas tres, más otras cinco áreas están ilustradas en la Figura 43.

El método está construido en torno a tres etapas:

1. Aclara el problema u algún otro efecto[98]

Escribe una descripción corta del efecto experimentado que deseas estudiar, aquí llamado el principal problema. Procura hacerla muy específica y concreta. No elijas una definición del problema que sea como «tenemos problemas de calidad», y menos «el número de quejas de los clientes aumentó 50 %». En cambio, elige una descripción como «desechamos la unidad X ayer en la tarde» o «el cliente Y se quejó del servicio Z».

Complementa la definición del problema con una explicación corta de por qué es importante resolver el problema, de modo que no vuelva a ocurrir otra vez.

2. Identifica la causa principal

Inicia con un ejercicio de observación del lugar donde apareció el principal problema. Pregunta «qué, cuándo, dónde y quién» para entender la situación. Continúa realizando repetidamente preguntas de tipo «por qué» a cada persona involucrada. Hazlo varias veces, incluso cuando la respuesta pueda parecer obvia.

Pregunta viejas verdades. Trata de ver otra perspectiva además de la que mencionan las personas con las cuáles estás hablando. Evalúa cada respuesta y pregunta en conjunto con los hechos cuando sea necesario. Ten cuidado de no perder ninguna fuente de información, preguntando específicamente a todas las áreas involucradas, considerando todas las condiciones MCA.

De este modo, recopilarás varias razones y relaciones causa/efecto posibles que pueden formar la base para la primera versión de un diagrama de espina de pescado. Ajusta y valida el diagrama junto con todos los involucrados. Discute cuáles son las causas más importantes y opta por aquella en la que necesitas focalizarte. Haz la siguiente pregunta al momento de elegir: ¿hasta qué punto será solucionado el problema principal si eliminamos esta causa?

Ten cuidado con los argumentos circulares y parcializados como:

- ¡Perdimos el juego por culpa de ese pésimo árbitro!
- ¿Cómo sabes que el árbitro era pésimo?
- Él era pésimo porque perdimos el juego.

3. Elige una causa y una contramedida

Reúne a personas clave con distintos tipos de experiencia para discutir posibles contramedidas a la causa elegida. Realiza varias preguntas explicativas a fin de ver distintas perspectivas y encontrar detalles y obstáculos que no sean obvios. Escoge la contramedida más adecuada y escribe las acciones asociadas, cada una con una persona que será la responsable de su ejecución. Usa los pasos 4-7 en la rueda del PDCA para apoyar la implementación, por ejemplo, añadiendo notas de acción a un tablero de mejoramiento.

---

98. Asumo acá que el efecto analizado es un problema. No obstante, te recomendaría probar en ocasiones el método en algo que haya salido sorprendentemente bien. Esto puede ayudarte a difundir y fortalecer el buen comportamiento, así como también ofrecerte la oportunidad de dar una gran cantidad de retroalimentación positiva. Podrías también probar el método en un riesgo mayor, a fin de encontrar sus posibles causas, y en este caso focalizarte hacia acciones que mitiguen su probabilidad de ocurrencia y/o efectos.

B.5 Diagnósticos de liderazgo

Una causa raíz de una desviación siempre es un problema de MCA, es decir, puede ser un asunto de *medios, capacidad o actitud*. En la mayoría de los casos, la causa elegida es un problema de medios, por ejemplo, la ausencia de una herramienta o un método adecuado. La falta de capacidad, enunciada con frecuencia como una falta de entrenamiento en el nivel de trabajo, es también una causa raíz de incidencia común.

La ausencia de una adecuada actitud o de un liderazgo apropiado es rara vez puesta en la lista de causas principales. No obstante, por muy inusual que sea en tu organización, es importante no pasar por alto las causas relacionadas con la actitud o la habilidad de liderazgo. Si eliges no verlas y no actuar sobre estas causas principales, perderás el impulso más grande que hay para lograr mejoras en la colaboración. A largo plazo es más importante abordar las faltas de actitud y de liderazgo que abordar los problemas típicos de medios y habilidad.

Los diagnósticos de liderazgo son una herramienta que te ayudan justo en esto, analizar y abordar todo tipo de causas principales, incluyendo deficiencias en la actitud y en el liderazgo. El objetivo es ayudar a los líderes a crecer viendo honestamente cuál es su comportamiento como líder antes y después de que una desviación importante (positiva o negativa) haya tenido lugar.

Así como con el análisis de las causas principales estándares, debes iniciar con un incidente o efecto muy concreto, del cual te sientes curioso y del que quieres estudiar sus causas. El punto de inicio puede ser un resultado inesperadamente bueno o malo, pero también lo puede ser un signo de colaboración defectuosa, como algo que haya sido realizado de la manera incorrecta, o no haya sido realizado por completo.

Un diagnóstico de liderazgo señala las causas como una o más de las tres condiciones necesarias para una buena colaboración, MCA. La lógica es que, si algo sale mejor o peor de lo que se esperaba, su origen se encuentra en los medios, capacidades o actitudes.

El diagnóstico de liderazgo puede aplicarse en todos los niveles y en todos los tipos de organizaciones. Puedes usar la herramienta de diagnóstico a solas, pero esta se hace mucho más poderosa si se usa con conjunto en un equipo directivo.

De este modo, si tú eres el líder de los demás líderes, el equipo puede usarla repetidamente de manera que aprendan sistemáticamente de las situaciones. No obstante, es extremadamente importante verla como una herramienta para la mejora del liderazgo y de la discusión, y no como un localizador de fallos o de culpables. Todos deben estar lide acuerdo en que el propósito de todos es crecer, incluyendo el nivel directivo. Después de todo, el objetivo final es una mejor colaboración a través de mejores contribuciones de los líderes.

Método para el diagnóstico de liderazgo MCA

El siguiente método está basado en los diagnósticos de liderazgo presentados por *Etsko Schuitema en Leadership: The Care and Growth Model* (*Liderazgo: el modelo de atención y crecimiento*) pero con una nueva plantilla y una terminología que encaja con La escalera al liderazgo. El método tiene cinco fases, las primeras dos son muy similares a lo que se describió en la sección previa, sobre un análisis tradicional de causas.

1. **EFECTO: concreta el problema principal (u otro efecto)**

Escribe una descripción corta del efecto experimentado que quieres diagnosticar. Si es un problema específico conectado a un evento claramente identificado puedes saltarte el segundo paso.

2. **EVENTO CAUSANTE: elige un evento de causa principal a partir del cual iniciar**

A veces el problema es muy amplio para ser diagnosticado de una sola vez y necesita llevarse a un punto de inicio bien definido. Si el problema principal es recurrente necesitas escoger una ocasión, preferiblemente la última. Si el problema principal es complejo necesitas hacer primero un análisis general de las causas fundamentales, a fin de tomar un evento importante que lleve a la raíz del problema.

3. **CONTRIBUCIÓN LABORAL: elige el comportamiento de una persona que haya influido en las causas del evento**

Replantea el evento elegido al nivel de una acción particular ejecutada por una persona en específico. De nuevo, sé preciso. Por ejemplo, cambia «alguien rayó los productos con un anillo (lo que nos condujo a desechar la unidad X ayer en la tarde)» a «Chris no se puso los guantes de seguridad a pesar de lo establecido». O usando otro ejemplo, plantea un problema más específico, por ejemplo, en vez de «el cliente Y se quejó del servicio Z», di: «la respuesta de Robin hizo que el cliente Y se sintiera ofendido».

4. **DIAGNOSTICAR: analiza las contribuciones individuales, nivel por nivel**

Haz los diagnósticos en cada nivel jerárquico involucrado, iniciando en el nivel laboral y culminando en el nivel más alto de la línea de mando. Incluye a la directiva y a otras personas, siempre que sus acciones (incluyendo la falta de esta) hayan afectado el evento, directa o indirectamente.

Entrevista a todos aquellos que estén involucrados en el evento, a fin de entender realmente las contribuciones laborales que se están evaluando. Pregúntales a las personas, una a una, qué fue lo que se hizo, dijo o expresó de otras maneras. Continúa pidiendo opiniones de cuál sería el comportamiento ideal o esperado. Cuando hay una diferencia entre lo real y lo esperado, pregúntales a los individuos su punto de vista de si fue causado debido a los medios, a la capacidad o la actitud. Pregunta «por qué» varias veces para poder recopilar distintas explicaciones sobre qué causó la diferencia.

Extrae tus propias conclusiones sobre qué brechas o fallas en los medios, capacidades y/o actitudes afectaron en mayor medida el evento. Finalmente, traduce tus conclusiones en aprendizaje y en acciones para el liderazgo en cada nivel: ¿Qué pudo haber hecho el líder en cuestión, antes, durante y después del evento? ¿Qué necesitamos hacer ahora a fin de mejorar el liderazgo?

5. DISCUTE, APRENDE y ACTÚA: da retroalimentación y elabora un plan a partir de las conclusiones hechas

Discute las conclusiones obtenidas del diagnóstico (basado en una plantilla, como la que se muestra en la Figura 44) con los líderes involucrados. Si lograste crear una cultura de no culpar a los demás, preferiblemente puedes desarrollar la discusión abiertamente, con todo el equipo directivo. No obstante, si parece haber una falta grave de actitud mostrada por algún jefe involucrado, necesitas abordarla en privado con él/ella.

Sé el ejemplo, cuestionándote abiertamente sobre qué pudiste haber hecho mejor, y qué necesitas hacer o recordar para el futuro. Pregúntale a cada directivo involucrado qué cosa puede aprender del diagnóstico y discútelo sin culpabilizar.[99]

Haz que cada jefe se comprometa a hacer lo que debe hacer, ahora y en el largo plazo. Decide si todo el equipo debe hacer algo en conjunto, por ejemplo, actualizar el estándar de liderazgo común o ajustar los objetivos de liderazgo relacionados.

Usando la plantilla de diagnósticos

Puedes usar una plantilla como la que se muestra en la Figura 44, a fin de guiarte a través del diagnóstico.

---

99. Las desviaciones en el comportamiento del líder puede interpretarse en un comienzo por motivos que están en el límite entre la capacidad y la actitud. Es recomendable ser generoso la primera vez que una desviación aparece y tratarla como un asunto de capacidad. Eso le da al líder en cuestión (incluyéndote) una posibilidad de aprender y mejorar. Si la misma desviación continúa apareciendo es momento de preguntarte si eso tiene relación con la actitud. Esta regla también es válida al momento de abordar desviaciones causadas en el nivel laboral.

Preparación		
1	EFECTO Problema principal o algún otro efecto	
2	EVENTO CAUSANTE Lo que llevó al efecto (solo es necesario cuando los efectos son muy extensos)	
3	CONTRIBUCIÓN LABORAL	
Diagnóstico		
4a	NIVEL LABORAL	
	NOMBRE de la persona responsable del evento (parcial o totalmente)	
	ACCIÓN REAL ¿Qué hizo la persona?	
	ACCIÓN ESPERADA ¿Cuál habría sido el comportamiento ideal/esperado?	
	EXPLICACIÓN DE LAS DIFERENCIAS Entre lo real y lo esperado (anote distintas explicaciones si es necesario)	
	CONCLUSIONES DE FALLAS EN EL MCA ¿Qué fallas en M, C o A existen?	
4b	Primer nivel de liderazgo	
	NOMBRE del líder	
	ACCIÓN REAL ¿Qué hizo la persona?	
	ACCIÓN ESPERADA ¿Cuál habría sido el comportamiento ideal/esperado?	
	EXPLICACIÓN DE LAS DIFERENCIAS Entre lo real y lo esperado (anote distintas explicaciones si es necesario)	
	CONCLUSIONES MCA DE LIDERAZGO ¿Qué podría haberse hecho o qué debe hacerse con respecto al liderazgo MCA)?	
4c	Segundo nivel de liderazgo	
	NOMBRE del líder	
	ACCIÓN REAL ¿Qué hizo la persona?	
	ACCIÓN ESPERADA ¿Cuál habría sido el comportamiento ideal/esperado?	
	EXPLICACIÓN DE LAS DIFERENCIAS Entre lo real y lo esperado (anote distintas explicaciones si es necesario)	
	CONCLUSIONES MCA DE LIDERAZGO ¿Qué podría haberse hecho o qué debe hacerse con respecto al liderazgo MCA)?	

Figura 44. Una plantilla de diagnósticos de liderazgo MCA

...para apoyar en el análisis de una desviación.

Vamos a ver cómo puedes usar la plantilla volviendo al ejemplo del puerto de la sección 6.4. Si hiciste un análisis de causas principales del evento en el puerto, probablemente habrás concluido que la causa principal de lo que sucedió fue la falta de una alarma de colisión en la cavidad #1. Otra causa principal que probablemente podría haberse destacado es que el gerente de mantenimiento no sabía de los riesgos de usar una rueda de línea más grande en la grúa #1. En otras palabras, probablemente habrías identificado un problema de medios y otro de capacidad. Las contramedidas naturales a esas causas son invertir en un sistema de alarma y adiestrar al gerente. No obstante, ¿son estas acciones una solución razonable a un problema como este?

Veamos que revelará un diagnóstico de liderazgo MCA siguiendo el método de 5 pasos descrito. (La plantilla resultante de esto muestra se muestra en la Figura 23 en la Sección 9.2).

1-3. Preparación

EFECTO: La dirección del puerto decide hacer un diagnóstico de liderazgo MCA de la colisión que puso en riesgo la salud de las personas y dio como resultado una paralización prolongada del puerto con efectos graves, tanto en los clientes como en las finanzas. De este modo, en la celda superior de la plantilla, en la descripción del efecto, él escribe: *Colisión entre la cavidad #1 y la grúa #1, el lunes xx-xx-xx.*

EVENTO CAUSANTE: Luego de una investigación de causas principales, se encontró que el evento causante fue el montaje de una rueda de línea muy grande en la grúa. De esta manera, en la segunda celda de la plantilla, él escribe: *La nueva rueda de línea, que se fijó en la grúa #1 era muy grande, causando que esta colisionara con la cavidad.*

CONTRIBUCIÓN LABORAL: El gerente general portuario concluye que el comportamiento más interesante, a partir del cual se iniciará el diagnóstico, es la actuación del mecánico. Así, él escribe: El mecánico NN no le advirtió al gerente de mantenimiento acerca del riesgo de colisión cuando se le pidió usar un tamaño de rueda más grande, a pesar de que él sabía lo que podría suceder.

4a. Diagnóstico del nivel de trabajo

Luego de una entrevista con el mecánico (NN), el gerente general portuario concluye que dicho mecánico obviamente sabía lo que iba a suceder y que su explicación es irrelevante. Él resume sus conclusiones en la plantilla así:

ACCIÓN REAL: *NN cambió la rueda sin advertir a su superior del riesgo. En cambio, les dijo a sus colegas que ocurriría un accidente.*

ACCIÓN ESPERADA: *NN debió haber advertido a su superior sobre el riesgo implícito cuando se le pidió cambiar la rueda.*

EXPLICACIÓN DE LAS DIFERENCIAS: *NN culpa al sistema por no exigirle que advirtiera a nadie en una situación como esa. Parece que la intención de NN era desacreditar a su superior por no saber que la colisión sucedería.*

CONCLUSIONES DE LAS FALLAS DE MCA: *NN tuvo los medios y la capacidad necesaria para hacer lo correcto, pero no lo hizo. NN mostró una falta grave de actitud al no querer hacer lo correcto en pro de la colaboración. En consecuencia, NN necesita ser amonestado.*

4b. Diagnóstico del primer nivel de liderazgo

Luego de una entrevista con el gerente de mantenimiento (MM), el gerente general portuario concluye que MM estaba actuando de buena fe, para lograr lo mejor para el puerto, interactuando respetuosamente con NN. El administrador del puerto, por tanto, concluye que MM carece de capacidad, no de actitud. Él resume sus conclusiones en la plantilla de esta manera:

ACCIÓN REAL: *MM Decidió que el tamaño de la rueda debía ser modificado a fin de ahorrar dinero. Él tomó parte en la investigación de la colisión, pero no hizo nada más allá de colaborar en la reparación de la grúa y la cavidad.*

ACCIÓN ESPERADA: *MM debió haber amonestado a NN por haber actuado de manera inaceptable.*

EXPLICACIÓN DE LA DIFERENCIA: *MM estaba equivocado cuando decidió cambiar el tamaño de la rueda, pero tomó y comunicó la decisión con una buena actitud. No obstante, él no reprimió a NN, lo que equivale a una contribución de líder insuficiente.*

CONCLUSIONES DE LIDERAZGO MCA: *MM obviamente no poseía la capacidad para manejar un comportamiento desafiante por parte de los subordinados. Él necesita retroalimentación y entrenamiento de liderazgo para ser capaz de manejar situaciones similares en el futuro.*

4c. Diagnóstico del segundo nivel de liderazgo

El gerente general portuario finalmente analiza su propio comportamiento. Él trata de ser honesto al reflexionar respecto a sus propias acciones, tanto antes como después del evento y resume sus conclusiones en la plantilla de diagnóstico de la siguiente manera:

ACCIÓN REAL: *le he dado a MM retroalimentación y comencé a adiestrarlo en el manejo de una mala actitud.*

ACCIÓN ESPERADA: *véase «ACCIÓN REAL» arriba.*

EXPLICACIÓN DE LA DIFERENCIA: *no se aplica en este caso (no hay diferencias importantes).*

CONCLUSIONES DE LIDERAZGO MCA: *hasta ahora he dado suficientes contribuciones de líder relacionadas con este asunto en particular. No obstante, he subestimado la falta de actitud, manifestada por NN y otros. De este modo, he mostrado debilidad en mi capacidad de ver y actuar proactivamente. Debería ser más activo en ver el juego, así como también en dar tiempo para la reflexión. También debo ser más claro con todos los colaboradores respecto a mis expectativas, en lo referente a la actitud, por ejemplo, actualizando y comunicando nuestras normativas (un medio), resaltando los requisitos para mayor seguridad, franqueza y honestidad, así como también para aumentar el com-*

promiso de todos a dar lo mejor de sí mismos a fin de lograr el mayor bien posible para la colaboración.

En resumen, el diagnóstico muestra que el mecánico tuvo los medios y la capacidad necesaria, pero le faltó actitud. Por tanto, merece ser amonestado.

El gerente de mantenimiento no mostró ninguna falta de actitud en este caso en particular, pero necesita mejorar su *capacidad* de liderazgo a fin de manejar problemas de disciplina, y también necesita apoyo para perfeccionar algunos *medios* (por ejemplo, en forma de unas normativas más claras). Por lo tanto, necesita entrenamiento.

El gerente general portuario necesita fortalecer su capacidad para ver brotes de problemas, a fin de apoyar con antelación a los gerentes o jefes que tiene bajo su cargo, antes de que un gran problema como este se manifieste.[100]

Consejos para el diagnóstico

Al decidirte a la hora de usar un diagnóstico de liderazgo MCA, siempre elige escoger el evento más reciente y concreto. Trata de no comenzar siempre a partir de un efecto negativo, también puedes hacerlo con eventos que hayan salido inesperadamente bien.

Si eres un líder de primera línea puedes usar la herramienta con todas las desviaciones importantes que hayan ocurrido en tu área de responsabilidad. Si tu posición está más arriba en la jerarquía debes escoger con más cuidado. En cambio, concéntrate en las desviaciones que sean más grandes, especialmente aquellas que afectan más de una parte de tu organización.

Sé cuidadoso al encontrar datos. Ve y búscalos, y habla con todos aquellos que estén involucrados. Explica por qué tienes curiosidad en ello. Pregunta «por qué» y «cómo» hasta que hayas visto el evento desde varias perspectivas distintas. Luego de hacer esto puedes comenzar a extraer conclusiones sobre si hay brechas en los medios, las capacidades y/o en las actitudes.

Si sospechas que alguien está tratando de ocultar la verdad, debes enfocar aún más tus preguntas. Trata de ver a través de cortinas de humo, por ejemplo, cuando alguien atribuya a una situación una falta de medios o capacidad para cubrir una mala actitud.

El diagnóstico de liderazgo MCA, aplicado de la forma correcta, es una herramienta excelente para el desarrollo del liderazgo. Se aplica mejor como una herramienta de equipo que como una herramienta individual. Por consiguiente, úsala sistemáticamente con colegas y hazlo tanto con desviaciones positivas como con negativas.

---

100. Debido a que ambos gerentes eran relativamente nuevos en sus trabajos, la gerencia previa debe asumir la responsabilidad de crear una cultura miserable. Sin embargo, lo ideal sería que el gerente del puerto haya podido detectar y actuar con anterioridad en los signos de mala actitud, por ejemplo, viendo el juego, aclarando reglas y expectativas, y entrenando a sus subordinados en la gestión de la contribución y en las técnicas de cambio de actitud, como se describe en el último apéndice.

Cuando se haya convertido en un hábito, todos los miembros del equipo directivo pueden diagnosticar eventos de forma natural y rápida. Algunos eventos pueden ocupar varias horas para ser diagnosticados, mientras que otros pueden ubicarse en minutos.

Si te tomas todos los turnos en compartir tus conclusiones en reuniones de pulso de líder regulares (véase la Sección 9.2), los diagnósticos pueden convertirse en los principales generadores de buenas discusiones en el equipo de gestión. Tales discusiones deben enfocarse en las contribuciones de líder apropiadas, dados diferentes tipos de contribuciones laborales y brechas de MCA. Las discusiones harán que afiances una escala de valores común (por ejemplo, un cuidado tenaz, con estructura y valentía). Ellas también te darán una visión conjunta y más madura del comportamiento apropiado del líder, en diferentes situaciones laborales. No obstante, otra vez debo enfatizar en la importancia de crear una atmósfera abierta y solidaria al momento de hacer el diagnóstico y compartir las conclusiones. Si permites que se convierta en un juego de culpar a los demás, puede hacer más mal que bien. Mientras más alto estés en la jerarquía, más importante es que entiendas esto. Si las personas que suministran los datos y el análisis no pueden confiar en que los resultados de ese diagnóstico serán usados para ayudar y apoyar a los demás y a ellos mismos desarrollarse como personas y trabajadores, el diagnóstico no será sincero y las discusiones no serán buenas.

Recuerda ser el ejemplo, mostrando abiertamente tu propia voluntad de mejorar.

Apéndice C
Herramientas del líder para aprender

Las herramientas del apéndice anterior están orientadas a mejorar nuestras maneras de colaborar, pero también tienen un efecto indirecto, ofreciendo oportunidades para el aprendizaje individual. Las herramientas de este apéndice están enfocadas directamente en el aprendizaje, y específicamente en el cuarto paso de La escalera al liderazgo, desafiar al individuo.

Estas herramientas te ayudarán a incorporar oportunidades de forma sistemática para el aprendizaje. Las herramientas están distribuidas en los siguientes apartados:

- **La espiral de la contribución.**

- **Gestión del conocimiento y de la innovación.**

- **Diálogos que mejoran la actitud.**

C.1 La espiral de la contribución

La gestión de contribuciones es una manera de ayudar a los individuos a crecer. Cuando gestionas de esta manera, te estás concentrando en los aportes correctos (contribuciones), confiando en que obtendrás el rendimiento (resultado) adecuado.

Los fundamentos son simples, cada persona debe ser puesta a prueba y recompensada por su contribución a las entregas, mejoras y aprendizaje comunes. Si todos dan lo mejor de sí para contribuir con estos tres objetivos, los resultados mejorarán y la organización prosperará. A los individuos no se les puede responsabilizar de haber tenido insuficientes contribuciones a menos de que hayan tenido los *medios* requeridos y las *capacidades* disponibles. En otras palabras, solo se pueden considerar responsables de eso cuando carezcan de la *actitud* necesaria para contribuir. Puedes leer más sobre estos principios fundamentales detrás de la gestión de contribuciones en las Secciones 3.2 y 6.4.

La espiral de la contribución es una herramienta para crear una estructura necesaria en la gestión de contribuciones. El objetivo es fomentar el aprendizaje individual, a fin de que todos aumenten su habilidad para realizar tareas presentes y futuras.[101] Cada vuelta de la espiral consiste en cuatro fases:

1. **Crea el *desafío* de conseguir una contribución clara.**

2. ***Toma medidas* para asegurar que los medios y las capacidades requeridas estén disponibles. Permite que los individuos confirmen su compromiso en el momento en el cual los medios y las habilidades estén en su lugar.**

3. ***Ve el juego* y da una retroalimentación continua con base a las contribuciones de trabajo reales mostradas.**

4. ***Integra la retroalimentación* en todas las contribuciones, en una discusión de desarrollo regular. Vuelve a la fase 1 y dale el siguiente giro a la espiral.**

Mediante la repetición de las cuatro fases podrás ayudar al individuo a entrar en una espiral positiva, como se muestra en la Figura 45.

---

101. Este objetivo directo de *aprendizaje individual* es diferente de la meta común de mejoramiento y aprendizaje organizacional del PDCA. No obstante usar el PDCA será, desde luego, una base importante para el aprendizaje individual, como también resalta la espiral.

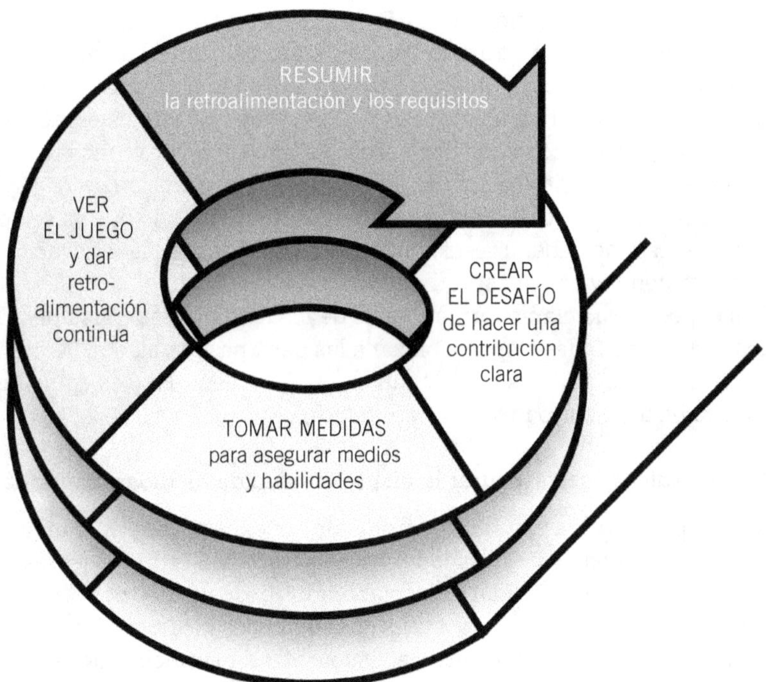

Figura 45. La espiral de la contribución
Un modelo para favorecer el crecimiento individual y el empoderamiento a través de la gestión de contribuciones.

1.   *Crea el desafío* de conseguir una contribución clara

Las expectativas de las contribuciones laborales deben ser muy claras —es una responsabilidad de liderazgo—, pero deben expresarse a través de un diálogo. Describe tus expectativas de las contribuciones que esperas de la otra persona, con relación a las tareas presentes y futuras. Recuerda vincularlas a los objetivos organizacionales y grupales, así como también al potencial de cada uno. Discute si ves las necesidades y los objetivos de forma distinta. Cuando creas que el otro ha comprendido pídele que resuma con sus palabras el nuevo desafío laboral que se espera que asuma.

Los desafíos deben adoptarse tanto al individuo como a lo que se necesita lograr. Las expectativas pueden formularse de distintas formas, en ocasiones es suficiente con aclarar un objetivo y confiar en que la persona encontrará la manera para lograrlo, en otras oportunidades debes dar instrucciones muy detalladas de cómo contribuir.

Si no hay voluntad de contribuir, tienes el derecho y el deber de exigirle tareas muy detalladas a esa persona. No obstante, muchos problemas de actitud derivan de una mala dirección previa. De este modo, trata de involucrar, confiar y aplicar un liderazgo estructurado antes de acudir al control detallado.

Normalmente no tienes que explicar la necesidad de respetar las reglas y regulaciones que ya se han comunicado. Con frecuencia esto es especialmente cierto cuando ya se ha acordado con el equipo reglas grupales y maneras comunes de trabajar. El espíritu de equipo, en conjunto con la presión de grupo, mantendrá a la mayoría de los individuos actuando conforme a lo que ya se decidió. No obstante, esto no debería restringir la experimentación y la innovación, si se hace abiertamente y con la actitud de contribuir.

Las expectativas claras forman parte de los medios requeridos para hacer el trabajo. Así, no puedes responsabilizar a las personas por algo, si las contribuciones de trabajo esperadas no estaban claras para ellos. Esto es equivalente a la ausencia de algún otro medio (o capacidad).

2. *Toma medidas* para asegurar la disponibilidad de medios y capacidades.

Para que la persona sea capaz de cumplir con las expectativas acordadas (en la fase 1), todos los medios y capacidades necesarias deben estar presentes. Es responsabilidad conjunta del líder y el colaborador (respaldados por otros) garantizar que estén disponibles. No obstante, dado que los medios son parte del sistema organizacional, en el líder está la responsabilidad principal de asegurarlos. Por otro lado, puesto que la capacidad de ejecutar las tareas está estrictamente conectada a cada individuo, se hace obvio que los colaboradores sobrelleven una buena parte de la responsabilidad de adquirir las capacidades necesarias, con apoyo del líder y de otras personas.

Sé claro cuando definas quién será responsable de qué cosa. Si lo que es necesario no parece obvio desde el principio, reitéralo a fin de formar el conocimiento acerca de cuáles capacidades y medios son requeridos. A fin de que las contribuciones laborales cumplan las expectativas, requieres disponer de suficientes medios (por ejemplo, tiempo, presupuesto, especificaciones, autoridad formal, herramientas, etc.), y necesitas disponer del entrenamiento necesario.

Un acuerdo que establezca que los medios y capacidades requeridas estén en su lugar es como un apretón de manos entre tus colaboradores y tú. Eso significa que ambas partes están de acuerdo en que los medios y las capacidades son suficientes para cumplir con las expectativas. Su apretón de manos también significa comprometerse con una contribución laboral en base, no solo a los medios y las capacidades, sino también con base a la actitud (su disposición a contribuir con lo mejor de sí mismo).

En casos extremos puedes necesitar un acuerdo escrito, detallado y firmado, a modo de apretón de manos. En el otro extremo, el apretón de manos puede ser reemplazado con un asentimiento con la cabeza, queriendo decir, «nos entendemos entre nosotros».

3. *Ve el juego* y da retroalimentación continua

Si dedicas períodos de tiempo regulares para ver el juego, te das a ti mismo montones de oportunidades para retroalimentar a cada individuo respecto a la forma en que contribuye. Si detectas contribuciones o resultados que no cumplan las expectativas, puedes usar los «5 por qué» a fin de entender las razones detrás de eso. Además de esto, estás dando un buen ejemplo demostrando tu propia disposición a aprender.

Reconoce las contribuciones que cumplen con los estándares acordados y elogia las acciones desinteresadas, por ejemplo, en la forma de actos productivos para la operación, generosos y valerosos para el equipo de trabajo. Haz una nota de la retroalimentación que has dado, de manera que puedas resumirla luego.

4. *Resume la retroalimentación* en una discusión de desarrollo

Invita a cada subordinado a una discusión de desarrollo en intervalos regulares. Procura que puedas reunirte de forma ininterrumpida. Inicia dejando que tu colaborador resuma su perspectiva del tiempo que pasó desde la última vez que se reunieron, enfocándose en las contribuciones laborales que se comprometió a hacer desde entonces. Luego, resume tu perspectiva de sus contribuciones con base a las notas que has hecho mientras que veías el juego (en la fase 3). La segunda mitad del diálogo de crecimiento debe ser acerca de qué debe hacerse luego, es decir, los desafíos impuestos de acuerdo con la fase 1.

Las discusiones de desarrollo regulares son parte importante de la espiral de la contribución. Trata de hacerlas de la forma más natural posible, quizá más cortas y más frecuentes que lo que las haces actualmente.

Usa una plantilla basada en la espiral para guiarte durante la reunión. La plantilla debe, por ejemplo, incluir un espacio para la retroalimentación de las contribuciones de trabajo acordadas en la última reunión, preferiblemente divididas en cumplimiento, mejora y aprendizaje (fase 4). También necesita tener espacios para especificar «los siguientes pasos», es decir los nuevos objetivos de contribución acordados (fase 1), así como también los medios y capacidades asociados que sean necesarios (preparación para la fase 2).

Basa tu retroalimentación resumida principalmente en las notas que has tomado de lo que has visto (fase 3), y en segundo lugar, en los resultados y en los rumores. En otras palabras, ensalza las contribuciones en vez de los resultados.

El siguiente paso del desarrollo debe ser algo que tu subordinado ya esté haciendo, pero que puede hacer mejor o de forma más especializada. Puede ser también una tarea completamente nueva que aumente la capacidad, solidez y/o flexibilidad de la organización. Una tercera opción para el siguiente paso es que delegues una de tus propias tareas (véase «otras tareas» en las Figuras 4 y 22) a fin de que puedas liberar más tiempo para realizar más *contribuciones de líder*. Estas tareas pueden incluir cualquier cosa, desde la recolección y presentación de información, hasta dirigir reuniones o llevar a cabo análisis de causas principales para la resolución de problemas.

La gestión de contribuciones, hecha con cada giro de la espiral, y basada en la evaluación constante de las necesidades comerciales y de los factores individuales, es una manera de crear *empoderamiento continuo*. Esto significa, construir sistemáticamente una mejor capacidad y al mismo tiempo, ceder autoridad y exigir responsabilidad por parte de cada individuo.

El método para el empoderamiento continuo sigue la espiral de la contribución. Recuerda que el objetivo es mejorar el desempeño organizacional y dejar que los individuos crezcan hacia su potencial completo. Las fases de la espiral favorecen el proceso de ampliar y profundizar la capacidad y la responsabilidad. Sin embargo, evita adiestrar a alguien para una tarea que tú (o alguien más) no pueda ofrecerles. En cambio, trata de ser específico en decir cuáles necesidades comerciales encajan con los desafíos para cumplirlas y cuáles son más requeridas. Eso es una motivación para entrenarse para una tarea que sabes que es importante y que será necesaria.

Mientras más miembros del equipo crezcan, tendrás más éxito como líder, y menos necesidad de controlar su trabajo diario. En consecuencia, estarás construyendo un equipo autónomo.

Una lista de retroalimentación, como la que se muestra en la Figura 46, es una simple herramienta visual que te recuerda darles retroalimentación a todos (fase 3) y te ayuda a recordar lo que has acordado cuando llegue el momento de la discusión de desarrollo (fase 4). La lista puede hacerse en papel y estar guardada en el cajón superior de tu escritorio o en tu laptop. Lo importante es que sea fácil de usar y que sirva como un recordatorio sobre dónde necesitas poner el foco próximamente.

Lista de retroalimentación para el mes de enero					
	Semana 1	Semana 2	Semana 3	Semana 4	Notas
Maria	I I I	I I I	I I I		
Ali	I	I I I	I		
Charlie	I I I	I I	I I		
Robin	I I I	I I	I I		
Chris	I	I I	I I		

Figura 46. Una simple lista de retroalimentación
...mostrando el número de interacciones por persona.

C.2 Gestión de innovación y de conocimiento

La espiral del conocimiento ilustra tu interacción de aprendizaje con cada individuo. No obstante, no es suficiente trabajar con el aprendizaje individual de cada persona a fin de maximizar el aprendizaje común. Así que déjanos ver el aprendizaje desde una perspectiva organizacional.

Las organizaciones crean valor a partir de procesos repetitivos y/o únicos. A fin de usar las oportunidades de aprendizaje inherentes a estos procesos, necesitas diseñarlas deliberadamente para suministrar aprendizaje y ocuparte de él. El diseño de proceso resultante debe apoyar la creación e intercambio de conocimiento (por ejemplo, mediante la experimentación), así como también la captación y almacenamiento de información.

Esto es válido para todos los procesos generadores de valor, pero quizás más obviamente en la investigación y el desarrollo de productos (R&D). *La flecha dorada o Modelo de flujo de valor del conocimiento* (basado en el *Ready, Set, Dominate,* de Harmon y Minnock) es una ilustración valiosa para aprender en un contexto de R&D. No obstante, el modelo puede extenderse a todas las partes de una organización, a fin de construir una estructura de aprendizaje de apoyo para todos los departamentos y procesos. La Figura 47 ilustra ese modelo genérico para la gestión continua de conocimiento e innovación.

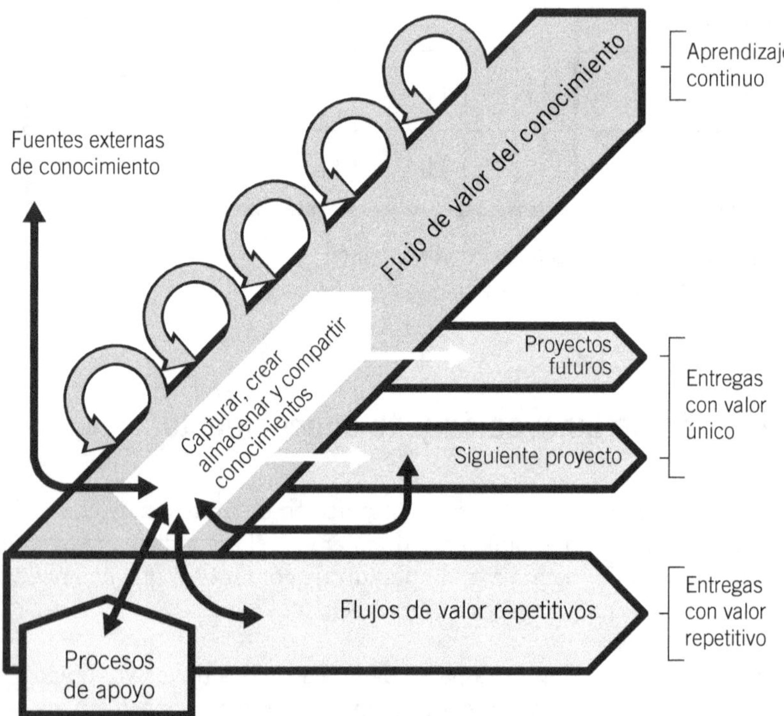

Figura 47. Conocimiento sistemático y gestión de innovaciones
El flujo de valor del conocimiento debe ser alimentado desde diferentes fuentes/ procesos.

La ilustración representa una organización con cuatro tipos de procesos.

1. **Los flujos de valor repetitivos que regularmente crean valor para el cliente (ventas).**

2. **Flujos de valor de proyectos que crean productos/negocios/maneras de trabajar nuevas o mejores.**

3. **Flujos de valor de apoyo que suministran los aportes y la ayuda necesaria para los otros procesos.**

4. **Flujos de valor de aprendizaje/conocimiento que crean y comparten conocimiento.**

Los primeros tres tipos, junto con fuentes externas, suministran importantes aportes para el aprendizaje. Los cuatro tipos de flujos necesitan diseñarse y mejorarse para un mejor aprendizaje.

La Figura 47 tiene una conexión clara con la Figura 16 en la Sección 7.3, en el sentido de que el mejoramiento continuo, con su respectivo aprendizaje, debe tomar lugar en todos los procesos, mientras que los proyectos de mejoramiento se gestionan de forma separada (ilustrados por las flechas paralelas que proporcionan entregas con valor único en la Figura 47). En este contexto, un proyecto puede ser acerca de crear un nuevo producto o rediseñar maneras de trabajar. Antes de que un proyecto pueda iniciarse, se debe adquirir suficiente conocimiento en el flujo de valor (ilustrado por la flecha cambiar por: más grande que proporciona aprendizaje continuo). Esto implica desde las etapas tempranas de la innovación, que incluye el aprendizaje gradual y la recolección de datos, hasta la innovación revolucionaria creada a partir de la combinación de ideas completamente nuevas y con diversidad de soluciones.

La creación de innovación y conocimiento sistemáticos exige coordinación y liderazgo. Haz que el aprendizaje sea tu prioridad, o como establece Mary Poppendieck en Lean *Software Development: An Agile Toolkit, (Desarrollo de software Lean: Un juego de herramientas rápidas)*: «Una organización madura se enfoca en aprender efectivamente y empodera a las personas que hacen el trabajo a tomar decisiones».

C.3 Diálogos que mejoran la actitud

Nuestras intenciones es lo que nosotros queremos lograr. Tenemos un conflicto cuando dos personas tienen intenciones contradictorias, o en otras palabras, cuando una de las partes necesita que la otra sacrifique lo que se había propuesto.

No obstante, cada uno de nosotros tiene el poder sobre las cosas que nos proponemos, nuestras intenciones. Todos podemos elegir dejar de intentarlo, y más bien comenzar a ceder, o al menos alcanzar una meta que sea ganar-ganar dialogando con la otra persona.

Involucrar a todas las personas que son parte de en un conflicto a fin de que se comprometan a reconsiderar sus intenciones particulares de corto plazo en pro del bien común, es lo fundamental en la resolución de conflictos y el desarrollo de buenas discusiones.

La resolución de conflictos inicia con el entendimiento de los planes de ambas partes, es decir, todos los propósitos implicados. Este entendimiento ofrece una oportunidad a una o a ambas partes para ajustar sus respectivas agendas. Así, apoyándose en una visión más amplia, comprendiendo mejor a la otra parte, con frecuencia es posible encontrar acciones concretas para la resolución del conflicto. Esto implica un giro de 180 grados, *de solicitar la obtención de algo, a ofrecerse a dar.*

Puedes usar este conocimiento para convertir una falta de actitud en buena disposición para contribuir. Una técnica para hacer esto es llamada el *diálogo de mejoramiento de actitud*, que se enfoca en cambiar una actitud de tomar a una de dar, de aferrarse a actuar.

Para usar un *diálogo de mejoramiento de actitud*, debes partir de una situación en concreto que creas que esta le está restando fuerza a la colaboración dentro del equipo. El proceso de diálogo descrito acá está inspirado en el método de Schuitema *De las quejas a los objetivos*, así como también el *Momento de la gestión honesta 8* (MMOT por sus siglas en inglés).

El proceso implica que prepares al equipo para el diálogo y luego dejes que sean tus colaboradores quienes formulen (1) su propia visión del problema, (2) la causa principal (3), la meta (4), la solución (5) y el compromiso para actuar (6). También incluye tu seguimiento y la respectiva retroalimentación de las acciones realizadas (7).

1.   Aborda el problema lo antes posible...

...una vez que hayas evaluado la situación. Planifica un momento para una reunión individual. Mientras más rápido te hagas cargo de un problema de actitud, será mejor. No obstante, a veces se requiere algo de investigación previa. Usa las siguientes preguntas de revisión:

♦ Las acciones: «¿Tengo suficiente información confiable acerca de lo que realmente sucedió?»

♦ La persona: «¿Conozco a mis subordinados lo suficientemente bien, en lo referente a su sensibilidad, la historia que llevó a la situación actual y sus relaciones con las otras partes involucradas?»

♦ De mí mismo: «¿Soy lo suficientemente objetivo para crear un diálogo directo, evitando caer en un comportamiento excesivamente emocional y/o en ideas preconcebidas?»

Si eres un líder con experiencia, y si conoces bien a las personas, seguramente estarás en posición de responder afirmativamente estas preguntas en pocos segundos. Si no, necesitas posponer la conversación. En asuntos muy graves y difíciles, puedes buscar apoyo de tu superior o del área de Capital Humano o Recursos Humanos.

Cuando te decidas a comenzar necesitas disponer de suficiente tiempo en el que no tengas interrupciones, de tal modo de que puedas estar completamente presente. Si tienes que hablarles a varias personas que estén involucradas en el asunto, inicia hablándole a una a la vez en privado.[102]

Recuerda que el diálogo no debe estar basado en tu visión del problema y su solución, sino debes enfocarte en el punto de vista de tus colaboradores. También, recuerda que un problema de actitud no solamente es un problema para la colaboración, sino también para el individuo. Si puedes ayudar a convertir una mala actitud en una buena, le estás haciendo a la persona un gran favor, la estás ayudando a crecer como ser humano.

2. Llega al núcleo del problema detectado...

... pidiéndole a tus colaboradores que describan la situación y qué la causó. Escucha con atención. Confirma lo que escuchaste repitiéndolo, como por ejemplo así: «Entonces, quieres decir que...» o «Entonces, sientes que...». Anota tus conclusiones.

3. Esclarece la(s) causa(s) principal(es) percibidas(s)

... preguntándole a la persona «por qué» varias veces. Escucha con atención a fin de captar la(s) causa(s) principal(es) del problema. Complementa los «por qué» con «cuándo», «dónde», «qué» y «cómo» para obtener una idea más clara y completa de las razones. Ten cuidado con la trampa del amigo, es decir, aceptar hechos aparentemente erróneos para conservar una amistad. De igual manera, evita cuestionar o menospreciar las percepciones y los sentimientos de tus colaboradores. Discute los datos y si las relaciones están bien fundadas o no. Cierra la reunión y planifica otra para una nueva ocasión si se deben recolectar más datos o si alguien está adoptando una posición muy defensiva para poder seguir actuando de una manera productiva.

Sé comprensivo con lo que dicen los demás, siempre que la persona no mienta deliberadamente o haga comentarios ofensivos sobre otras personas. Ellos tienen derecho a dar su opinión, incluso cuando esa opinión sea sobre ti. Prepárate para aceptar críticas relevantes de tus propias acciones.

Resume lo que has escuchado formulando tus propias conclusiones, por ejemplo, «¿Entonces, quieres decir que la causa principal es...?» Documenta las causas principales que hayas encontrado.

4. Permite que los demás replanteen el problema como una meta...

... dejando que formulen un enunciado como: «Para mí, es un problema que... Por lo tanto, mi meta es...» Haz que esto suceda preguntando: «Pero ¿cómo quisieras que fuera esto?»

Esta reformulación puede parecer trivial, pero tiene el potencial de romper un patrón de pensamiento negativo. El avance que hay al decir «¡Quiero tener

---

102. Si el problema es un conflicto con un colega, trabaja con ambos por separado antes de reunirlos para entender las opiniones de los demás y ofrecer sus propias contribuciones a una solución de beneficio mutuo.

una buena relación con Chris!» en vez de «¡Tengo un problema con Chris!» puede parecer pequeño dicho en palabras, pero es algo grande en términos de mentalidad. Pues se trata de pasar de ser una víctima quejona a actuar como una persona activa y competente.

La meta no debe formularse como una solución. Decir, «Mi meta es hablarle a Chris todas las mañanas» es ser muy específico rápidamente. Al hacer esto, tu colaborador no solo puede cometer el error de excluir mejores soluciones, sino también olvidar lo que es la verdadera meta, en este caso particular lo importante es mantener una buena relación y no solo hablar regularmente. Anoten la meta juntos.

5. Encuentra soluciones para alcanzar el objetivo propuesto ...

...compilando juntos una lista de ideas. Haz que la lista crezca. Deja que la otra persona inicie y complementa con nuevas perspectivas cuando sea necesario. Razona de si la solución tendrá un efecto permanente en la causa principal o si solo es un paso más. Planifica otra reunión si necesitas más tiempo para pensar. Concluye acortando la lista. Trata de priorizar las acciones de las que puede hacerse cargo tu colaborador.

6. Permite que los demás se comprometan con las acciones ...

... preguntándoles si están preparados para cumplir su parte dentro de la lista de acciones. Si la respuesta es «no», tu colaborador es responsable por no ser parte de la solución del problema. Necesitas aclararle eso a la persona y también documentarlo para referencias futuras.

No obstante, la respuesta muy probablemente sea «sí». Después de todo, la persona ha sido la principal contribuyente en el proceso, desde el establecimiento de la meta hasta la creación de la lista de acciones. Acuerda cuándo debe comenzar la primera de las acciones. Comprométete con las actividades que tú debes realizar, por ejemplo, apoyando eventos que necesiten tu autoridad, como abordar problemas de medios y problemas relacionados con las actitudes de otras personas.

7. Haz seguimiento y da retroalimentación...

... preguntando con regularidad sobre los progresos y estimulando todos los signos que muestren una mejor actitud. Incumplir los compromisos sin una buena razón no es aceptable. No obstante, reconoce con generosidad cuando los esfuerzos de tus colaboradores están orientados en la dirección correcta.

El paso de todos los procesos, del 1 al 7, te ha dado por ahora un buen entendimiento de la situación de las personas involucradas. Así, podrás mantenerte firme en tu liderazgo. Sé audaz cuando sea necesario y confía en tu propia habilidad de hacer buenas contribuciones de líder.

Haz lo que cada situación requiera para el beneficio de todos los *stakeholders*, y no menos importante, también haz lo necesario para el bien del colaborador que estás ayudando a crecer.